L6⁴⁴.255.

Lib. 1900.
173.

MÉMOIRES

anecdotiques

SUR

L'INTÉRIEUR DU PALAIS

IMPÉRIAL.

J. TASTU, IMPRIMEUR ET ÉDITEUR,
RUE DE VAUGIRARD, N. 36.

MÉMOIRES

INTÉRIEUR DU PALAIS

DE L'EMPIRE

DE NAPOLÉON

PARIS
BAUDOUIN FRÈRES, ÉDITEURS,
RUE DE VAUGIRARD, N. 17.

1827

MÉMOIRES
anecdotiques
SUR
L'INTÉRIEUR DU PALAIS

ET SUR QUELQUES ÉVÉNEMENS

DE L'EMPIRE

DEPUIS 1805 JUSQU'AU 1ᵉʳ MAI 1814

POUR SERVIR A L'HISTOIRE

DE NAPOLÉON

PAR L.-F.-J. DE BAUSSET
ANCIEN PRÉFET DU PALAIS IMPÉRIAL.

Avec deux Portraits

ET CENT VINGT FAC-SIMILE.

2ᶜ ÉDITION.

TOME PREMIER.

PARIS
BAUDOUIN FRÈRES, ÉDITEURS,
RUE DE VAUGIRARD, N. 17.

1827

Je parlerai le moins qu'il me sera possible des événemens de ma vie : ce que je pourrais, en effet, dire de moi ressemble, à peu de choses près, à ce qui est arrivé à tout le monde. La révolution a tellement tranché dans le vif toutes les positions, qu'à moins de ces grandes circonstances qui appartiennent à l'histoire, il y aurait du ridicule à prétendre occuper les autres des détails d'une vie privée, quelqu'agitée qu'elle ait été. Lors du tremblement de terre de Lisbonne, je ne pense point qu'un voisin s'occupât à conter ses doléances à son voisin, victime comme lui d'un désastre général.

J'ai voulu me rendre compte à moi-même des événemens dont j'ai été témoin pendant l'espace de dix années. Je le fais sans esprit de parti, avec une franchise qui ne sera hostile contre personne; et si dans le récit des troubles de l'Espagne, j'ai traité avec sévérité le favori (Godoï) qui seul en fut la cause, j'y ai été porté par la force des choses, et non par aucun autre motif.

Je n'ignore pas que, dans le monde, on est souvent injuste envers les personnages les plus célèbres. Les amis exaltent leurs qualités sans permettre la moindre observation sur leurs défauts; les ennemis, au contraire, ne s'attachent qu'à les faire ressortir, et traitent d'exagération les justes éloges que l'on donne à des qualités réelles. Il y a de l'injustice des deux côtés, car il n'existe personne dont on ne soit fondé à parler plus ou moins avantageusement. Mais s'il est difficile de trouver des hommes qui soient entièrement parfaits, il est heureusement encore plus rare d'en trouver qui soient pervers en tout.

Je n'écris point l'histoire, mais de simples notes pour l'histoire.

Que ceux qui blâmeraient les sentimens d'une juste reconnaissance cessent de parcourir ces lignes. J'ai besoin de lecteurs qui ne soient point guidés par une prévention exclusive, et qui ne jugent qu'après avoir entendu. J'en appelle surtout à ceux qui ont le bon esprit de *vivre* avec les livres comme on doit le faire avec le plus grand nombre des personnes que l'on rencontre dans la société, et qui savent en prendre ce qui s'y trouve d'intéressant, d'utile ou d'amusant, sans attacher un point d'honneur ou d'opinion à s'appesantir sur ce qu'ils offrent à la critique et à la censure. Les livres ont de plus l'avantage de pouvoir être rejetés aussitôt qu'ils déplaisent, au lieu que cela n'est point facile à l'égard des gens dont la conversation fatigue et qu'une infinité de considérations sociales oblige d'écouter.

En d'autres termes : je ne blâme l'opinion de personne. Si le souvenir des bienfaits que j'ai reçus se montre trop à découvert dans cette faible narration, j'aime à penser que les gens honnêtes m'accorderont l'indulgence que je réclame. La tombe s'est fermée sur toutes les passions de circonstance, et, sans désir comme sans crainte de les réveiller, je puis dire ce que j'ai vu, puisque je ne parle que du temps passé.

MÉMOIRES,

SOUVENIRS

ET ANECDOTES,

SUR

L'INTÉRIEUR DU PALAIS

ET SUR QUELQUES ÉVÉNEMENS DE L'EMPIRE,
DEPUIS 1805 JUSQU'AU 1er. MAI 1814.

CHAPITRE PREMIER.

Étiquette de l'intérieur du palais ; lever, déjeuner de l'empereur ; son dîner à six heures ; audience du coucher ; dépenses de la maison impériale. — M. l'abbé de Pradt sacré par le pape. — Anecdotes relatives au concordat, au consulat et au couronnement. — Napoléon, en arrivant au consulat, favorise l'élection de Pie VII. — Conversation de madame de Brignolé avec le cardinal Gonsalvi. — Madame de Caraman. — Mot de Napoléon sur M. de Châteaubriand. — M. de Fontanes. — La Harpe.

Je fus nommé préfet du palais, le 1er. février 1805, deux mois après le couronnement, qui marqua le retour aux principes du gouvernement monarchique. Les fonctions qui m'étaient attribuées consistaient dans un service d'honneur, et dans la surveillance d'une partie de l'administration du palais, sous les ordres du grand-maréchal.

Tous les matins à neuf heures, l'empereur sortait de l'intérieur de ses appartemens, habillé comme il devait l'être toute la journée.

Les officiers de *service* étaient les premiers admis. Napoléon donnait ses ordres pour la journée.

Immédiatement après, les *grandes entrées* étaient introduites. Elles se composaient des personnages du plus haut rang, qui y avaient droit par leurs charges, ou par une faveur spéciale.

Les officiers de la maison impériale qui n'étaient point de service, avaient également l'avantage d'y être admis.

Bien des gens, qui semblent aujourd'hui l'avoir oublié, attachaient alors un très-grand prix à l'usage d'une si flatteuse distinction. Napoléon s'adressait successivement à chaque personne, et écoutait avec bienveillance tout ce que l'on désirait lui dire. Sa tournée finie, il saluait et chacun se retirait. Souvent [1] quelques personnes, voulant l'entretenir en particulier, attendaient que tout le

---

[1] Je dois faire observer que tout ce que je raconte des usages du palais, ne doit s'appliquer qu'aux attributions qui faisaient partie de mon service, et qu'il n'est point entré dans ma pensée de donner un tableau complet et général de l'étiquette des autres services d'honneur.

monde fût sorti, et restant seules avec lui en obtenaient le moment d'audience qui leur était nécessaire.

A neuf heures et demie le déjeuner de Napoléon était servi. Le préfet du palais allait le prévenir, le précédait dans le salon où il devait déjeuner et y assistait seul, avec le premier maître-d'hôtel, qui remplissait tous les services de détail. Napoléon déjeunait sur un petit guéridon en bois d'acajou recouvert d'une serviette. Le préfet du palais se tenait, son chapeau sous le bras, debout auprès de cette petite table. Sobre autant que jamais un homme ait pu l'être, souvent le déjeuner de Napoléon ne durait pas huit minutes... Mais lorsqu'il éprouvait le besoin de *fermer son cabinet*, comme il le disait quelquefois en souriant, le déjeuner durait assez long-temps, et alors rien n'égalait la douce gaieté et le charme de sa conversation. Ses expressions étaient rapides, positives et pittoresques. J'ai dû à ce moment de mon service, les heures les plus agréables de ma vie. Très-souvent je lui proposais de recevoir pendant son déjeuner quelques personnes auxquelles il avait accordé cette faveur. C'était en général des savans du premier ordre, tels que MM. Monge [1], Bertholet [2], Cos-

---

[1] L'empereur regardait M. Monge comme l'un des plus grands géomètres du siècle, comme l'homme de France dont il était le plus aimé.

[2] Le plus grand chimiste de l'époque, et dans le labora-

taz[1], intendant des bâtimens de la couronne, et Denon, directeur du Musée, qu'il avait emmenés avec lui pendant la campagne d'Égypte, et Corvisart. Parmi les hommes célèbres par de grand talens, c'étaient MM. David, Gérard, Isabey[2], Talma, Fon-

---

toire duquel Napoléon avait étudié les principes de cette science avant son départ pour l'Égypte.

[1] M. Costaz, membre de l'institut d'Égypte en qualité de geomètre, a été successivement membre du tribunat, préfet, intendant des bâtimens, conseiller d'état, directeur général des ponts et chaussées, etc. L'empereur a dit plusieurs fois, que c'était un des hommes dont il aimait le mieux la *conversation, parce qu'elle était la plus variée.*

[2] Le nom de M. Isabey, dessinateur du cabinet, si justement célèbre par son talent supérieur et par ses qualités personnelles, me rappelle une anecdote peu connue. Huit jours avant celui du couronnement, l'empereur lui demanda sept dessins représentant les sept cérémonies qui devaient avoir lieu dans l'église métropolitaine, mais dont les répétitions ne pouvaient se faire à *Notre-Dame* en présence des nombreux ouvriers qui étaient employés aux embellissemens et aux décorations. Demander sept dessins réunissant chacun plus de cent personnes en action dans un si court délai, c'était réellement exiger l'impossible. Ce prince d'ailleurs n'admettait jamais une pareille excuse. Le mot d'impossible était rayé depuis long-temps de son dictionnaire... L'imagination heureuse et fertile de M. Isabey lui inspira dans le moment une singulière idée... Il répondit avec assurance, et au grand étonnement de l'empereur, que dans deux fois vingt-quatre heures ses ordres seraient exécutés. Avant de rentrer chez lui, il alla acheter, chez les marchands de joujoux, tout ce qu'il put trouver de ces *petits bons hommes en bois* qui servent à l'amusement des enfans... Il les ha-

taine son premier architecte [1], etc. Quelques-uns

---

billa en papier de la couleur du costume de chaque personnage qui devait figurer dans les cérémonies du couronnement, fit un plan de Notre-Dame sur une échelle en rapport avec ses petites poupées, et se rendit le surlendemain auprès de Napoléon, qui s'empressa de lui demander les sept dessins... Sire, je vous apporte mieux que des dessins, lui répondit Isabey... Il déroula son plan et posa les personnages qui devaient figurer dans la première cérémonie, et dont il avait écrit les noms au bas de chacun. Cette première action était la réception sous le dais à la porte de l'église. L'empereur fut si content, qu'il fit appeler sur-le-champ tous ceux qui devaient concourir à l'éclat de cette grande circonstance... Les répétitions se firent dans le salon de l'empereur et sur une grande table. Une seule cérémonie, plus compliquée que les autres, exigea une répétition réelle. Elle eut lieu dans la galerie de Diane aux Tuileries, par le moyen d'un plan tracé au blanc sur le parquet. Isabey avait mis tout le goût possible dans les habillemens de ses poupées, et sauva, par son talent, le côté ridicule de ses dessins en *reliefs*. Le clergé, les dames, les princesses, l'empereur, le pape lui-même, tout le monde était costumé de la manière la plus exacte et la plus convenable. J'ai su qu'à l'époque de l'abdication (1814), M. Isabey, fidèle à la reconnaissance et au malheur, se rendit à Fontainebleau pour remettre à l'empereur les portraits de l'impératrice Marie-Louise et de son fils dans un même tableau, persuadé que cet hommage lui serait agréable. Napoléon lui témoigna toute sa satisfaction, et après les éloges donnés aux sentimens et au talent de M. Isabey, il lui dit ces mots : *Sans doute Corvisart, Gérard, Fontaine et vous, vous serez appelés par le roi. Servez-le comme vous m'avez toujours servi.*

[1] M. Fontaine, l'architecte de France le plus savant, le

d'entre eux existent encore et je suis bien assuré qu'ils s'accorderont à dire avec moi que rien n'égalait la grâce et l'amabilité de Napoléon. Doué d'un esprit abondant, d'une intelligence supérieure et d'un tact extraordinaire, c'est dans ces momens d'abandon et de causerie, qu'il étonnait et enchantait le plus.

Rentré dans son cabinet, Napoléon s'occupait et recevait les ministres ou les directeurs généraux, qui arrivaient avec leur portefeuille; ces différens travaux duraient jusqu'à six heures du soir, et n'étaient jamais interrompus que les jours de conseil de ministres, ou de conseil d'état. Le dîner était régulièrement servi à six heures. Aux Tuileries et à Saint-

---

plus habile et le plus honnête. Dans les premiers temps de sa puissance consulaire, Napoléon ordonna à M. Fontaine de lui présenter un devis relatif à des constructions importantes. Il trouva les prix trop élevés, et, dans la chaleur de la discussion, se servit de quelques expressions dont l'extrême délicatesse de M. Fontaine fut blessée au point qu'il crut devoir envoyer sa démission; le premier consul, assez embarrassé pour le remplacer, demanda au ministre de l'intérieur une liste de douze architectes en état de remplir ses vues. A la tête de cette liste figurait le nom de M. Fontaine. *Réduisez votre liste à six personnes*, dit l'empereur au ministre. M. Fontaine..., etc. *Réduisez encore au nombre de trois*. M. Fontaine..., etc. *Bornez-vous à un seul nom*. M. Fontaine, toujours M. Fontaine. Napoléon le fit appeler, et lui dit en lui pinçant l'oreille : *Allons, puisque vous êtes le plus habile et le plus... honnête..., j'en passerai par où vous voudrez*; et il fit bien.

Cloud, LL. MM. dînaient seules, excepté le dimanche où toute la famille impériale était admise au banquet : l'empereur, l'impératrice et madame mère étaient assis sur des fauteuils, et les autres rois, reines, princes ou princesses, etc., n'avaient que des chaises meublantes. Il n'y avait qu'un seul service, relevé par le dessert; les mets les plus simples étaient ceux que Napoléon préférait. Il ne buvait que du vin de Chambertin, et le buvait rarement pur. Le service était fait par les pages, secondés par les valets de chambre, les maîtres-d'hôtel, les écuyers tranchans et jamais par la livrée. Le dîner durait ordinairement quinze à vingt minutes. Jamais Napoléon ne buvait ni vin de liqueur, ni liqueur. Il prenait habituellement deux tasses de café pur, une le matin après son déjeuner et l'autre après son dîner. Tout ce qu'on a dit de l'abus qu'il en faisait est faux et ridicule. Pendant le dîner, le préfet du palais n'avait qu'à surveiller en grand le service, et à répondre aux questions qui lui étaient adressées.

Rentré dans le salon, un page présentait à l'empereur un plateau de vermeil sur lequel étaient une tasse et un sucrier. Le chef d'office versait le café; l'impératrice prenait la tasse de l'empereur; le page et le chef d'office se retiraient; j'attendais que l'impératrice eût versé le café dans la soucoupe et l'eût présenté à Napoléon : il était arrivé si souvent à ce prince d'oublier de la prendre au moment convenable, que l'impératrice Joséphine, et après elle l'impératrice Marie-Louise, avaient imaginé ce galant moyen de remédier à ce petit inconvénient.

Je me retirais : peu de temps après l'empereur rentrait dans son cabinet pour y travailler encore, *car rarement*, disait-il, *il remettait au lendemain ce qu'il devait faire dans le jour*. L'impératrice descendait dans ses appartemens par un escalier particulier, qui servait de communication aux deux étages et aux deux appartemens; elle entrait dans son salon, y trouvait les dames du palais de service, quelques autres dames privilégiées et les officiers de sa maison; des tables de jeu étaient dressées pour la forme et pour rompre le sérieux d'un cercle. Quelquefois Napoléon y venait par les appartemens intérieurs de l'impératrice, et causait avec autant de simplicité que d'abandon, soit avec les dames du palais, soit avec l'un de nous. Mais en général il restait peu de temps. Les officiers de son service remontaient pour assister à l'audience du *coucher*, et recevoir ses ordres pour le lendemain. Telle était la vie habituelle que menait l'empereur aux Tuileries. Cette uniformité n'était dérangée que lorsqu'il y avait concert, spectacle, ou chasse.

Ces détails de la vie privée de Napoléon, ne s'accordent pas, je le sais, avec ceux qui ont été publiés par des biographes qui n'ont jamais approché cet homme extraordinaire. Ceux que je présente ici sont de la plus grande exactitude.

Pendant les séjours à Saint-Cloud, la manière de

vivre était la même; il n'y avait d'autre changement que le temps employé, dans la belle saison, à des promenades en calèche. Le conseil des ministres avait lieu tous les mercredis; ces messieurs étaient régulièrement invités à dîner avec LL. MM.

A Fontainebleau, Rambouillet ou Compiègne, lorsque Napoléon allait chasser, il y avait toujours une tente de dressée dans la forêt, pour le déjeuner auquel toutes les personnes du voyage étaient invitées : les dames suivaient la chasse en calèche. Ordinairement huit ou dix personnes du voyage étaient invitées à dîner.

Je parlerai, lorsque l'occasion s'en présentera, de la manière de vivre à l'armée, ou dans les voyages. A l'égard de la dépense de la maison, tout était réglé avec un ordre infini. Le grand-maréchal duc de Frioul avait établi son service avec une sagesse, une prévoyance et une convenance admirables. J'ai sous les yeux un budget de 1805 pour le service du grand-maréchal; je vais le copier.

Dépenses ordinaires du service du grand-maréchal.

Grand-maréchal, trois préfets du palais, deux maréchaux des logis, trois adjoints.	116,000
Un secrétaire général, premier quartier-maître, et premier maître-d'hôtel contrôleur.	16,000
Gages des gens employés auprès de Sa Majesté. .	134,048
Indemnités aux gens détachés en voyage.	30,000
Habillement des livrées.	107,000
Blanchissage.	45,000

Éclairage.	180,000
Chauffage.	160,000
Bouches. — Cuisine.	360,000
Office.	150,000
Cave.	120,000
Entretien de l'argenterie.	20,000
——— de la lingerie, avec augmentation annuelle.	80,000
——— de la porcelaine.	20,000
——— des verreries, faïences et batteries de cuisine.	10,000
Frais de transport.	15,000
Pour les palais impériaux des Tuileries, du Louvre, Saint-Cloud, Saint-Germain, Meudon, Versailles, Trianon, Rambouillet, Fontainebleau, Laken et Strasbourg, y compris des secours à d'anciens domestiques, des indemnités pour nourriture aux officiers et soldats de la garde, les quartiers généraux, impériaux et baraques, les dépenses imprévues applicables à tous les services, les frais de bureau, les gens employés au service de l'impératrice, et l'habillement des livrées de son service.	685,319
Dépenses de la couronne des départemens au delà des Alpes, dits du Piémont, palais de Turin et de Stupinits.	89,800
Total.	2,338,167

L'année 1806 le budget du grand-maréchal s'éleva à 2,770,841 fr., parce que les services furent augmentés et qu'il fut assigné des fonds pour l'augmentation annuelle de l'argenterie (1000 assiettes d'argent), pour les objets nécessaires pour compléter le petit vermeil de LL. MM., pour l'achat d'une batterie de cuisine, de verrerie et de faïence, pour le palais de Strasbourg, et pour le château de Rambouillet, etc.

Voici de quelle manière les budgets de la maison impériale étaient arrêtés et signés par l'empereur.

« A la suite de la récapitulation générale de tous
» les services, Sa Majesté a décrété ce qui suit :

» Le trésorier général de la couronne tiendra à
» la disposition des chefs de service de notre maison,
» les sommes pour lesquelles chacun d'eux est com-
» pris dans celles qui forment le montant général
» du présent budget.
» (Le service du grand-maréchal y est compris
» pour les sommes ci-dessus énoncées.)
» Les dépenses de tous les services seront ordon-
» nées, approuvées, ordonnancées et payées confor-
» mément aux dispositions des décrets et décisions
» que nous avons rendus tant sur la comptabilité
» de notre maison impériale que sur la destination
» à donner aux fonds; et les chefs de service ne
» pourront, sous aucun prétexte, commander ou or-
» donner des travaux, achats ou fournitures que jus-
» qu'à concurrence des fonds affectés à chaque
» article de dépense.
» De notre palais impérial...., etc., etc.

» NAPOLÉON. »

Des décrets spéciaux ordonnaient les dépenses extraordinaires et non prévues par le budget, par exemple, celles occasionées par le couronnement; par le séjour des rois de Saxe, de Bavière et de Wurtemberg à Paris; par le mariage, le baptême, etc. Il est à ma connaissance que les budgets particuliers des autres grands-officiers, grand-chambellan, grand-écuyer, grand-veneur, grand-maître des cérémonies, ceux de l'intendant général et de l'intendant des bâtimens, étaient réglés et exécutés avec la même régularité et la même fidélité. Au moyen de ce budget général de sa maison, Napoléon savait, dès le premier jour de l'année, ce qu'il dépenserait, et jamais personne n'eût osé dépasser les crédits qu'il avait ouverts.

Il ne faut pas imaginer que la représentation fût mesquine et parcimonieuse. Les goûts de Napoléon étaient simples et modestes, mais il aimait l'éclat et la magnificence autour de lui. Sa cour fut toujours brillante et de bon goût. Il y avait de l'ordre et point de gaspillage.

A proprement parler, il n'y avait que quatre tables de services.

Table de l'empereur;
Table des officiers de service près LL. MM.;
Table des officiers de la garde et des pages;
Table de la lectrice, et des dames d'annonce de l'impératrice.

Celle du grand-maréchal était servie chez lui : c'était dans son appartement qu'avaient lieu les grands dîners diplomatiques dont il faisait les honneurs avec une dignité et une politesse remarquables.

La desserte de la table de l'empereur servait à celle des femmes de chambre de l'impératrice, des maîtres-d'hôtel, des valets de chambre de l'empereur, etc. La desserte des autres tables servait aux autres employés de la bouche ou du palais. La livrée n'était pas nourrie : elle était habillée et recevait un écu par jour pour gage et nourriture. La petite livrée lui appartenait après l'année de service, et la grande, après deux années.

Je demande pardon de ces minutieux détails ; beaucoup de personnes aiment à les connaître; ils donnent d'ailleurs une véritable idée de la vie intérieure de Napoléon.

La seule observation que je crois devoir ajouter ; c'est que souvent, préoccupé par les affaires d'état, il se passait plusieurs déjeuners et dîners sans qu'il y eût un seul mot de prononcé. Mais je dois dire que ces momens furent rares, et que lors même que le front de l'empereur était sérieux et sa bouche muette, il se montrait toujours à mes yeux juste, poli et bienveillant. J'ose affirmer qu'il y a peu d'hommes dans leur vie intérieure qui aient eu plus d'égalité dans le caractère, et plus de douceur dans les manières. Je parle de ce que j'ai pu observer. La nature de mon service ne m'a jamais exposé aux discussions politiques. Je pense bien que, sur ce chapitre, Napoléon ne cédait jamais du terrain ; je dois ajouter enfin que si j'ai vu ses traits s'animer, et sa bouche exprimer la colère dans plusieurs occasions, il m'a paru presque toujours qu'il avait raison. Son indignation prenait sa source dans des sentimens nobles et élevés. Il avait fait tant d'ingrats, même dans le temps de sa puissance!!

———

Au mois de février 1805, il se passa à Paris, dans la salle de l'archevêché, une cérémonie remarquable. Le pape, Pie VII, tint un consistoire pour la réception dans le sacré collége des cardinaux Dubellois et Cambacérès. En commençant cette cérémonie, selon l'usage de Rome, il *ferma la bouche* aux deux récipiendaires; pour ne la leur *ouvrir* qu'à la fin de la séance. Dans ce consistoire, S. S., conformément aux clauses du concordat, promut à tous les évêchés vacans en France et en Italie. Au nombre de ces nouveaux prélats était M. l'abbé de Pradt, nommé à l'évêché de Poitiers. Il fut sacré par le pape lui-même peu de jours après.

———

Puisque j'en trouve l'occasion, je placerai ici quelques anecdotes relatives au concordat, au consulat et au couronnement. J'écrit pour ainsi dire, au fur et à mesure que mes souvenirs se présentent, c'est-à-dire sans ordre de date.

Pie VI mourut à Valence, le 29 août 1799, pendant le gouvernement du directoire, qui se flattait, après la mort de ce vénérable pontife, d'empêcher qu'on lui donnât un successeur, et qui, dans cette vue, avait augmenté les armées française en Italie. Dans le cas où il n'aurait pu empêcher l'exaltation d'un nouveau pape, il avait pris des mesures pour en faire renommer deux ou trois comme un moyen facile de tout bouleverser. Mais la révolution du 18 brumaire, arrivée le 9 novembre de la même année, dissipa ces ridules rêveries de la *théophilanthropie*. J'ai entendu Napoléon s'exprimer clairement à ce sujet, et dire qu'en arrivant au consulat, son premier soin avait été de favoriser l'élection de Pie VII, et de déconcerter les intrigues commencées par le directoire. Pie VII fut exalté le 9 mars suivant, 1800.

M. le cardinal Gonsalvi, premier ministre du pape, arriva à Paris pour le concordat. Il était difficile de ne pas espérer qu'un voyage aussi extraordinaire conduirait à un résultat quelconque; car certainement on devait savoir à Rome ce que voulait le gouvernement français; et il était raisonnable de penser que le pape ne se serait pas décidé à envoyer son premier ministre, sans lui donner les pouvoirs les plus illimités, et sans l'autoriser à accorder tout ce qu'il serait possible d'accorder. Cette mission extraordinaire fut déterminée, m'a-t-on dit, par l'envoi d'un courrier que le gouvernement expédia à M. de Cacault, ambassadeur de France, qui lui ordonnait de quitter Rome et de demander ses passe-ports, attendu que les difficultés et les lenteurs du pape semblaient prouver qu'il ne voulait pas conclure un arrangement conforme aux vues de la France. M. de Cacault ayant fait connaître cette détermination au premier ministre du pape, on fut saisi de frayeur à Rome, et le Saint-Père se décida promptement à entrer en arrangement. M. de Cacault conseilla au pape d'envoyer en France le cardinal Gonsalvi, parce que le choix de l'ambassadeur flatterait le premier consul, abrégerait les lenteurs et faciliterait les conclusions d'un arrangement aussi favorable que les circonstances pourraient le comporter. Indépendamment du cardinal Gonsalvi, cette ambassade extraordinaire comptait au nombre de ses conseillers, le cardinal Caprara, l'archevêque de Gênes, Spina, et beaucoup d'habiles théologiens.

Le concordat fut signé et la religion conservée en France. L'on ne trouva pas extraordinaire, quelques années plus tard, que le pape, satisfait de l'état où ce concordat avait mis les choses, vînt à Paris sacrer et couronner Napoléon.

―――――

Le cardinal Gonsalvi sortait un jour de chez M. de Brignolé, lorsque M. de S*** y entrait : *Imagineriez-vous*, lui dit madame de Brignolé, *quel était le sujet de ma conversation avec le cardinal? Nous parlions du mariage des prêtres*. En résumé, le cardinal, tout joyeux de la signature du concordat, avait dit que si le gouvernement français en faisait la demande, très-certainement la cour de Rome y consentirait, parce que ce n'était qu'un point de discipline, etc. M. de S*** s'empressa d'aller trouver le premier consul, et de lui faire part de ce qu'il venait d'apprendre. Celui-ci lui répondit qu'il ne doutait point que cette proposition ne fût acceptée s'il la faisait, mais qu'il s'en était abstenu pour ne pas donner lieu *au faubourg Saint-Germain de traiter le Saint-Père d'hérétique*; il ajouta qu'il était dans ses vues d'avoir un pape dont la considération ne fût point affaiblie, un pape véritablement catholique, apostolique et romain. Ce ne fut pas la seule occasion où l'empereur témoigna des égards pour les vœux de la bonne compagnie (car c'est ainsi qu'il faut entendre ce mot de faubourg Saint-Germain).

———

J'ai entendu raconter l'anecdote suivante :

M. Victor de Caraman (aujourd'hui ambassadeur du roi près l'empereur d'Autriche) fut arrêté et mis en prison pendant le consulat... Sa femme, inspirée par l'impératrice Joséphine, dont toute la France a connu l'extrême bonté, eut le courage de traverser les gardes, et de monter sur le marchepied de la voiture de Napoléon, pour lui présenter les plus touchantes réclamations en faveur de son mari : elle fut écoutée avec calme et sans humeur, mais elle n'obtint aucune décision favorable. Dans le trouble où elle était, madame de Caraman oublia dans la voiture son sac à ouvrage qui lui fut rapporté le lendemain matin. Dans le premier moment, elle crut trouver dans ce sac la liberté de son mari. Peut-être dans les temps de l'ancienne chevalerie, et dans des cas moins graves, cette forme de galanterie aurait pu se présenter. L'impératrice Joséphine disait à ce sujet, que l'empereur fut un moment tenté de le faire; mais qu'il avait imaginé que cet oubli était volontaire et prémédité, et qu'alors il n'accorda point la grâce qui lui était demandée. Quelques mois après, M. de Caraman sortit de prison pour aller résider à Ivrée, dans le Piémont; où il fut mis en surveillance.

C'est à l'époque du consulat que M. de Châteaubriand parut sur la scène littéraire. J'avais beaucoup connu son frère aîné, qui avait épousé mademoiselle de Rosambeau, petite-fille de l'illustre et vertueux défenseur de Louis XVI, et petite-nièce de madame de la Reynière, ma tante. Les bontés que cette respectable famille avait accordées à ma jeunesse, avaient mis dans mon âme un sentiment de reconnaissance et d'admiration qui me fit éprouver, même avant de l'avoir lu, une disposition favorable pour le premier ouvrage d'un auteur dont le nom était lié à tant d'honorables souvenirs. Quoique livré à toutes sortes de dissipations, je lus le *Génie du Christianisme* avec un plaisir inexprimable, et tout me parut admirable. Quelques gens plus difficiles eurent le malheureux courage de blâmer M. de Châteaubriand d'y avoir inséré les épisodes d'Atala et de René, qu'ils regardaient comme des incidens romanesques absolument étrangers à l'ouvrage, et qui contrastaient avec la dignité du sujet. Tant de sévérité me parut injuste; cet ouvrage est un poëme en prose paré des couleurs les plus brillantes de la poésie, et non pas un traité de théologie. La première édition de ce bel ouvrage fut dédiée au premier consul, comme au restaurateur de la religion en France : à ce sujet, j'ai entendu dire à Napoléon *que jamais il n'avait été mieux loué.*

Je ne dois pas non plus oublier l'*Éloge de Washington*, qui précéda de quelques mois le *Génie du Christianisme*. M. de Châteaubriand et M. de Fontanes firent, selon moi, le premier pas vers le bon goût, et furent deux nouveaux anneaux qui se rattachèrent aux âges précédens. L'*Éloge de Washington*, par le sujet, par la manière dont il fut traité, par la prose poétique convenable à la circonstance, par sa douce sensibilité, ses éloges mérités et sans exagération, ses rapprochemens heureux, ses allusions touchantes à l'égard de Napoléon, même par de salutaires leçons, et par le mépris profond qu'il exprimait pour les crimes qui avaient déshonoré la révolution, parut d'autant plus intéressant et fut d'autant plus admiré, qu'on assura que M. de Fontanes n'avait eu que trois jours pour s'y préparer. Il se montra certainement au-dessus de sa réputation, quoiqu'il fût depuis long-temps cité comme notre meilleur critique après La Harpe.

———

A propos de La Harpe, on répéta partout qu'il était converti, mais ceux qui le connaissaient mieux que moi disaient qu'il n'était pas changé. On disait même que sa dévotion n'avait fait que renforcer les défauts naturels de son caractère; et que, de toutes les vertus chrétiennes, la plus difficile pour lui à pratiquer était le pardon des injures.

Voltaire disait de La Harpe que *c'était un four qui ne cuisait jamais*; c'était traiter durement un auteur dont le style, ainsi que celui de Voltaire en prose, peut être cité comme un véritable modèle d'élégance, de clarté, de précision et de pureté. La Harpe était un juge impartial, mais sévère, et c'est parce qu'il avait un goût très-difficile, réuni au sentiment le plus exquis des convenances qu'il devait nécessairement avoir l'imagination un peu froide. Par la tournure de son esprit et de ses observations, il devait être plus frappé des défauts que des beautés, et être toujours retenu par la crainte de laisser échapper dans ses ouvrages les fautes pour lesquelles il se montrait inexorable dans les ouvrages des autres. En général, l'habitude de la critique peut contribuer à épurer le goût, mais elle doit nécessairement refroidir l'imagination. C'était en ce sens que La Harpe était *un four qui ne cuisait jamais*, pensée qu'une femme de beaucoup d'esprit exprimait d'une manière plus neuve, en disant qu'il avait *les défauts de ses qualités*.

CHAPITRE II.

Anecdotes sur le couronnement et sur le séjour du pape à Paris. — Pie VII faisait maigre toute l'année ; il dînait tous les jours seul et ne buvait que de l'eau. — Ses employés demandent du vin de Chambertin pour sa table. — M. de B*** surprend un officier du pape dévorant les débris d'une poularde aux truffes qu'il avait eu l'adresse d'emporter après son dîner. — Napoléon et Joséphine, se rendant à Notre-Dame pour le couronnement, montent en voiture et se placent par mégarde sur le devant. — Les Chinois ou les présidens de Kanton. — L'un de ces messieurs, M. Serviès Camprédon, essuya sa figure avec une de ses guêtres en recevant la bénédiction du pape. — L'évêque d'Alais. — Mort de Paul Ier. — Institut d'Égypte. — La perruque du cardinal Caprara : négociation diplomatique à ce sujet. — Étiquette pendant les voyages de l'empereur. — Voyage d'Italie à l'occasion du sacre. — Jérôme Napoléon débarque à Gênes. — Première discussion avec la cour de Naples ; paroles de Napoléon. — Le cardinal Maury à Gênes.

Peu de jours après que le pape fut arrivé à Paris, tout le monde s'accorda à dire qu'il était impossible de se conduire d'une manière plus admirable. On fut aussi édifié que touché de sa bonté, de sa simplicité, de sa douceur pour les autres et de son austérité pour lui-même. Ses habits et sa nourriture étaient d'un simple religieux. Il faisait maigre toute l'année, comme lorsqu'il était dans son couvent : et il ne dit pas un seul mot qui pût prêter au ridicule, ou même au persiflage. Il faut aussi convenir que, de son côté, Napoléon eut toujours pour le pape les prévenances les plus suivies et la vénération la plus respectueuse.

Ce que j'ai dit de la tempérance et de la frugalité du pape, ne saurait s'appliquer à toutes les personnes de sa suite. Lorsque deux mois après je fus nommé préfet du palais, j'examinai les comptes et les fournitures faites pour la maison du Saint-Père. Je remarquai une infinité d'articles tout-à-fait singuliers. Je savais que l'empereur avait ordonné de donner tout ce qui serait demandé. Les employés du pape le savaient aussi, et ils usèrent largement de cette faculté. Par exemple, ils demandaient chaque jour cinq bouteilles de vin de Chambertin, pour la table du pape qui dînait constamment seul, et ne buvait que de l'eau, etc., etc., etc., et ainsi du reste, etc., etc. Les autres tables destinées, selon leurs rangs, aux personnes de la suite du pape, étaient servies avec magnificence et profusion ; toutefois il paraîtrait que le signor M***, l'un des officiers ecclésiastiques de Sa Sainteté, ne trouvait pas, sur la table à laquelle il était admis, une subsistance assez copieuse pour son vaste appétit. Un jour le comte de B***, aujourd'hui pair de France, mais alors chambellan de l'empereur, de service près le pape, ayant eu besoin de passer dans un cabinet, y trouva l'ecclésiastique vivement occupé à dévorer les débris d'une poularde aux truffes, qu'il avait eu l'adresse d'emporter, et se servant, comme d'une table à manger, d'un meuble que les tapissiers décorent aujourd'hui du nom de *somno*, mais qui alors se désignait simplement sous celui de table de nuit. Il faut noter que ce signor sortait de table.

———

J'étais curieux de voir avec détails les cérémonies du couronnement. Le comte de Béarn-Brassac, avec lequel j'étais fort lié depuis long-temps, me proposa de nous rendre aux Tuileries pour en voir partir les différens cortéges; nous n'appartenions ni l'un ni l'autre à la maison impériale, et nous fimes usage de deux billets d'entrée au palais, que lui avait donnés madame de La Rochefoucault, dame d'honneur de l'impératrice Joséphine. Le premier cortége fut celui du Saint-Père, qui partit du pavillon de Flore. Nous allâmes ensuite nous placer au bas de la grande porte du vestibule du grand escalier, sur la cour. Après avoir admiré la beauté des chevaux, l'élégance et la richesse des voitures, nous vîmes passer et monter tous les hauts personnages dans ces voitures qui devaient précéder celle du sacre. Cette voiture est ordinairement très-grande, à glaces et sans panneaux, le fond est assez semblable au-devant. Lorsque LL. MM. y montèrent, elles se trompèrent de côté et se placèrent sur le devant : s'apercevant à l'instant de leur méprise, elles se mirent en riant dans le fond. Cette observation est sans doute minutieuse, mais je ne sais pourquoi je n'ai jamais pu en perdre le souvenir. Quelqu'un de plus superstitieux y aurait encore attaché plus d'importance.

Du reste, rien n'égala la magnificence qui fut déployée dans cette circonstance. Les conviés se mirent bientôt en route pour revenir chez eux.

Les présidens de canton avaient avaient donné lieu à beaucoup de plaisanteries; la gaieté de l'esprit français s'en amusa beaucoup et ne les désigna plus que sous le nom de Chinois, à cause de la similitude du nom de canton avec celui de *Kanton*. On s'aperçut que ces braves gens furent fort étonnés qu'on ne s'occupât pas plus d'eux qu'on ne l'avait fait, imaginant sans doute produire un grand effet à Paris; quand on est le premier dans son canton, on croit naturellement être le premier partout. Il en fut de même de toutes les autorités secondaires. Elles s'aperçurent que le temps des orateurs vulgaires était passé, et que, sous le règne d'un empereur qui avait conquis son trône à la pointe de son épée, c'étaient les grands talens et les militaires qui se mettaient toujours en possession de la puissance et des honneurs. Il arriva une singulière aventure à l'un de ces présidens de canton. La circonstance avait prévalu sur les règlemens intérieurs du palais, et l'accès des premiers salons de l'appartement du pape était libre pour les personnes dont la mise était convenable et décente. M. de Serviès Camprédon [1], président du canton de Saint-Gervais, arrondissement de Béziers, et grand-prieur de la confrérie des pénitens blancs

---

[1] J'ai promis à M. de Serviès de lui faire jouer un rôle dans mes Mémoires, et je lui tiens parole.

dudit Saint-Gervais, homme pieux et estimable, était un des plus exacts à se trouver sur le passage du pape. Un jour, pressé par l'heure, il ôta promptement ses guêtres et les mit dans sa poche, ayant à peine le temps d'entrer et de se mettre, comme tous les assistans, à genoux pour recevoir à son tour la bénédiction du saint pontife. Sentant la sueur couler sur son front, il prit une de ses guêtres imprégnées de la boue des rues de Paris, au lieu de son mouchoir, pour s'essuyer le visage, sans se douter de l'étrange effet que produirait son erreur. Ses voisins, occupés à recevoir la bénédiction du Saint-Père, ne s'aperçurent point de ce barbouillage grotesque et ne purent point en avertir M. de Serviès. Le pape interpréta sans doute avec bonté tout ce qu'un empressement aussi étrange pouvait avoir d'excusable, et lui donna sa bénédiction avec d'autant plus de bienveillance, qu'il aperçut la guêtre fatale dans les mains de ce bon président de canton. C'est lui-même qui m'a raconté son aventure.

———

Mon oncle, l'ancien évêque d'Alais [1], mort cardinal, duc et pair de France, eut une audience du

---

[1] Historien de Fénélon et de Bossuet.... Personne n'était plus digne que le cardinal de Bausset, pour me servir des expressions si remarquables de Louis XVIII, de *réconcilier les cendres* des deux prélats les plus grands de l'église de France.

pape dans les premiers jours du mois de mars 1805. J'étais chez madame de la Reynière, ma tante [1], avec M. de Donaisan, homme aimable et spirituel autant qu'on peut l'être, lorsque cet illustre prélat nous raconta les détails de cette audience; j'en pris de suite une note très-exacte, et je crois même avoir conservé ses propres expressions; du moins M. de Donaisan, que je consultai, voulut bien m'assurer que mon récit était fidèle.

« Imaginez-vous, disait-il en souriant, que le pape
» m'a fait asseoir à côté de lui...»—«A côté de lui!»
» répondit ma tante toute émerveillée d'une si grande
» faveur. « Oui, à côté de lui comme de *pair à com-*
» *pagnon*. Vous pensez bien que je ne lui ai pas de-
» mandé des secrets, et qu'il ne m'en a pas confié;
» mais à cela près il est impossible d'avoir reçu un

---

[1] Madame de la Reynière, née Jarente.... Pendant plus de trente années, sa maison fut ouverte à tout ce que la France et l'étranger avaient de plus distingué par l'éclat de la naissance, du rang et des talens. La révolution lui enleva sa grande fortune, sans lui faire perdre un seul des nombreux et fidèles amis que la douceur de son caractère et la grâce exquise de ses manières, lui conservèrent jusqu'au dernier jour de sa vie. Elle était belle-sœur de l'illustre Malesherbes et mère de M. Grimod de la Reynière, auquel on ne peut faire d'autre reproche que celui de laisser dans son portefeuille des ouvrages autrement importans que ceux qu'il a publiés, et qui, par leur style élégant et pur, par leur touche originale et piquante, ont déjà rendu son nom célèbre parmi les écrivains de l'époque.

» accueil plus touchant. Je lui ai dit en latin, et la
» chose est très-vraie, que c'était une espèce de mi-
» racle d'avoir su se concilier, dans ce pays des con-
» tradictions, tous les cœurs, toutes les opinions, et
» tous les partis; que son cœur avait dû être touché
» de voir que toutes les impressions religieuses n'é-
» taient pas entièrement effacées de tous les esprits;
» qu'il avait pu en juger lui-même par tous les té-
» moignages d'empressement et de vénération qui
» ne s'étaient pas démentis un seul instant, quoi-
» qu'il eût bien voulu déférer avec une extrême bonté
» à toutes les demandes qui lui étaient faites pour se
» montrer à la multitude. Je lui ai ensuite parlé des
» raisons de santé qui m'avaient empêché d'accepter
» aucune place; il en était déjà instruit et m'a dit à
» ce sujet les choses les plus flatteuses. Au bout d'un
» quart d'heure de conversation tête à tête, j'ai par
» discrétion levé moi-même la séance. Il n'a jamais
» voulu souffrir que je me prosternasse à ses pieds
» et m'a baisé tendrement sur les deux joues. J'ai
» trouvé le pape tel que l'on me l'avait annoncé : une
» figure analogue au caractère dont il est revêtu;
» de la simplicité, de la bonté; un regard doux mais
» d'une tristesse religieuse, digne, et sans amertume,
» qui prouvait qu'il avait eu de grands sacrifices à
» faire. Mon oncle ajouta qu'il savait que le pape
» s'était tiré avec sagesse et avec fermeté de plusieurs
» propositions embarrassantes qui auraient pu blesser
» les convenances de sa place, et que s'il était encore
» douteux que le clergé de France retirât de grands

» avantages du voyage du pape, il était au moins
» certain que Sa Sainteté avait eu le succès personnel
» le plus complet, qu'il avait conservé, contre toute
» espérance, la dignité de son caractère dans un
» pays où tout devait faire craindre, à une époque
» encore si voisine des atrocités de la révolution,
» qu'elle ne fût compromise. »

MORT DE PAUL Ier.

La mort de Paul Ier., arrivée pendant le consulat, ne causa des regrets à personnes; ses alliés, à commencer par le pape et le cabinet des Tuileries, furent aussi contens d'être débarrassés de lui que ses ennemis mêmes. Sa funeste amitié pesait à tous ses amis, et il était aussi difficile de pouvoir compter avec quelque confiance sur la stabilité d'une liaison avec ce prince capricieux, que de pouvoir satisfaire à toutes les demandes extravagantes qu'il voulait exiger tout à coup de ses alliés pour prix de son alliance. Sa manie de l'ordre de Malte embarrassait extrêmement le pape et fut considérée comme une conception des plus bizarres. Toutes les gazettes furent aussi laconiques qu'uniformes sur sa mort dont aucune circonstance ne fut spécifiée. Cette uniformité et ce laconisme laissèrent un vaste champ aux conjectures, et bien des personnes ne doutèrent pas que sa mort n'eût été aussi tragique et encore plus précipitée que celle de Pierre III, son père. Les morts *subites* sont fréquentes sur le trône des Czars.

—

A cette époque on annonça les premières livraisons du grand ouvrage de l'*Institut d'Égypte*. Fréquemment j'entendais des savans estimables et des militaires du premier ordre parler avec enthousiasme de ces fameuses antiquités; mais je pensais en moi-même qu'il y avait beaucoup d'exagération dans leurs récits. On est assez généralement d'accord qu'il ne reste que peu de ruines des anciens monumens grecs et égyptiens; le plus grand nombre a cédé à l'empire du temps et à ses ravages inévitables. Le peu de débris qui aient survécu n'existent plus que pour quelques voyageurs, et quelques curieux qui s'amusent de leurs copies imparfaites qu'ils retrouvent dans quelques tableaux, dans quelques gravures, sans penser un moment aux larmes, au sang et aux trésors qu'ils ont coûté : tel est le cours des choses humaines. L'ouvrage de l'*Institut d'Égypte*, quelque estimable qu'il soit d'ailleurs, et quoique excessivement cher, ne nous apprendra rien de plus. En considérant le côté moral des actions des hommes, on peut dire que tant qu'il en existera, il y en aura toujours de plus puissans les uns que les autres; et ceux-là tenteront toujours d'éterniser leur court passage sur la terre en cherchant à y laisser des monumens de leur puissance, pour attester l'éclat et le bruit qu'ils ont jetés dans le monde. Toutefois ces dispendieuses fantaisies pouvaient paraître plus excusables et plus naturelles dans les temps anciens, avant l'invention de l'imprimerie, qui a rendu éternels les faits, les vertus, les caractères et les vices des hommes les plus puissans. Très-certainement l'imprimerie a réduit à leur juste valeur ces monumens périssables de la vanité, en offrant une traduction plus fidèle et plus exacte des actions des hommes, que les inintelligibles inscriptions dont ils sont décorés.

A mon avis, les seuls monumens glorieux sont ceux des Romains, parce qu'ils se rattachent tous à un but d'utilité générale capable, d'en compenser les frais.

———

Il s'éleva une discussion d'une nature assez plaisante entre le chef de l'école française, le célèbre David, et le cardinal Caprara. La répugnance de ce grand peintre à représenter ses personnages avec des vêtemens modernes est assez connue ; on pourrait même dire que cette répugnance s'étendait à toute espèce de vêtement [1]. Dans son magnifique tableau

---

[1] L'empereur n'avait pas le même goût que M. David. Un jour, à son déjeuner, M. Denon lui apporta une petite statue en or ou en vermeil, qui le représentait assis, sans autre vêtement qu'un léger manteau impérial jeté sur ses épaules... M. Denon reçut l'ordre, assez vivement exprimé, de la faire fondre de suite.

du couronnement, il représenta le cardinal Caprara, l'un des assistans du pape, sans sa perruque et avec la tête chauve. Le portrait était d'une ressemblance parfaite. Le cardinal, peu sensible à cet avantage, ne s'aperçut que de ce qui lui manquait, et il pria David de vouloir bien lui rendre sa perruque. Celui-ci protesta que jamais il n'avilirait ses pinceaux jusques à la peindre. Ce fut inutilement que Son Éminence en demanda la restitution. Elle s'adressa même à M. le prince de Talleyrand, alors ministre des affaires étrangères, et l'affaire fut traitée diplomatiquement; le cardinal mettait d'autant plus de chaleur dans cette discussion que jamais pape n'ayant porté perruque, en renonçant à la sienne il aurait paru annoncer quelques prétentions à la chaire de saint Pierre dans le cas où le Saint-Siége serait devenu vacant. David ne céda point, disant que Son Éminence devait *s'estimer heureuse de ce qu'il ne lui avait ôté que sa perruque.* Le portrait resta tel qu'il était dans le tableau.

———

Au mois de mars, la grande députation de la république italienne fut reçue dans la grande salle du trône. Cette députation nombreuse et brillante était présidée par M. de Melzy, depuis duc de Lodi. Elle venait offrir la couronne du royaume d'Italie; cette couronne, une de ces choses qu'on ne refuse jamais, fut acceptée et donna lieu au voyage d'Italie dont je fus. L'espoir d'aller voir cette terre classique des arts et de la poésie me rendit heureux. J'aimais d'ailleurs la vie que je menais, je la trouvais amusante, et je me laissais aller doucement à un mouvement si varié et tout nouveau pour moi. La berline dans laquelle je fus placé contenait trois personnes tout-à-fait de mon goût : c'étaient le général Lemarrois, aide de camp de l'empereur ; le comte de Thiars, chambellan ; et le général Defrance, écuyer de S. M. Nos caractères, nos habitudes s'accordèrent à merveille ; aussi notre voyage depuis Paris jusqu'à Milan fut-il une fête agréable. Nos fonctions, en arrivant dans les villes où LL. MM. devaient passer la nuit ou séjourner plus d'un jour, étaient d'ordonner, chacun dans notre partie, toutes les dispositions nécessaires pour l'établissement de LL. MM. et de toutes les personnes de leur suite. Assez généralement le logement de LL. MM. était préparé d'avance dans les hôtels des préfectures. Jamais ce séjour ne fut une charge pour ceux dont on occupait les maisons ; toutes les dépenses étaient payées par le contrôleur de la bouche, à l'instant du départ. De magnifiques cadeaux et d'amples gratifications dédommageaient largement d'un désordre inévitable en pareil cas.

Les autres personnes qui accompagnaient, trouvaient, en arrivant, toutes les indications nécessaires pour leurs logemens. Une grande pancarte, sur laquelle étaient inscrits leurs noms et les adresses des maisons qu'ils devaient occuper, était affichée sur la porte du vestibule. Le palais impérial était le point de réunion de toutes les personnes du voyage. Les dames du palais, les grands officiers et les officiers de la maison étaient servis à une même table....; en un mot, le même règlement d'étiquette en usage aux Tuileries était suivi dans les voyages. Seulement Napoléon employait son temps d'une autre manière. Dans les villes où il ne devait coucher qu'une seule nuit, il recevait avant ou après son dîner les autorités locales. Nous assistions à ces audiences toujours intéressantes et pour ainsi dire familières; c'était dans ces occasions qu'il montrait le plus de bienveillance. Jamais on ne se retirait d'auprès de lui sans être pénétré de reconnaissance et d'admiration. Ces sentimens étaient d'autant plus justes que jamais personne ne porta à un degré plus élevé que lui l'art de ne parler aux gens que de ce qui devait les intéresser particulièrement. Cette simplicité de mœurs, de langage, cette connaissance profonde des localités et de toutes les parties de l'administration civile ou militaire, étonnaient encore plus, peut-être, que ces hauts faits qui appartiennent à l'histoire. Dans ces circonstances il ne refusait rien aux besoins réels, même aux embellissemens de pur agrément : il laissait partout des traces de la noblesse de ses pensées et de la bonté de son cœur; c'est là sans doute une des causes qui sert à expliquer l'attachement et les regrets qui ont honoré ses infortunes.

Dans les villes où Napoléon passait plus d'un jour, après son déjeuner, et après les réceptions, il montait à cheval et allait visiter les fortifications et les autres monumens qui pouvaient ajouter à ses connaissances des localités. Les soirées se terminaient assez habituellement par des fêtes, des concerts ou des bals qui lui étaient offerts par les habitans.

Lorsque nous arrivâmes au pied du mont Cenis, il fallut démonter pièce à pièce les équipages, les faire charger sur des mulets, et nous placer nous-mêmes dans des chaises à porteurs pour être transportés jusqu'à l'hospice, où nous passâmes la nuit. Napoléon affectionnait particulièrement ces bons religieux qui, presque toujours entourés de glaces et de neiges, consacraient leur vie au soulagement de l'humanité. Ces vénérables missionnaires d'amour et de charité reçurent souvent de ce prince d'abondans et riches secours. Quelques années plus tard, une grande et magnifique route fut créée sur ce sol ingrat, par les ordres de Napoléon. La pente était si bien disposée, que les chevaux qui menaient ma voiture, vers la fin de 1814, montèrent au grand trot et descendirent sans qu'il fût nécessaire d'enrayer.

Nous séjournâmes quelque temps à Stupinits, parce que Napoléon attendait le pape qui retournait à Rome, et qui devait s'arrêter un ou deux jours à Turin. Peut-être aussi notre séjour fut-il prolongé pour laisser à la grande députation du royaume d'Italie le temps d'arriver à Milan, et d'y tout préparer pour la réception du nouveau souverain.

Nous nous arrêtâmes quelques jours à Alexandrie. Un rassemblement de vingt-cinq mille hommes avait été campé sur le terrain même où la bataille de

Marengo avait eu lieu. Le jour qui se leva pur et serein (14 juin 1805), était un des anniversaires de cette bataille dont les conséquences furent si vastes et si immenses; l'empereur devait faire exécuter aux troupes une partie des manœuvres de la véritable bataille. Napoléon, qui d'ordinaire était fort simple dans ses vêtemens, et qui ne portait jamais d'autre uniforme que celui de colonel des chasseurs de la garde, ou celui de ses grenadiers, nous reçut à son lever, couvert d'un vieil uniforme d'officier-général du temps du consulat, assez râpé, et déchiré en quelques endroits. Il tenait à la main un grand et vieux chapeau galonné en or percé d'un trou. J'appris, en sortant du salon de l'empereur, que cet habit et ce chapeau étaient les mêmes qu'il portait le jour de la bataille de Marengo, et que les trous que j'y avais remarqués, avaient été faits par les balles autrichiennes. Mon étonnement cessa. Le plus riche manteau m'aurait paru mesquin auprès de ces vêtemens historiques. Napoléon passa une partie de la journée à faire manœuvrer les troupes. On avait élevé un pavillon sous lequel était disposé un trône pour l'impératrice Joséphine; elle assista à la distribution des croix de la Légion-d'Honneur que l'empereur remit lui-même aux soldats qui avaient été choisis. Lorsque toutes les troupes eurent défilé devant LL. MM., elles rentrèrent à Alexandrie et admirent à leur table les officiers-généraux et les colonels qui commandaient le camp.

Le lendemain, j'étais dans le salon de service avec le général Lemarrois, le comte de Thiars et le général Defrance, lorsque je vis sortir du salon de l'empereur un jeune homme d'une figure agréable, mais dont la physionomie était agité... J'appris que c'était le prince Jérôme, arrivé depuis peu dans le port de Gênes avec la frégate qu'il commandait, et qui s'était empressé de venir se présenter à son frère. On m'assura que l'entrevue avait été vive d'un côté et fort embarrassée de l'autre; du reste rien ne transpira; le silence sur cette visite fut observé par les journaux italiens et par les journaux de France. Ce jeune prince partit immédiatement après son entrevue et nous ne le retrouvâmes qu'à Gênes quelques mois après.

Le même jour, je crois, nous vîmes arriver une petite députation incognito, formée par MM. de Durazzo, ancien doge de Gênes, Decambiazo..., et qui venaient offrir la réunion de Gênes à l'empire français. Cette province fut acceptée chemin courant.

Nous partîmes d'Alexandrie pour nous rendre à Pavie. Nous y séjournâmes trois jours; ce fut dans cette ville que la grande députation de Milan attendait l'empereur pour le complimenter, et grossir le cortége de son entrée qui se fit avec une grande magnificence. Je passe sous silence le détail de toutes les fêtes, de toutes les adresses obséquieuses et de toutes les cérémonies qui eurent lieu pendant notre séjour en Italie, qui est le véritable pays des décorations et des féeries. Les journaux de cette époque ne laissent rien à désirer; on y peut voir aussi la réception de la députation officielle de Gênes. Je passe à une circonstance qui m'est indirectement personnelle.

Pendant notre séjour à Milan, je voyais très-souvent, chez madame la comtesse de Grimaldi, M. l'évêque de Pergame, son oncle, qui, se trouvant le doyen des évêques du royaume d'Italie, fut chargé de complimenter LL. MM. à la tête de tous ces prélats. M. Dolphino, c'est ainsi que se nommait l'évêque de Bergame, n'était pas embarrassé de parler à l'empereur; mais sa politesse lui prescrivait de parler en français à l'impératrice Joséphine, qui n'entendait pas l'italien. Peu versé lui-même dans la langue française, il me pria de lui faire une seule phrase d'un débit facile. Heureux de trouver l'occasion d'adresser à cette excellente princesse, par l'organe d'un autre, les sentimens de respect et de reconnaissance dont j'étais pénétré, je m'empressai de céder à la demande de l'évêque de Bergame, et, mêlé parmi les autres officiers de la maison, j'attendis avec une douce agitation le moment où le clergé italien serait introduit.

Ce moment arriva, et l'évêque, que j'avais eu soin de préparer, prononça parfaitement bien ce petit discours.

———

Une chose qui me frappa, comme digne de remarque, c'était l'immense accroissement de la puissance anglaise dans les Indes. Les documens et les rapports de sir Arthur Wellesley, interceptés par nos flottes et qui furent publiés pendant notre séjour à Milan, m'étonnèrent au plus haut point. Cette publication, faite au moment même où Napoléon ajoutait de son côté les plus belles provinces d'Italie au vaste territoire de son empire, était un phénomène sans exemple. Ainsi, les deux nations les plus acharnées l'une contre l'autre ne cessaient de s'agrandir, l'une par ses flottes et l'autre par ses armées.

Gare aux autres nations! elles devaient expier cruellement cette violente et interminable rivalité!

A l'une des audiences diplomatiques qui eurent lieu à Milan, et à laquelle assistait l'ambassadeur de Naples, M. le marquis de Gallo, autant que je puis me le rappeler, Napoléon se plaignit avec une grande véhémence du système politique adopté par la cour de Naples; je crois même avoir entendu ces mots par lesquels il termina l'audience : « *Et si elle ne* » *change pas, je la forcerai d'aller chercher un re-* » *fuge dans la Sicile,* » ce qui ne tarda pas à arriver. On aura souvent occasion de remarquer, dans le cours de cet ouvrage, que, chez Napoléon, presque toujours l'éclair annonçait l'orage.

Entre Plaisance et Gênes, je fus témoin d'une scène qui m'amusa beaucoup. De nouveaux arrangemens de voiture m'avaient donné pour compagnons de voyage M. Maurice de Broglie, évêque d'Acqui, aumônier de l'empereur, et M. de V***, écuyer de S. M. Il était onze heures du soir ; il tombait une pluie abondante... Au relai de *Voltaggio*, les postillons italiens, malgré les instances de nos courriers, ne se pressaient pas d'atteler ; M. de V***, en sa qualité d'écuyer commandant le service, descendit de voiture, et, voyant la nonchalance de ces postillons, se fâcha et leur parla avec beaucoup de chaleur. M. de Broglie, qui était resté avec moi dans la voiture, entendant des expressions françaises assez énergiques, baissa la glace et dit : *Monsieur de V***, ne pourriez-vous pas vous servir d'autres mots, en parlant à ces gens-là... qui d'ailleurs ne vous entendent pas ?* M. de V***, qui se sentait mouillé par la pluie, et qui n'était pas trop content, repartit assez vivement à l'évêque : *Eh!... parbleu, monseigneur, mêlez-vous de vos affaires, et laissez-moi parler à ces gens-là comme il convient de leur parler...* (l'expression dont se servit M. de V***. était je crois plus forte). A cette réponse un peu trop cavalière, l'évêque haussa la glace et se renfonça dans la voiture. Peu à peu je le vis, à la clarté des lanternes qui nous éclairaient, se gonfler et étouffer du besoin de parler. Il était maigre et chétif, mais d'une vivacité bouillante... L'orage éclata quand notre camarade fut monté... L'évêque s'échauffant en proportion de la gaieté que M. de V***. et moi ne pouvions nous empêcher de ressentir, s'emporta tellement, qu'il tomba dans les mêmes locutions vicieuses qu'il venait de blâmer. Quelques jours après l'évêque se reprochait en riant ce mouvement d'impatience. Ce moment de vivacité, tout comique qu'il est, ne saurait nuire à cet excellent évêque, enlevé trop tôt au clergé de Gand, qu'il édifiait par ses exemples et par ses vertus, et aux nombreux amis que son esprit, sa droiture et ses excellentes qualités lui avaient acquis.

———

Nous étions à Gênes, au milieu des fêtes et des réjouissances, lorsqu'un jour je vis sortir du palais de l'empereur un prélat dont le front élevé, la démarche ferme et la physionomie calme et spirituelle me frappèrent. On me dit que c'était le cardinal Mauri, qui, pendant le gouvernement de l'assemblée constituante dont il était membre, s'était fait une grande réputation, autant par ses talens que par un beau caractère. J'appris alors que le résultat de cette audience était son retour en France [1].

Arrivé à Turin, Napoléon, pressé de revenir en France, partit sans être précédé par aucun service,

———

[1] L'abbé Arnaut disait, en montrant l'abbé Mauri : *Ne dirait-on pas que ce visage a été taillé dans la pierre ?*

et alla sans s'arrêter de Turin à Fontainebleau. Pour ne pas encombrer la route et pour donner le temps aux relais de poste de faire le service, on fit plusieurs détachemens; j'eus le bonheur de faire partie de celui qui devait être le dernier. Ce délai me donna le temps de visiter les beaux établissemens de Turin, ses environs et le palais qui renferme les magnifiques tombeaux des souverains du Piémont. M. le maréchal Mortier, duc de Trévise, colonel-général de la garde; M. le comte de Ségur, grand-maître des cérémonies; madame la comtesse de la Rochefoucault; mesdames d'Arberg, madame de Serent-Walh, MM. d'Audenarde, Philippe de Ségur, et M. de Barole, récemment nommé chambellan à Turin, composaient ce dernier détachement qui était suivi de plusieurs voitures attachées à nos différens services. Nous n'étions pressés par aucun devoir; nous avions ordre d'arriver à notre aise, et nous profitâmes largement de la permission. Un courrier nous précédait de quelques heures, faisait préparer les chevaux, et s'arrêtait dans les lieux que je lui avais désignés, pour y retenir une auberge entière pour déjeûner et le soir pour coucher; nos repas étaient apprêtés par les gens du service de la bouche, qui précédaient aussi de quelques heures. Philippe de Ségur et moi nous partions une heure avant les dames, et nous nous emparions de l'auberge choisie par notre courrier, nous en faisions un véritable palais de souverain : des gardes étaient placés à la porte; Philippe de Ségur faisait les logemens, les autres arrangemens étaient dans mes attributions. Nos compagnons de voyage trouvaient tout en bon ordre, et la gaieté la plus douce et la plus aimable présidait à nos repas... Le comte de Ségur fut, comme à son ordinaire, d'une amabilité exquise, et me rendit l'objet de plusieurs couplets que j'ai malheureusement perdus. Rien n'égala la douceur, l'esprit, la gaieté et les manières simples du duc de Trévise. C'est à cet excellent et noble guerrier que j'ai dû de perdre les préventions qu'on n'avait cessé de me donner sur le ton impérieux des généraux et des officiers de la maison militaire de l'empereur. Je puis dire avec vérité, et avec toute la sincérité de mon âme, que je n'ai eu qu'à me louer de leur politesse, de leur franchise, de leur obligeance et de leur aménité.

CHAPITRE III.

Première représentation des Templiers à Saint-Cloud ; mot de Napoléon à ce sujet, il en fait la critique à M. de Fontanes. — Napoléon part pour Boulogne; paris ouverts pour ou contre la descente en Angleterre. — Fulton, inventeur des bateaux à vapeur, propose à Napoléon l'essai de ses nouvelles découvertes. — Mesdames Hainguerlot, Davilliers, jouent la comédie à Plombières devant Joséphine. — Le général Savary part pour Francfort-sur-le-Mein. — Madame de Stael. — Préparatifs pour la campagne de 1805. — Correspondance de l'empereur d'Autriche et de l'électeur Palatin (roi de Bavière). — Mort du colonel Gérard Lacuée.

Nous trouvâmes la cour à Saint-Cloud, et c'est à cette époque que la tragédie des Templiers y fut jouée; la première représentation avait eu lieu au Théâtre-Français, pendant notre séjour en Italie. Les journaux en avaient parlé d'une manière si variée, que j'attendais avec impatience de la voir, et de connaître l'effet qu'elle produirait sur Napoléon. Il me fut aisé de juger, pendant la représentation, qu'il ne partageait pas l'excessive admiration des partisans de l'auteur; il s'en exprima assez ouvertement le soir même avec M. de Fontanes, qui assista comme moi aux *grandes entrées du coucher*; j'écrivis en rentrant chez moi le résumé de l'opinion que j'entendis émettre : ce résumé, qui est une espèce de critique de l'ouvrage, fera connaître la justesse d'esprit, la finesse du tact et la sagesse des jugemens de Napoléon. M. de Rémusat se trouva, ainsi que moi, présent à cette discussion; je lui fis voir deux jours après l'extrait que je vais donner, et il m'assura que j'avais rapporté avec fidélité l'opinion et même quelques expressions de Napoléon.

« Il avait peine à comprendre comment on s'était
» tant exalté pour et contre cette tragédie; elle ne
» lui paraissait digne ni de cet excès de faveur,
» ni de cet excès de sévérité; il était plus que jamais
» étonné de la chaleur que l'on montrait sur de
» pareils sujets, et il regardait ces exaltations im-
» prévues comme la maladie incurable des Fran-
» çais. Cette pièce, en général, lui avait paru très-
» froide, parce que rien *ne venait du cœur et n'y*
» *allait*. L'auteur, oubliant que le véritable objet
» d'une tragédie était d'émouvoir et de toucher, s'est
» trop occupé, disait-il, d'avoir une opinion sur un
» fait qui sera toujours enveloppé de ténèbres, parce
» qu'il est impossible d'y apporter aucune lumière.
» Comment serait-il possible, à 500 ans de distance,
» de prononcer que les Templiers étaient innocens
» ou coupables, lorsque les auteurs contemporains
» sont eux-mêmes partagés, ou plutôt sont en con-
» tradiction formelle les uns avec les autres? Tout
» ce que l'on peut dire, c'est que ce fut une affaire
» monstrueuse et inexplicable. L'entière innocence
» des Templiers ou leur entière perversité sont éga-
» lement incroyables : serait-il donc si pénible de
» rester dans le doute, lorsqu'il est bien évident que

» toutes les recherches ne pourraient *arranger* un
» résultat satisfaisant? »

Ici M. de Fontanes dit quelques mots que je n'entendis pas, et l'empereur reprit de suite :

« Je crois, moi, que si l'auteur, puisqu'il voulait
» traiter un pareil sujet, avait bien voulu s'en tenir
» aux vérités historiques également convenues entre
» tous les partis, il aurait pu donner à sa tragédie
» une force et une couleur dramatiques, qui lui
» manquent entièrement.

». Le caractère de Philippe le Bel, prince violent,
» impétueux, emporté dans toutes ses passions, ab-
» solu dans toutes ses volontés, implacable dans ses
» ressentimens, et jaloux jusqu'à l'excès de son au-
» torité, pouvait être théâtral, et ce caractère eût
» été conforme à l'histoire. Au lieu de cela, M. Re-
» nouard, d'ailleurs auteur fort estimable et d'un
» grand talent, nous le représente comme un homme
» froid, impassible ami de la justice, qui n'a aucune
» raison d'aimer ou de haïr les Templiers; qui trem-
» ble devant un inquisiteur, et qui ne semble de-
» mander que pour la forme aux Templiers un acte
» de soumission et de respect. L'auteur paraît sur-
» tout avoir oublié une maxime classique, établie sur
» une véritable connaissance du cœur humain, c'est
» que le héros d'une tragédie, pour intéresser, ne
» doit être ni tout-à-fait coupable, ni tout-à-fait
» innocent. Il aurait pu, sans s'écarter des vérités
» historiques, faire une heureuse application de ces
» principes au grand-maître des Templiers; mais il

» a voulu le représenter comme un modèle de per-
» fection idéale, et cette perfection idéale, sur le
» théâtre, est toujours froide et sans intérêt. Il n'a-
» vait, au lieu de cela, qu'à dire, ce qui est très-vrai,
» que le grand-maître avait eu la faiblesse de faire
» des aveux, soit par crainte, soit par espérance de
» sauver son ordre, et nous le représenter ensuite
» rendu au sentiment de l'honneur, par un retour
» heureux de courage et de vertu, et rétractant ses
» premiers aveux à l'aspect même du bûcher qui
» l'attend. Toutes les faiblesses, toutes les contradic-
» tions sont malheureusement dans le cœur des hom-
» mes, et peuvent offrir des couleurs éminemment
» tragiques. Le nombre de ceux qui ont le feu sacré
» est très-petit dans tous les siècles, je le sais...; mais
» qu'en eût-il coûté, entre nous, à l'auteur de repré-
» senter de jeunes Templiers, religieux, raffermis et
» courageux dans l'excès de leur malheur, adorant la
» main sévère de la Providence qui les punissait d'a-
» voir dégénéré des vertus de leurs anciens, par l'abus
» de leur puissance et de leur richesse ? Tous ces
» faits sont admis dans l'histoire par les accusateurs
» et par les défenseurs des Templiers.

» Pourquoi l'auteur a-t-il négligé d'exciter la sen-
» sibilité, *par le spectacle de ces grandes vicissitudes*
» *de la fortune, qui renversent tout à coup les gran-*
» *deurs le plus solidement établies en apparence, et*
» *vouent au malheur des hommes distingués par d'é-*
» *clatans services et par une naissance illustre ?*
» Toutes ces réflexions, quand elles sortent naturel-

» lement du sujet, et qu'elles ne sont point ramenées
» avec affectation ou d'une manière trop commune,
» parlent toujours à l'âme du spectateur.

» L'amour du jeune Marigny est entièrement
» insignifiant et ne peut intéresser, car on n'en
» connaît pas l'objet. Cet amour n'a pas le moindre
» rapport à l'action de la pièce, et le rôle pourrait
» rester tel qu'il est, sans qu'il prît la peine d'ap-
» prendre au public qu'il est ou a été amoureux.

» L'histoire offrait également à l'auteur des cou-
» leurs assez tranchantes, pour donner une physio-
» nomie forte et prononcée à deux ministres tels
» que Nogaret et Enguerrand; mais il a mieux aimé
» en faire deux membres subalternes des comités.

» Quant à la reine Jeanne, il a voulu être cour-
» tisan, et, par quelques vers qu'il lui a donnés, con-
» duire à des allusions.

» Au reste, cette tragédie est naturellement écrite;
» il y a de beaux vers et des pensées heureusement
» exprimées. Cependant je persiste à penser qu'il
» doit en être de cette pièce, comme du procès des
» Templiers, et qu'elle n'est ni aussi bonne, ni
» aussi faible qu'on l'a prétendu, comme les Tem-
» pliers n'étaient probablement pas, ni aussi inno-
» cens, ni aussi coupables qu'on l'a raconté. Il est
» même probable que si Geoffroi, dans son feuille-
» ton, n'en eût pas dit tant de mal, on n'en aurait
» pas dit tant de bien. »

Je ne crois pas m'être trompé sur le fond de la

pensée, dans ce résumé de l'opinion de Napoléon ; on doit se rappeler que cette pièce occasiona une espèce de guerre civile dans la république des lettres. Napoléon avait lu à Milan les articles des journaux pour et contre ; il avait même dit un jour, « *qu'à juger la fureur des partis, il y avait à craindre qu'on n'en vînt à brûler ses adversaires comme on avait fait des Templiers.* » Je pense que la publication de cette note n'aura rien de désobligeant pour M. Renouard. De telles discussions ne s'attachent point à la médiocrité, et servent au contraire à prouver le mérite de sa tragédie. Napoléon envisageait tout sous les rapports politiques.

———

Peu de temps après, Napoléon partit pour le camp de Boulogne, où l'appelaient les immenses préparatifs d'une descente en Angleterre ; j'accompagnai l'impératrice Joséphine aux eaux de Plombières. Les paris étaient ouverts. La descente aurait-elle ou n'aurait-elle pas lieu ? J'ai cru pendant long-temps que ce vaste projet ne devait jamais s'exécuter, et que Napoléon ne pourrait jamais vouloir le tenter, à moins qu'une convulsion intérieure de l'Angleterre ou quelque accident imprévu n'en offrît la facilité. J'avais toujours considéré ces immenses préparatifs comme un moyen de blesser ces insulaires, qu'il était d'une bonne politique de constituer dans des dépenses incalculables, de tenir dans une inquiétude continuelle, de forcer ainsi à des mesures extrêmes,

TOME I.

capables d'altérer leur tranquillité et d'ébranler le crédit magique qui forme l'une des bases de la puissance du gouvernement anglais. Telle était l'opinion générale et la mienne, sur le but de ces immenses démonstrations. Mais, depuis, j'ai eu de fortes raisons pour en changer. Je suis porté à croire que l'idée d'une véritable descente a existé, et que tous les plans étaient tellement concertés, que, sans la faute de l'amiral commandant les flottes françaises, elle aurait, je ne dis pas réussi, mais été tentée sérieusement. Cet amiral avait reçu l'ordre de se porter avec sa flotte dans les Indes occidentales, de suivre une marche vive et irrégulière, de s'y perdre en un mot, afin d'y attirer les flottes anglaises, et de les jeter dans une telle incertitude, qu'elles fussent dans l'impossibilité d'agir et de se trouver en présence... Il avait également reçu l'ordre de revenir en toute hâte, de couvrir sa marche du plus grand mystère, de se rallier à la flotte espagnole et à celles qui attendaient à La Corogne et à Rochefort, et de se lancer avec une masse de soixante-dix vaisseaux de haut bord vers le canal de la Manche, d'anéantir toutes les flottilles d'observation sur lesquelles l'Angleterre se confiait, de balayer enfin le passage et de faciliter ainsi l'irruption et l'invasion des armées françaises. L'amiral Werhuel, commandant en chef de la flotte hollandaise, avait préparé les voies, et forcé à la retraite l'escadre anglaise d'observation. Cet amiral, dont la moindre qualité était la bravoure et le talent, attendait à Ambléteuse, près du camp de Boulogne, pour protéger nos embarcations, et concourir à cette scène gigantesque. Mais l'amiral français perdit vingt-trois jours à bloquer et attaquer je ne sais plus quelle île; il fut suivi par Nelson; et ce ne fut qu'à force de voiles qu'il put lui échapper pour aller se réfugier et s'enfermer dans le port de Cadix. J'ai su qu'un aide de camp de Napoléon [1] fut établi à l'époque convenue sur un phare élevé, ayant sans cesse son télescope braqué pour tâcher de découvrir l'arrivée des flottes française et espagnole... Ce fut une entreprise manquée. Les conséquences d'un succès étaient incalculables : il suffit de se rappeler que l'Angleterre était le centre et le foyer de toutes les coalitions, et que toutes les guerres du continent contre la France ont été soudoyées avec son or et les immenses subsides qu'elle jetait à nos ennemis. Ces subsides amenèrent à cette époque la guerre avec l'Autriche, qui, sans déclaration préalable, envahit la Bavière et prépara de nouveaux triomphes à la valeur française.

Il m'a été assuré que Fulton, l'inventeur des bateaux à vapeur, vint proposer à Napoléon l'essai de

---

[1] Ce fut, je crois, le général Mouton, comte de Lobau, *le meilleur colonel*, au dire de l'empereur, *qui ait jamais commandé un régiment de Français*, et qui depuis, dans une sphère plus élevée, marqua tous les pas de sa brillante carrière par l'habileté, la bravoure et la fidélité.

ses nouvelles découvertes. Cet Anglo-Américain ne fut point accueilli. Les préparatifs de la descente étaient faits; changer le système adopté aurait demandé du temps, des longueurs, de nouvelles constructions, et beaucoup d'argent, sans qu'il fût possible d'avoir une garantie certaine du succès. L'expérience n'avait pas encore, comme aujourd'hui, démontré la possibilité de traverser le détroit en peu d'heures. Fulton repassa en Amérique, fit ses essais sur les immenses lacs du Canada, et l'œuvre du génie fut bientôt répandu dans tout le globe.

Les dames que leur santé avait conduites aux eaux, donnèrent une fête charmante à l'impératrice Joséphine. Madame Hainguerlot avait composé un vaudeville rempli d'esprit et de sensibilité; le sujet de cette jolie pièce était un acte de bienfaisance de S. M. à son précédent voyage de Plombières. Mesdames Hainguerlot, Davilliers, etc., etc., jouèrent avec toute la grâce possible; et ce qui rendit ce spectacle encore plus attendrissant, c'était la présence de la famille qui avait reçu le bienfait, et à laquelle on avait réservé une loge au premier rang. Le secret avait été si bien gardé, que cette excellente princesse en eut toute la surprise. Peu de jours après, elle m'ordonna les apprêts d'une fête brillante qui commença par un concert, et qui finit par un souper splendide où toutes les dames furent invitées. Nous quittâmes Plombières : je précédais l'impératrice de vingt-quatre heures, lorsque je rencontrai le général Savary [1] aide de camp de l'empereur. Nous fîmes arrêter nos voitures, et nous causâmes pendant quelque temps sur la grande route. Il m'apprit que la guerre contre l'Autriche était inévitable, et qu'il se rendait à *Francfort-sur-le-Mein*, pour y acheter les meilleures cartes géographiques de l'Allemagne, et prendre quelque connaissance des projets du cabinet d'Autriche.

Juillet 1805.

Il ne se passa aucun événement remarquable à la cour après le retour de LL. MM. J'appris seulement que madame de Staël se proposait de revenir à Paris pour y jouir du succès de son roman de *Delphine*; mais qu'elle en fut empêchée, parce que ses amis de Paris lui conseillèrent de ne point quitter Genève, attendu que Napoléon, auquel on avait fait lire quelques pages de son roman, avait trouvé fort mauvais *qu'elle déclamât contra la religion catholique, pendant qu'il s'occupait de la rétablir en France.*

Pendant ce temps-là, les armées filaient rapidement vers le Rhin. Lorsqu'elles furent arrivées à

---

[1] M. le duc de Rovigo est du petit nombre des personnes en qui Napoléon avait le plus de confiance. Son crédit auprès de ce prince était immense; il n'en usa que pour obliger pendant son ministère.

Strasbourg, nous partîmes pour nous y rendre. Je fus désigné pour rester auprès de l'impératrice, qui devait y tenir sa cour pendant quelque temps. Napoléon fit passer le Rhin à son armée et commença bientôt cette mémorable campagne, qui finit par la paix de Presbourg. Comme les journaux et les bulletins ne laissent rien à désirer, je me bornerai à insérer ici un document curieux qui tomba entre mes mains pendant notre séjour à Munich. On le lira avec d'autant plus d'intérêt, que tout ce qui tient à la correspondance intime de deux souverains, reste ordinairement renfermé dans les mystères des cabinets, et qu'il est rare que ceux qui n'y sont pas admis en aient connaissance. C'est pour ceux-là seulement que je publie ces documens, qui se rattachent à l'invasion d'une partie de la Bavière par les troupes autrichiennes. Ils avaient pour but d'engager l'électeur à joindre ses troupes à celles de l'empereur d'Allemagne.

La marche rapide et triomphante de l'armée française mit un terme à l'embarras de la position de l'électeur.

Voici ces lettres.

PREMIÈRE LETTRE

De S. M. l'empereur d'Allemagne et d'Autriche à S. A. S. l'électeur palatin.

Vienne, 3 septembre 1805.

« Les communications que je transmets à V. A. S.
» Électorale, par mon lieutenant-général et vice-
» président de mon conseil de guerre, prince de
» Schwartzenberg, l'informeront en détail des mo-
» tifs qui nous engagent, l'empereur de Russie et
» moi, à appuyer la négociation pacifique que nous
» désirons d'ouvrir avec la cour de France, par des
» armemens éventuels.

» J'ai tout lieu d'appréhender que, malgré la pu-
» reté et la modération de nos sentimens, l'empe-
» reur des Français ne se détermine incessamment à
» une agression de mes états, et je suis informé de
» plus que ce prince a conçu le projet de s'assurer d'a-
» vance du secours des troupes des états d'Allema-
» gne, situés entre sa frontière et la mienne, soit
» immédiatement, soit en leur concédant d'abord
» une neutralité qui n'aura de réalité qu'aussi long-
» temps qu'il le trouvera de sa convenance.

» Or V. A. S. E. est trop éclairée pour ne pas sen-
» tir combien l'exécution d'un tel dessein, s'il s'éten-
» dait aussi à ses troupes, nous serait préjudiciable à
» sa majesté l'empereur de Russie et à moi, et com-

» bien il nous importe qu'elle n'hésite pas à les réu-
» nir aux miennes.

» Il est tellement urgent de mettre obstacle aux
» mesures que le gouvernement français ne tardera
» probablement pas à prendre, pour obliger V. A.
» S. E. de consentir au dessein dont il s'agit, ou de
» l'exécuter malgré *elle* s'il le fallait, que je ne
» puis me permettre de perdre un instant pour les
» prévenir. Je sens parfaitement toute la délicatesse
» de votre position, monsieur mon frère, ainsi que
» les motifs qui peuvent vous faire désirer d'être
» dispensé de la détermination que je demande à
» V. A. S. E.

» Mais pressé encore par des motifs encore plus
» impérieux, vu l'impossibilité absolue qui résulte
» de la position de la Bavière, de maintenir la neu-
» tralité d'un pays dans lequel les armées belligé-
» rantes ne sauraient s'empêcher de pénétrer dans
» le cas d'une guerre, V. A. S. E. demeurera aussi
» convaincue que je ne puis me désister de ma de-
» mande, et que je me vois obligé, malgré moi,
» d'employer tous les moyens en mon pouvoir, pour
» en effectuer l'accomplissement, si je ne veux m'ex-
» poser à des conséquences très-fâcheuses, sans que
» pour cela V. A. S. E. puisse obtenir le but d'une
» neutralité véritable.

» En me rapportant aux ouvertures du prince
» de Schwartzenberg sur les déterminations que
» cet état involontaire des choses me force d'adop-
» ter, je m'empresse de prévenir tout doute sur la

» sincérité et l'amitié parfaite de mes intentions, en
» protestant ici de la manière la plus solennelle,
» que si V. A. S. E. défère au désir que je lui ai té-
» moigné, je serai prêt à défendre et à garantir la
» sûreté et l'intégrité de ses états de toute atteinte
» quelconque, et que, quelle que soit l'issue de la
» guerre si elle avait lieu, je ne porterai jamais mes
» vues de dédommagement sur l'acquisition ou le
» troc de la moindre parcelle de son territoire ; me
» proposant au contraire de saisir les occasions qui
» pourront se présenter pour lui prouver la parfaite
» estime et les sentimens aussi vrais qu'inaltérables,
» avec lesquels je suis, etc. »

DEUXIÈME LETTRE.

Billet adressé par S. A. l'électeur palatin au prince de Schwartzenberg.

7 septembre 1805.

« Je suis décidé, mon cher prince ; abouchez-vous
» demain matin avec le ministre baron de Mont-
» gelas. Il vous dira mes demandes. N'y soyez pas
» contraire, je compte sur votre ancienne amitié. »

TROISIÈME LETTRE

De S. A. S. l'électeur palatin à sa majesté impériale et royale.

Nymphembourg, le 8 septembre 1805.

« J'ai ordonné à mon ministre de signer ce matin

» un traité avec le prince de Schwartzenberg, par
» lequel je joindrai mes troupes à celles de V. M. En
» le faisant, sire, j'ai voulu vous donner une preuve
» de mon inviolable attachement.

» Permettez actuellement que j'en appelle à votre
» cœur paternel. Mon fils, le prince électoral, est
» dans ce moment en France; ayant cru constam-
» ment à la paix, je l'ai fait voyager en Italie, puis
» dans les provinces méridionales françaises où il se
» trouve actuellement. Si je suis obligé de faire
» marcher mes troupes contre les Français, mon
» enfant est perdu; si, au contraire, je reste tran-
» quillement dans mes états, j'ai le temps de le faire
» revenir. C'est à genoux que je supplie votre majesté
» impériale et royale de m'accorder la neutralité;
» j'ose lui engager ma parole la plus sacrée, que
» mes troupes ne gêneront en rien les opérations
» de son armée, et que, ce qui n'est pas probable, si
» elle était obligée de se retirer, je jure et je promets
» de rester tranquille sans coup férir. C'est un père
» en proie au désespoir le plus affreux, qui demande
» grâce en faveur de son enfant; que votre majesté
» impériale et royale ne me la refuse pas; j'ose me
» flatter que l'empereur de Russie ne s'y opposera
» pas. »

QUATRIÈME LETTRE.

Lettre de S. M. l'empereur d'Allemagne et d'Autriche, à S. A. S. l'électeur palatin.

Hetzendor, le 14 septembre 1805.

« Je ne saurais dissimuler à V. A. S. Électorale
» ma surprise sur le changement subit qu'ont éprouvé
» ses déterminations.

» Sans faire mention ni des assurances verbales
» données à mon lieutenant-général le prince de
» Schwartzenberg et par vous, monsieur mon frère,
» et par votre ministre, ni du billet que vous aviez
» bien voulu lui adresser, la lettre que m'a remise le
» général Nogarola portait l'engagement le plus
» formel de joindre vos troupes aux miennes; vous
» dites positivement dans cette lettre :

» J'ai ordonné ce matin à mon ministre de signer
» un traité avec le prince de Schwartzenberg, par
» lequel je joindrai mes troupes à celles de votre
» majesté impériale et royale. En le faisant, sire,
» j'ai voulu vous donner une preuve de mon inviola-
» ble attachement. »

» Et c'est au moment même que cette lettre m'est
» remise, que je suis dans le cas d'annoncer à celui
» qui en est porteur, que V. A. S. E. a sur-le-champ
» changé d'avis, et qu'elle a quitté sa capitale et re-
» tiré la totalité de ses troupes.

» J'aurais consenti sans difficulté, et je suis près
» de consentir encore aux demandes de V. A. S. E.,

» relativement à la ville de Munich, et au rayon qui
» comprendrait entre autres son château de Nym-
» phembourg, lequel territoire serait fermé à mes
» troupes et uniquement confié à la garde de celles
» qu'elle a annoncé vouloir y tenir : quoique dans
» mon opinion, il aurait été plus avantageux à ces
» troupes d'être entremêlées avec les miennes, pour
» éviter qu'elles ne puissent se plaindre qu'on les
» expose devant l'ennemi plus que les miennes, ou
» qu'on les traite moins bien quant à leur approvi-
» sionnement, il dépendrait cependant de V. A.
» S. E. de les laisser servir en corps, pourvu
» qu'elles soient sous le commandement général de
» mon armée; mais en suspendre la marche, lors-
» que les Français ont déjà annoncé leur prochaine
» entrée en Allemagne et qu'ils se rassemblent sur
» le Rhin, aurait été trop nuisible à la cause com-
» mune pour que j'eusse pu y donner les mains, en
» même temps que la conduite récente de Napoléon
» avec les cours de Carlsruhe, Cassel et Stuttgard,
» fera juger à S. A. E. si la neutralité de la Bavière
» était une chose possible, et même si vous, monsieur
» mon frère et cousin, seriez resté maître de rem-
» plir votre promesse, de ne jamais employer vos
» troupes contre moi.

» J'aurais été au désespoir d'exposer le prince
» électoral, auquel je suis personnellement attaché;
» mais un courrier qui lui eût été dépêché directe-
» ment au moment même où le prince de Schwart-
» zenberg recevait les assurances de V. A. S. E., l'au-

» rait mis dans le cas de quitter la France avant
» qu'aucune mesure funeste eût pu être prise à son
» égard.

» Fidèle à remplir ce que j'ai une fois promis, je
» suis autorisé à exiger qu'on en use de même envers
» moi. Je réclame donc formellement de V. A. S. E.
» la promesse qu'elle m'a donnée de joindre ses trou-
» pes aux miennes, en même temps que je lui déclare
» que je suis prêt à consentir aux conditions susmen-
» tionnées. J'ai ordonné au comte de Buol de se rendre
» auprès d'elle pour lui remettre cette lettre, et je l'ai
» autorisé à convenir des arrangemens à prendre à
» cet égard : il nous serait pénible à moi et à mon
» intime allié l'empereur de Russie d'éprouver de
» votre part, monsieur mon frère et cousin, des dis-
» positions qui nous empêcheraient de conserver les
» sentimens dont nous avions à cœur de vous donner
» des preuves efficaces.

» Agréez l'assurance de la parfaite estime, etc. »

CINQUIÈME LETTRE.

*Lettre de S. A. S. l'électeur palatin à S. M. l'em-
pereur des Romains et d'Autriche.*

Wurtzbourg, le 21 septembre 1805.

« Le comte de Buol Schawenstein s'est acquitté
» de la commission dont votre majesté impériale a
» daigné l'honorer auprès de moi. J'ai éprouvé à
» cette occasion un mouvement de consolation bien

» sensible par les assurances toujours si précieuses
» de l'amitié de V. M. I. et R. dont il m'a réitéré les
» expressions. C'est ce sentiment, sire, et celui de
» votre grandeur d'âme que j'ose invoquer avec une
» pleine confiance. Je conserverai l'espoir qu'il por-
» tera V. M. I. à épargner à des provinces malheu-
» reuses l'horreur d'une guerre dont elles n'ont déjà
» que trop souffert, au moment où les plaies des
» anciennes hostilités saignent encore. Je dois à mes
» infortunés sujets, je me dois à moi-même de ne
» pas prodiguer leur sang pour des discussions qui
» leur sont étrangères, et contre un gouvernement
» qui ne leur a fait aucune injure : c'était le motif ori-
» ginaire de la neutralité absolue et complète, que
» j'avais réclamée auprès de V. M. I. par la lettre
» que je pris la liberté de lui adresser le 8 du cou-
» rant. Tout me porte à adhérer inviolablement à
» ce parti. Je vous supplie de croire que je ne m'en
» écarterai jamais, et que les menaces de la France
» seront tout aussi peu capables de me détourner de
» cette résolution invariable.

» Je ne fatiguerai pas V. M. I. du détail des pour-
» parlers, qui ont eu lieu pendant le séjour du prince
» de Schwartzenberg à ma cour ; elle daignera se
» rappeler qu'à cette époque il n'avait aucun pou-
» voir d'adhérer aux demandes que j'avais présentées,
» et que la retraite de mes troupes a été forcée par la
» nécessité de leur épargner la honte du désarme-
» ment, dont elles étaient hautement menacées. Je
» ne dis rien de ce qui s'est passé depuis. Le triste ta-

» bleau de ces événemens a percé mon cœur ; ils n'af-
» fligeraient pas moins celui de V. M. I. s'ils lui
» étaient connus dans toute leur étendue.

» V. M. I. et R. me rendra du reste une justice qui
» m'est certainement bien due, si elle veut être per-
» suadée que, quel que puisse être le cours des évé-
» nemens, rien n'altérera jamais le dévouement res-
» pectueux avec lequel je suis, etc. »

La position de la Bavière était certainement fort embarrassante : son territoire était envahi par l'Autriche, et l'armée française glorieuse et brillante s'élançait vers de nouveaux lauriers. Je laisse au lecteur le soin de faire les réflexions que ces lettres doivent naturellement inspirer, et de juger si les inquiétudes paternelles de l'électeur étaient fondées. Napoléon avait plus d'élévation dans l'âme qu'on ne lui en supposait. (Quand l'électeur connut personnellement Napoléon, il perdit promptement ces injustes préventions.) L'empereur d'Autriche offrait, pour la réunion des troupes bavaroises aux siennes, des garanties qui ne furent pas même suffisantes pour défendre ses propres états héréditaires. L'électeur se retira à Wurtzbourg avec son armée, laissant le champ libre aux deux puissances. Mais les défaites de l'armée autrichienne ne permirent plus au prince palatin de conserver sa neutralité : ses troupes se joignirent aux nôtres, se distinguèrent, dans cette mémorable campagne, par une bravoure et une fidélité remarquables. L'Autriche n'avait garanti à la Bavière que l'intégrité de son territoire; par sa réunion à l'armée française et par le traité de Presbourg, elle acquit de nouvelles provinces, plus de deux millions de sujets et la couronne royale. L'Autriche était entrée en Bavière, dans le commencement de septembre, et avant la fin du même mois, l'armée française était sur les frontières de l'Autriche.

Après la signature du traité de paix de Presbourg, l'empereur revint à Munich, où fut célébré le mariage du prince Eugène avec la fille aînée du roi de Bavière, la princesse Augusta, dont l'union avec le prince de Bade avait été précédemment arrêtée. Ce changement dans les personnes ne fut pas le seul; car peu de mois après, ce même prince de Bade fut marié à la princesse Stéphanie Beauharnais, cousine germaine du prince Eugène. Ces deux princesses, remplies de grâces et d'amabilité, firent le bonheur de leurs époux, enlevés trop tôt à leur amour, et font encore celui de tout ce qui les connaît et de tous ceux qui les approchent.

Cette agression de l'Autriche sortit des règles établies dans la politique des souverains. Aucune déclaration préalable ne fut signifiée, et le mépris de ces conventions ordinaires de la part de l'Autriche fut tel, qu'elle ne jugea pas à propos d'envoyer l'ordre de demander ses passe-ports à son ministre à la cour de France, le comte de Cobentzel, qui était encore à Paris lorsque l'armée française était déjà parvenue à sa ligne d'opération sur les frontières de la Bavière; j'eus l'honneur de le voir à son passage à Strasbourg dans les premiers jour d'octobre.

———

Le colonel Gérard Lacuée [1], l'un de mes plus chers amis, fut tué au pont de Guntzbourg, dont il avait forcé le passage à la tête de son régiment. Plein d'honneur, de courage, d'esprit et de franchise, il périt à la fleur de son âge. Il avait été aide de camp de l'empereur, et n'avait été éloigné de ce poste brillant que parce qu'il s'était trop hautement exprimé lors du procès du général Moreau.

———

[1] Neveu de M. le comte de Lacuée, ancien ministre-directeur de l'administration de la guerre, non moins recommandable par la bonté et l'honnêteté de son caractère personnel que par l'inflexible austérité de ses principes en matière d'administration publique. M. de Cessac avait épousé en premières noces madame de Frégose, sœur de mon père et du cardinal de Bausset, et c'est à son extrême obligeance que j'ai dû d'avoir été nommé préfet du palais.

CHAPITRE IV.

Retour de Napoléon en France. — M. Denon lui présente des médailles sur la campagne d'Austerlitz.— Conversation à ce sujet.— L'empereur donne ordre de mettre une batterie de vingt pièces de canon à la disposition de son *général en chef des finances*; le duc de Gaëte les fait fondre pour la construction des nouveaux balanciers à battre les monnaies; on gravera sur chacune de ces machines le nom d'*Austerlitz*.— Conséquences du traité de Presbourg. — Reconnaissance de l'empire et des nouvelles dynasties par toutes les puissances de l'Europe.— Conquête du royaume de Naples.— Présages de la campagne de 1806; commencement de cette guerre. — Proclamation du prince de la Paix; circulaire qui l'accompagne, réflexions à ce sujet.— Conquête de la Prusse.

Napoléon revint à Paris à travers un tourbillon de fêtes brillantes. Rien en effet n'était plus propre à exalter, même l'enthousiasme, que ces événemens merveilleux, qui, dépassant toutes les données ordinaires, imprimaient à l'histoire les apparences de la fable, et faisaient passer comme dans un tableau magique le changement de toutes les décorations des empires, des royaumes, des cours et des peuples. Au milieu de cette ivresse générale, dont j'avoue de bonne foi que je partageais le délire, je ne dois pas oublier que Napoléon dînant à Strasbourg, et causant avec le maréchal Kellermann des événemens de la campagne, si glorieusement terminée, s'exprima sur la Prusse d'une manière à annoncer qu'il ne tarderait pas à la faire repentir de sa politique équivoque : « *Je ne crains point la Prusse,* » dit-il, *parce que je ne crains point une puissance* » *qui est obligée de recruter son armée dans des* » *pays étrangers. Mon armée, au contraire, est* » *composée de nationaux fidèles, éclairés, et de* » *propriétaires attachés à la gloire nationale par* » *tous les sentimens de l'honneur et du devoir.* »

―――――

Peu de jours après notre retour, l'empereur étant à Saint-Cloud, je lui demandai pendant son déjeuner s'il voulait recevoir M. Denon, directeur de son cabinet de médailles, qui désirait lui présenter celles qu'il avait préparées pour perpétuer les faits de la mémorable campagne d'Austerlitz. D'après son ordre, je fis entrer M. Denon qui tenait dans ses mains plusieurs médaillers. La série de ces médailles commençait au départ de l'armée du camp de Boulogne pour se porter sur le Rhin ; la première représentait d'un côté la tête de Napoléon et de l'autre un aigle français tenant un léopard anglais... « *Qu'est-ce à dire ?...*» dit Napoléon... « *Sire*, dit M. Denon, *c'est un aigle français étouffant dans ses serres le léopard, l'un des attributs des armoiries de l'Angleterre...*» Je fus saisi d'admiration, lorsque je vis Napoléon rejeter avec violence cette médaille d'or jusques au fond du salon, en disant à M. Denon : « *Vil flatteur ! comment osez-vous dire que l'aigle français étouffe le léopard anglais? Je ne puis mettre à la mer un seul petit bateau de pêcheur que les Anglais ne s'en emparent... C'est bien ce léopard qui étouffé l'aigle français... Faites fondre de suite cette médaille et ne m'en présentez jamais de pareilles.* » Parcourant ensuite les autres médailles, et prenant celle qui était relative à la bataille d'Austerlitz, il en blâma la composition et ordonna encore à ce pauvre M. Denon de la faire fondre. « *Mettez seulement d'un côté, Bataille d'Austerlitz, avec sa date, et de l'autre l'aigle français, ceux d'Autriche et de Russie. Croyez que la postérité saura bien distinguer le vainqueur.*» La pensée modeste de Napoléon ne fut pourtant pas exécutée dans son entier. Au lieu des aigles, elle représente l'effigie des trois empereurs; on peut conclure de ce que je viens de rapporter, que la plus grande partie de ces fastueuses inscriptions, de ces louanges excessives, publiées avec tant d'éclat et étalées sur tant de monumens publics, n'étaient point du goût de Napoléon, et encore moins de son choix. Peu d'hommes, à sa place, auraient eu autant de modestie et de simplicité. C'est ce même sentiment de réserve qui lui fit refuser au maréchal Kellermann, organe d'une nombreuse réunion de citoyens, la permission d'élever, à *leurs frais*, un monument à sa seule gloire. *Cet hommage de ses sujets*, Napoléon *voulait le mériter par sa vie entière.* Telle fut sa réponse, et si sa statue se trouvait au-dessus de la colonne de la place Vendôme, il est certain que sa première pensée fut de l'ériger à la seule gloire de l'armée française. *Cette statue devait être celle de la Paix.* L'architecte Poyet avait aussi projeté d'élever par souscription une colonne triomphale à la seule gloire de l'empereur; il ne put obtenir la permission de l'entreprendre, et si cette fameuse colonne élevée avec les canons conquis par la victoire inspira l'admiration, les soixante-cinq fontaines qui, cette même année, commencèrent de couler dans la capitale, excitèrent la reconnaissance, en prouvant que Napoléon fut toujours plus occupé des monumens d'une utilité publique que de ceux d'une vaine gloire. Pendant son gouvernement, tout ce qui se rattachait au bien général, tout ce qu'il y avait de grand et d'utile dans l'administration venait de lui; tandis que tout ce que j'appellerai le luxe de la gloire était une suite naturelle de cette impulsion *vitale* qu'il avait imprimée aux beaux-arts, et de cette admiration passionnée qui était le prix le plus doux de tant de victoires et de tant de triomphes.

Les canons pris à Austerlitz ne servirent pas seulement à élever la colonne de la place Vendôme, l'un des plus beaux monumens des âges modernes. J'ai su qu'un jour, au conseil des ministres, M. le duc de Gaëte, alors ministre des finances, demanda à l'empereur une vingtaine de ces canons. « *Eh quoi!* dit en riant Napoléon, *notre ministre » des finances veut-il nous faire la guerre?* » — « *Non pas à vous, sire*, répondit ce ministre, *mais*

» *à de vieilles machines usées, fatigantes et dan-*
» *gereuses pour les ouvriers employés à la fabrica-*
» *tion des monnaies; si V. M. daigne m'accorder*
» *ces vingt canons choisis parmi les plus mauvais, je*
» *ferai refaire les balanciers de tous les hôtels*
» *des monnaies, sur des modèles mieux entendus*
» *et plus convenables : et si V. M. veut m'y auto-*
» *riser, le nom d'Austerlitz sera gravé sur chacune*
» *de ces machines...*» Ce nom d'une bataille si célèbre et si glorieuse pour l'armée française décida l'empereur; il donna sur-le-champ l'ordre au ministre de la guerre de mettre une batterie de vingt canons à la disposition de son *général en chef des finances*. Ces balanciers servent encore à frapper l'effigie de nos rois. M. le duc de Gaëte est un des ministres qui conservèrent la confiance de Napoléon, depuis le berceau du consulat jusqu'à la chute de l'empire en 1814. Cette longue et brillante époque fut marquée par une administration si sage, si claire, si savante et si désintéressée, que l'on est véritablement en droit de blâmer ce vénérable restaurateur de nos finances de l'excès de modestie, qui, dans les mémoires qu'il vient de publier, l'a porté à ne point parler de tout le bien qu'il a fait. Lorsqu'il parvint au ministère, il trouva toutes les caisses vides, toutes les sources desséchées ou corrompues, et devant lui un arriéré effrayant. Dans moins d'une année la confiance fonda le crédit; le numéraire, qui depuis longtemps était resserré, commença à refluer dans les canaux. Les caisses du trésor se remplirent, l'indus-

trie, le commerce virent avec surprise s'ouvrir d'immenses débouchés, et la circulation la plus heureuse des moyens et des produits remplacer cette inquiétude et cette consomption qui les paralysaient depuis tant d'années. Ce retour honorable d'une confiance nationale fut autant le résultat des immortelles victoires de l'armée que de la sagesse des opérations, de la rectitude, de la lucidité des principes et de l'honnêteté du caractère personnel de M. le duc de Gaëte. Aussi la reconnaissance publique a-t-elle été pour lui la plus noble et la plus douce des récompenses.

Les conséquences du traité de Presbourg furent, 1°. la résignation de l'empereur d'Autriche de la dignité de chef suprême de l'empire d'Allemagne, et la formation de la confédération du Rhin sous le protectorat de Napoléon ;

2°. L'accession du prince Joseph à la couronne de Naples; celle du prince Louis à celle d'Hollande; du prince Murat au grand-duché de Berg ; l'érection en royaumes des électorats de Bavière et de Wurtemberg, et la réunion des états vénitiens à la couronne d'Italie.

Toutes les puissances de l'Europe, l'Angleterre exceptée, reconnurent ces souverains et accréditèrent auprès d'eux leurs ambassadeurs et leurs ministres.

Toutefois l'on peut dire que l'Angleterre, après la mort de M. Pitt, notre plus cruel ennemi, en ouvrant cette même année 1806, des négociations avec le cabinet des Tuileries, par l'intermédiaire de lord Lauderdale, sous le ministère de M. Fox, donna un assentiment officiel à la reconnaissance de l'empire et des nouveaux royaumes qui marchaient à sa suite. Rien n'a mieux prouvé cette reconnaissance de l'empire français de la part de l'Angleterre, que cette proclamation du roi Georges, du 26 juin 1806, *par laquelle il donne plein pouvoir à lord Yarmouth d'entrer en négociation avec le ministre, ou les ministres, ou les commissaires ou plénipotentiaires de la France.* Depuis il a convenu au cabinet de Londres de mettre cette reconnaissance à des prix trop élevés; mais la correspondance de M. Fox et de lord Lauderdale est un document précieux. Il paraît certain que l'Angleterre, ayant perdu l'alliance de la Russie, désirait la paix maritime, et que sans la maladie et la mort de M. Fox, elle n'aurait pas tardé à être conclue. Les subsides énormes qu'elle avait été obligée de payer aux ennemis de la France avaient épuisé ses finances, et le pressentiment du blocus continental ne laissait pas que d'ajouter à ses inquiétudes.

———

Pour expliquer l'invasion du royaume du Naples, il est nécessaire de dire que, depuis long-temps, Napoléon était informé des communications intimes et secrètes que ce gouvernement entretenait, contre la foi des traités, avec le cabinet de Londres.... Ces rapports devinrent à la fin si publics, que pendant le premier mois de la campagne d'Austerlitz, dont sûrement le roi ou plutôt la reine de Naples ne prévoyait point l'issue, ce gouvernement, sans aucune notification préalable, reçut dans ses ports douze vaisseaux anglais et russes, ayant à bord quinze mille hommes, qui, réunis aux troupes napolitaines, devaient opérer une diversion en Italie, diversion qui fut anéantie par la rapidité des victoires de l'armée française; mais l'Angleterre et la Russie étant dans un état de guerre avec la France, la cour napolitaine dut subir les conséquences d'une telle infraction. A cette nouvelle, l'ambassadeur de France demanda ses passe-ports et se retira à Rome. Après la campagne d'Austerlitz, Napoléon envoya une armée redoutable, à la tête de laquelle il plaça le prince Joseph, qui peu de mois après fut reconnu roi de Naples. L'ancienne cour n'avait pas attendu son approche, et s'était retirée en Sicile, où elle éprouva bientôt tout ce que la dépendance d'une alliée aussi soigneuse de ses intérêts que l'Angleterre peut imposer d'exigence et de sacrifices. Il est vrai de dire que très-rarement Napoléon fut l'agresseur... On verra bientôt que l'Espagne fournit les motifs les plus légitimes à l'invasion de son territoire, et qu'elle prit soin elle-même de la justification du cabinet des Tuileries.

Du côté du nord de l'Allemagne il s'éleva de gros nuages. L'empereur Alexandre, jaloux de venger ses défaites pendant la campagne d'Autriche, et peu sensible à la modération du vainqueur qui lui avait renvoyé ses prisonniers, et lui avait permis de se retirer d'une position fâcheuse dans laquelle sa personne même était positivement compromise, sans rien exiger de lui que son paisible retour dans ses états; l'empereur Alexandre, dis-je, peu satisfait de son alliance avec l'Autriche, qu'un affaiblissement momentané condamnait au repos, forma une alliance avec la Prusse; cette alliance fut entremêlée de tant de scènes chevaleresques et dramatiques, qu'il ne fut plus permis de douter que la guerre allait recommencer avec autant d'éclat que de fureur. Des préparatifs immenses furent faits de part et d'autre.

Napoléon, pendant quelques jours, ne fut occupé que de ses cartes géographiques, et lorsqu'il eut acquis une connaissance exacte des positions des ennemis, je l'entendis dire : « *L'armée sera le 8 en présence des ennemis; je les battrai le 10 à Scafeld; ils se retireront sur Iéna ou sur Weimar où je les battrai encore. Le 14 ou le 15, j'aurai détruit l'armée prussienne. Avant la fin du mois mes aigles victorieuses seront dans Berlin.*

Si la Russie pouvait transporter ses masses à vol d'oiseau, son alliance serait d'un poids énorme dans les armées ennemies; mais comme toutes ses marches étaient calculées, la Prusse dut essuyer seule le premier choc et succomber; ce ne furent donc que des débris que recueillit l'armée auxiliaire des Russes, lorsqu'elle arriva en ligne.

A cette époque on vit avec une surprise mêlée d'indignation, le prince de la Paix, au nom du roi d'Espagne, faire la proclamation suivante :

Proclamation du prince de la paix.

« Dans des circonstances moins dangereuses que
» celles où nous nous trouvons aujourd'hui, les bons
» et loyaux sujets se sont empressés d'aider leurs
» souverains par des dons volontaires et des secours
» proportionnés aux besoins de l'état. C'est donc
» dans la circonstance actuelle qu'il est urgent de se
» montrer généreux envers la patrie. Le royaume
» d'Andalousie, favorisé par la nature dans la repro-
» duction des chevaux propres à la cavalerie légère,
» la province d'Estramadure, qui rendit en ce genre
» des services si importans au roi Philippe V, verrait-
» elle avec indifférence la cavalerie du roi réduite et
» incomplète faute de chevaux? Non! je ne le crois
» pas; j'espère, au contraire, qu'à l'exemple des illus-
» tres aïeux de la génération présente, *qui aidèrent*
» l'aïeul de notre roi actuel par des levées d'hommes
» et de chevaux, les petits-enfans de ces braves s'em-
» presseront aussi de fournir des régimens ou des
» compagnies d'hommes habiles dans le maniement
» du cheval, pour être employés au service et à la

» défense de la patrie, tant que durera le danger
» actuel. Une fois passé, ils rentreront pleins de
» gloire au sein de leur famille, chacun se disputera
» l'honneur de la victoire : l'un attribuera à son bras
» le salut de sa famille ; l'autre celui de son chef, de
» son parent ou de son ami ; tous, enfin, s'attribue-
» ront le salut de la patrie. Venez, mes chers com-
» patriotes, venez, venez vous ranger sous les ban-
» nières du meilleur des souverains. Venez, je vous
» accueillerai avec reconnaissance ; je vous en offre
» dès aujourd'hui l'hommage, si Dieu nous accorde
» une paix heureuse et durable, unique objet de nos
» vœux. Venez, vous ne céderez ni à la crainte, ni
» à la perfidie ; vos cœurs se fermeront à toute es-
» pèce de séduction étrangère ; venez, et si nous
» sommes forcés de croiser nos armes avec celles de
» nos ennemis, vous n'encourrez pas le danger d'ê-
» tre notés comme suspects, et vous ne donnerez
» point une fausse idée de votre loyauté, de votre
» honneur, en refusant de répondre à l'appel que je
» vous fais.

» Mais si ma voix ne peut réveiller en vous les
» sentimens de votre gloire, soyez vos propres insti-
» gateurs, devenez les pères du peuple, au nom
» duquel je vous parle ; que ce que vous lui devez
» vous fasse souvenir de ce que vous vous devez à
» vous-mêmes, à votre honneur et à la religion que
» vous professez.

» Palais-royal de Saint-Laurent, 5 octobre 1806.

» *Signé*, le prince de la Paix. »

Cette proclamation fut accompagnée d'une circulaire, adressée par ce prince généralissime aux intendans des provinces et aux corrégidors de toutes les villes du royaume. En voici la teneur :

« Monsieur,

» Le roi m'ordonne de vous dire, que, dans les
» circonstances présentes, il attend de vous un effort
» de zèle et d'activité pour son service, et moi, en
» son nom, je vous recommande la plus grande acti-
» vité dans le tirage du sort qui doit avoir lieu, vous
» faisant observer que nous ne nous contenterons, ni
» S. M. ni moi, de ces efforts éphémères qu'on a
» coutume de faire dans les cas ordinaires. Vous pou-
» vez notifier aux curés, au nom du roi, qu'ils seront
» secondés par les évêques pour porter le peuple à se
» réunir sous les drapeaux, et les riches à faire des
» sacrifices nécessaires pour les frais de la guerre que
» nous serons peut-être forcés de soutenir pour le
» bien de tous; et comme elle exigera de grands
» efforts, les magistrats doivent sentir qu'il est plus
» particulièrement de leur devoir d'employer tous
» les moyens propres à exciter l'enthousiasme natio-
» nal afin de pouvoir entrer dans la lice qui va s'ou-
» vrir. S. M. a la confiance que vous ne négligerez
» aucun de ceux qui peuvent procurer un plus grand
» nombre de soldats dans votre province, et y exciter
» le courage généreux de la noblesse (car il s'agit
» de ses priviléges comme de ceux de la couronne),

» et que-vous ferez tout ce qui sera en votre pouvoir
» pour atteindre l'un et l'autre but.

» *Signé*, le généralissime, prince DE LA PAIX. »

Par une coïncidence singulière, cette circulaire est datée de Madrid le 14 octobre, jour de la bataille d'Iéna.

———

Sans nous arrêter à la rédaction triviale et quêteuse de la proclamation qu'on vient de lire, et à l'inconvenance des expressions du prince de la Paix, qui se mettait sur la même ligne que le roi son maître, on était fondé à en chercher le but secret : l'Espagne était en paix avec toutes les puissances et surtout avec la France ; l'aventurier Miranda, avec une poignée d'insurgés partis de l'Angleterre, avait inutilement tenté d'occuper un petit espace des immenses provinces espagnoles de l'Amérique, tentative qui fut promptement comprimée sans les secours de la métropole : quelle était donc l'urgence du danger qui menaçait alors l'Espagne ? Pourquoi cet appel aux armes, à la générosité et à l'honneur de la noblesse ? Quel était l'ennemi qui voulait attenter à ses priviléges et à ceux de la couronne ? Enfin, quelles étaient ces *circonstances dangereuses*, cette *situation actuelle*, cette *perfidie*, cette *séduction* étrangère qui semblaient devoir compromettre le salut de la patrie ? Toute l'armée française avait passé le

Rhin; à peine restait-il dans nos places des forces suffisantes à leur conservation : mais la défection existait déjà dans les conseils du cabinet de Madrid. Persistant plus que jamais dans ce dangereux système d'opérer des diversions, l'Angleterre compromit le repos de l'Espagne. Cette provocation fut le premier germe des troubles et de l'invasion de son territoire; et quel temps prenait l'Espagne pour une manifestation aussi peu généreuse? Elle criait au danger lorsque Napoléon, plein de confiance, avait presque dégarni les frontières des Pyrénées. Les triomphes de *Scafeld* et d'*Iéna* étouffèrent, il est vrai, comme par enchantement, les dispositions hostiles et les terreurs équivoques dont le cabinet de Madrid s'était inconsidérément laissé saisir. Napoléon garda le silence sur cet outrage indirect; mais il sentit bien qu'il ne pouvait plus compter sur un allié si prompt à faire cause commune avec ses ennemis, et qui pouvait affaiblir sa puissance en menaçant ses provinces méridionales, lorsque les armées françaises se portaient vers le nord.

———

Il résulte nécessairement de tout ce que j'ai dit, soit de la Prusse, soit de l'Autriche, soit de la Russie, soit de Naples et de l'Espagne.... que ces puissances seules commencèrent toujours l'agression, et que, ce que les ennemis de Napoléon appellent ambition chez lui, ne fut jamais que le calcul légitime de sa défense. S'il eût été ambitieux... aurait-il rendu ses possessions à la Prusse? aurait-il trois fois rendu à l'Autriche ses états héréditaires, dont il fut possesseur par droit de conquête? et s'il avait été ambitieux au point de garder ce que son épée avait conquis!!!!.... serait-il tombé sur l'homicide rocher de Sainte-Hélène? Au point où en était la politique du monde à cette époque, on serait excusable d'avancer que la modération dans un tel conquérant fut un défaut. L'Angleterre qui tend chaque jour à l'envahissement de tout l'Indostan, a-t-elle jamais rien rendu? Elle s'en garderait bien. Ne possède-t-elle pas Malte!!!..

CHAPITRE V.

Décret de Berlin sur le blocus continental. — Caricatures trouvées à Berlin. — Suspension des hostilités. — Proposition d'assembler un congrès à Copenhague ; refus de la part de la Russie. — Reprise des hostilités ; Friedland, Eylau. — Paix de Tilsit. — Modération de l'empereur. — Envoi d'un corps auxiliaire espagnol sous les ordres du marquis de la Romana. — Manière de vivre de Napoléon à l'armée. — Le prince de Neufchâtel. — Bulletins de la grande armée.

C'est de Berlin que fut daté le fameux décret qui établit le blocus continental... dont les principes ne furent exécutés franchement et sans relâche, que par le gouvernement français. Ce système n'était pas nouveau. Il fut employé par l'Angleterre elle-même, en 1651, sous le protectorat de Cromwell, lorsque le parlement, effrayé de sa puissance, cherchait à multiplier ses embarras, et à se rendre nécessaire en laissant toutes les difficultés à Cromwell, qui ne s'était décidé à cette mesure péremptoire que par l'envie de blesser les Hollandais qui avaient dédaigné son alliance. Ce fut ce pointilleux motif qui donna naissance au blocus de l'Angleterre, dans lequel furent comprises toutes les puissances du continent.

De plus nobles pensées donnèrent lieu au décret de Berlin. La puissance maritime de l'Angleterre s'était accrue dans une immense proportion depuis le commencement de la révolution française, aux troubles de laquelle on a dit qu'elle ne fut point étrangère.... Sans rivale sur la mer, ses exigences, ses intrigues, n'eurent plus de bornes ; sa législation nautique établit un despotisme si funeste au commerce de la France, qu'il ne restait évidemment aucun autre moyen pour l'atteindre, que de jeter un interdit sévère sur ses denrées, et d'engorger tellement ses canaux industriels, que ses richesses, entassées sur ses rivages, devinssent un obstacle à cette heureuse circulation, qui seule peut féconder et vivifier le commerce. Aussi, pour la première fois, l'Angleterre se sentit atteinte, et sans la guerre de Russie en 1812, guerre qu'elle acheta chèrement, elle aurait fini par succomber sous l'amas de ses propres produits. Ce blocus l'effraya bien plus que tous les préparatifs de la fameuse descente : elle *tua* les projets de cette descente, en suscitant la guerre d'Autriche en 1805 ; et elle anéantit le blocus, par la guerre de Russie en 1812. Si j'étais Anglais, j'admirerais la politique du cabinet de Saint-James ; Français, je n'ai pu que gémir des effets de cette éternelle rivalité qui a fait couler tant de larmes et de sang.

L'anéantissement de la Prusse fut si rapide, que la police de Berlin n'eut pas le temps d'ordonner aux divers marchands de cacher d'innombrables caricatures, et des gravures que les Français trouvèrent étalées dans toutes les boutiques. L'une d'elles, la plus généralement répandue, était celle qui représentait la scène du serment prononcé sur le tombeau de Frédéric II. D'un côté l'on voyait l'empereur Alexandre et la belle reine de Prusse ayant la main appuyée sur son cœur, et de l'autre côté le roi son époux levant la main sur le tombeau; il n'y manquait que le génie de l'Angleterre, véritable instigateur de toutes les discordes qui troublèrent l'Europe.

La campagne d'*Austerlitz* avait créé les rois de Bavière, de Wurtemberg, etc... Celle d'*Iéna* fonda le royaume de Saxe, fit entrer toutes les branches régnantes de cette noble maison dans la confédération du Rhin. Et plus tard le traité de Tilsit plaça la couronne de Westphalie sur la tête du prince Jérôme.

L'hiver suspendit momentanément les hostilités: l'armée russe et son empereur étaient enfin arrivés, et de chaque côté l'on se préparait à des attaques violentes.

Pendant ce court intervalle de repos, des propositions furent faites pour former un congrès à Copenhague, où toutes les masses belligérantes devraient envoyer leurs ministres pour arriver à une paix générale. L'intérêt de la France tendait à traiter sur le pied d'égalité et de réciprocité, et à y faire admettre la Turquie qu'elle considérait comme son alliée; mais ces bases furent rejetées par la Russie, et la guerre fut continuée... La France victorieuse aurait dû, après la conquête de Dantzick, ne point se livrer à ces espérances trompeuses, parce que la Russie en gagnant quelques semaines n'avait d'autre intention que celle de former des approvisionnemens, qui lui manquaient depuis les échecs de l'armée prussienne, rejetée au delà de la Vistule. La bataille d'Eylau renoua la suite des victoires, et celle de Friedland força l'armée russe à rétrograder et à songer à sa propre défense.

La bataille de Friedland se donna le 14 juin, l'un des jours anniversaires de celle de Marengo.

Cette campagne glorieuse finit par la paix signée à Tilsit, sur les bords du Niémen, frontière de la Russie...; il ne restait plus au roi de Prusse que le pays situé entre le Niémen et Mémel. Si Napoléon eût été ambitieux!!!

———

Pendant les négociations des traités, l'empereur Alexandre parut si embarrassé de la présence du roi de Prusse, qu'il est à présumer que si Napoléon eût été animé de sentimens moins généreux, la Prusse aurait été sacrifiée : dans ces débats, en effet, la Russie n'avait rien à perdre. L'on sait depuis longtemps que les souverains sont comme les particuliers, toujours dirigés par leur seul intérêt, et que

le sacrifice d'un allié déchu ne saurait les arrêter...
L'Autriche a bien prouvé la justesse de cette observation, en 1813, lorsqu'elle rompit sans cause et sans motifs son alliance avec la France, pour s'unir à ses ennemis.

L'article 4 du traité de Tilsit est ainsi conçu (il faut rappeler ce monument historique puisqu'il est une preuve sans réplique de la modération du vainqueur):

« S. M. l'empereur Napoléon, par égard pour
» S. M. l'empereur de toutes les Russies, et voulant
» donner une preuve du désir sincère qu'il a d'unir
» les deux nations par les liens d'une confiance et
» d'une amitié inaltérable, *consent* à restituer à
» S. M. le roi de Prusse, allié de S. M. l'empereur
» de toutes les Russies, tous les pays, villes et terri-
» toires conquis et dénoncés, etc., etc., etc.

» Les articles 14, 15, 16, 17, 18, 19, etc., expriment
» de la part de la Russie la reconnaissance officielle
» des royaumes de Saxe, de Naples, d'Hollande, de
» Westphalie, la confédération du Rhin, etc... »

L'empereur arriva à St.-Cloud le 27 juillet 1807, à six heures du matin; il avait voyagé avec une telle rapidité qu'il avait devancé toute sa suite.

ESPAGNE.

Surpris au milieu de sa lourde proclamation, réveillé comme en sursaut par le canon d'Iéna, le cabinet de Madrid se réclama, sans plus hésiter, de l'alliance de la France, et envoya, sous le commandement du marquis de la Romana, un corps auxiliaire qui n'arriva près des dernières réserves de l'armée française, que lorsque la paix était signée à Tilsit. Le prince de la Paix, pour se maintenir dans l'élévation la plus choquante pour un peuple fier et vaniteux, n'ayant que l'inexplicable prévention du vieux roi et la partialité déclarée de la reine, choisissant à son gré le rang de généralissime, celui de chef suprême du gouvernement ou de grand-amiral, se trouva dans l'impuissance de parler et dans l'impossibilité de se taire; cet envoi de troupes fut peut-être une faute plus grave que celle qu'il avait commise. Napoléon était trop prévoyant pour ne pas donner une direction utile à ces troupes qui furent envoyées dans la Belgique, et devinrent le gage d'une conduite plus franche et moins équivoque. Dans la suite, cet affaiblissement dans les forces militaires de l'Espagne laissa sans défense ses frontières et ses provinces, appauvries depuis longues années par l'inertie et l'impéritie de Manuel Godoï.

On me pardonnera d'avoir insisté avec détail sur les causes des guerres dont j'ai cru devoir parler. J'ai donné mon opinion sans espérer qu'elle puisse prévaloir sur les calomnies versées avec tant d'âcreté sur le plus grand capitaine du monde. J'ai eu besoin de dire ma pensée toute entière; mon seul projet, en traçant ces lignes, est de rendre justice à la modération et au caractère personnel de Napoléon, ainsi qu'aux sentimens impérissables de son amour pour la gloire et pour l'honneur de la France.

———

On a dû remarquer que j'ai évité avec un respect religieux d'entrer dans le développement des opérations militaires. Étranger à cette noble carrière, occupé seulement de l'administration intérieure du palais, lorsque j'ai eu le bonheur de suivre l'empereur, j'étais à l'armée comme un amateur, peu jaloux de connaître les secrets de la stratégie ou ceux de la diplomatie. Toutes mes observations, toute mon attention se concentraient sur cette tête précieuse sur laquelle reposait le salut de tant de millions de Français.

———

La vie de Napoléon à l'armée était simple et sans éclat. Tout individu, quel que fût son grade, avait le droit de l'approcher et de lui parler de ses intérêts; il écoutait, questionnait et prononçait au moment même; si c'était un refus, il était motivé et de nature à en adoucir l'amertume. Jamais je n'ai pu, sans admiration, voir le simple soldat quitter son rang, lorsque son régiment défilait devant l'empereur, s'approcher d'un pas grave, mesuré, et présentant les armes, venir jusqu'auprès de lui. Napoléon prenait toujours la pétition, la lisait en entier, et accordait toutes les demandes justes. Ce noble privilége qu'il avait accordé à la bravoure et au courage, donnait à chaque soldat le sentiment de sa force et de ses devoirs, en même temps qu'il servait de frein pour contenir ceux des supérieurs qui auraient été tentés d'abuser du commandement.

La simplicité des mœurs et du caractère de Napoléon étaient surtout remarquables dans ces jours de marche pendant lesquels le canon se reposait ; toujours à cheval au milieu de ses généraux, de ses braves aides de camp, des officiers de sa maison, et de cette jeune et vaillante élite de ses officiers d'ordonnance, sa gaieté, j'oserai même dire sa bonhomie, s'infiltrait dans tous les cœurs. Souvent il ordonnait de faire halte, s'asseyait sous un arbre avec le prince de Neufchâtel. Les provisions de bouche étaient étalées devant lui, et tout le monde, depuis le page jusqu'aux grands-officiers, trouvait çà et là tout ce qui lui était nécessaire. C'était véritablement une fête pour chacun de nous. Napoléon, en éloignant de ses alentours tout ce qui avait quelque couleur d'intrigue, se décidant toujours par lui-même, avait inspiré à toutes les personnes de sa maison un sentiment d'affection, d'union et d'empressement réciproques, qui rendaient aimables toutes nos relations. La frugalité de Napoléon était telle que son goût donnait la préférence aux alimens les plus simples. Aussi, sa tête était toujours libre et son travail facile, même en sortant de table ; doué par la nature d'un estomac sain et parfait, ses nuits étaient calmes comme celles d'un enfant ; cette même nature lui avait donné une constitution si bien assortie à sa position, qu'une heure de sommeil réparait chez lui 24 heures de fatigues. Au milieu des circonstances les plus graves, les plus urgentes, il avait le pouvoir de prendre du sommeil à volonté, et son esprit rentrait dans le calme le plus parfait, dès que les dispositions qu'exigeaient ces mêmes circonstances étaient ordonnées.

Le prince de Neufchâtel avait également un avantage approprié au rang éminent qu'il occupait près de Napoléon; les projets, les conceptions, les ordres, les volontés de l'empereur, étaient confiés à l'exécution du prince. Chaque nuit il était réveillé et appelé cinq ou six fois; son réveil était toujours riant, facile et sans humeur : c'était une véritable mécanique, dont l'empereur faisait à son gré mouvoir les ressorts. L'attachement de ce prince à la personne de Napoléon fut tel, qu'il ne voulut point accepter la couronne de Suède, qu'il était facile de lui faire obtenir; c'est de lui-même que je l'ai appris : il est juste de dire que les plus vastes dédommagemens, les récompenses les plus magnifiques, lui composaient un sort assez brillant pour qu'il préférât sans regret son attachement à son ambition. Amoureux d'ailleurs comme on l'était dans l'ancienne chevalerie, ayant autrefois transporté sur le sol brûlant de l'Égypte le culte passionné qu'il rendait au portrait de sa belle maîtresse; revenu toujours fidèle et toujours constant, il ne se serait jamais décidé volontairement à s'éloigner de l'objet de tant de vœux : l'amitié et l'amour décidèrent seuls de sa destinée.

Tous les momens de la journée étaient pour Napoléon des momens de travail, même à l'armée. S'il cessait un instant de consulter ses cartes géographiques, de méditer ses plans de bataille et d'étudier les immenses combinaisons qu'il fallait employer pour faire mouvoir avec une précision mathématique des masses de quatre à cinq cent mille hommes, alors il s'occupait de l'administration intérieure de l'empire. Plusieurs fois dans la semaine un auditeur au conseil d'état arrivait au quartier général, chargé du portefeuille de tous les ministères; jamais ce travail n'était remis au lendemain : dans la journée tout était examiné, signé et expédié; tout marchait de front. Les jours qui suivaient une action, un combat, une bataille, étaient employés à recevoir les rapports des différens corps de l'armée, à lier ensemble tous les faits isolés, à distribuer à chacun la part de gloire qui lui appartenait, à rédiger en un mot ces bulletins immortels dont la concision, la clarté, l'ordre et la mâle simplicité, présentent un modèle classique de l'éloquence militaire. C'est dans ces archives brillantes que sont à jamais gravés les titres de noblesse de l'armée française. Par une singularité remarquable, ces bulletins, envoyés à Paris pour être imprimés, étaient lus et admirés de la France entière, avant de parvenir à l'armée, qui n'en avait connaissance qu'à l'arrivée des journaux de la capitale ; il faut regretter cependant que plusieurs de ces bulletins, notamment ceux qui concernent la belle reine de Prusse, soient écrits avec passion et sans courtoisie : ils seraient même sans excuse, si l'on ne se rappelait les provocations violentes et injurieuses dont Napoléon avait été l'objet.

CHAPITRE VI.

Mort prématurée du fils aîné de la reine Hortense ; premières idées du divorce de Napoléon. — Alliance de la Suède avec le cabinet de Saint-James. — Réduction des théâtres de Paris. — Mort du dernier Stuart. — Mariage du roi de Westphalie. — Agression de l'Angleterre contre Copenhague. — Le comte de Lima ambassadeur du Portugal. — Madame de Bonchamps, veuve du célèbre général, est reçue en audience particulière de l'empereur ; Napoléon l'accueille avec intérêt et s'informe des plus petites particularités qui la concernent ; il lui assigne une pension de six mille francs et lui en fait passer deux années d'arrérages ; il promet de doter un jour sa fille. — Madame la comtesse de Genlis, qui a rédigé les mémoires de madame de Bonchamps, ne parle point de cette audience. — L'abbé Fournier, évêque de Montpellier, cause avec Napoléon sur des matières théologiques. — Invasion du Portugal.

Ce fut pendant la campagne de 1806 et 1807 que mourut le jeune prince Napoléon, fils aîné de la reine de Hollande. Il annonçait à l'âge de sept ans les plus heureuses dispositions, une grande douceur et une flexibilité de caractère, qui l'auraient rendu susceptible de recevoir les impressions les plus nobles. Premier né de la nouvelle dynastie, il attira et fixa toute la sollicitude et toute la tendresse du chef. La malignité et l'envie, qui cherchent toujours à se venger d'une trop grande supériorité, inventèrent des explications calomnieuses sur cet attachement presque paternel ; mais les hommes de bonne foi ne virent dans cette tendresse adoptive qu'une affection de postérité et l'espoir de transmettre sa puissance à un héritier de son nom, dont il voulait lui-même diriger l'éducation. La mort du jeune Napoléon, comme un présage du malheur, vint apparaître au milieu des entrainemens de la gloire, et décider Napoléon à concentrer en lui seul et dans sa ligne directe ses espérances et l'héritage de tant de victoires. Voilà, je pense, l'instant où germa la première idée d'un divorce qui eut lieu deux années plus tard, et dont on commença à s'entretenir tout bas, pendant le voyage de Fontainebleau en 1807.

Le Nord était pacifié. La Suède seule tentait encore, avec les subsides de l'Angleterre, une lutte inégale. Cette alliance avec le cabinet de Saint-James lui coûta la partie de la Poméranie qui lui appartenait, l'importante place de Stralsund, et l'île de Rugen.

Au mois d'août, il parut un décret qui réduisait les théâtres de Paris à quatre grands et à quatre petits. Rien n'était plus convenable, car il était de toute impossibilité que les premiers pussent subsister avec éclat et sans le secours du gouvernement. Toutes ces entreprises nombreuses, qui offraient au public des plaisirs amusans et d'un prix modique, menaçaient l'art dramatique, ou plutôt l'art théâtral, d'une ruine complète et inévitable.

———

Le cardinal d'York mourut à Rome le 13 juillet. Sa dépouille mortelle fut déposée dans la chapelle du chœur de Saint-Pierre, où reposait déjà celle de son père Jacques III. Le corps du prince Charles-Édouard, frère du cardinal d'York précédemment inhumé à Frascati, fut, d'après les dernières volontés de ce prélat, transporté et enfermé dans la chapelle de Saint-Pierre. La tombe se ferma sur les derniers rejetons mâles de cette illustre et malheureuse famille des Stuarts, et la mort, qui légitime souvent les invasions du pouvoir, fit disparaître en ce moment toutes les nobles et infructueuses prétentions à la couronne d'Angleterre [1]. Ce prince, Charles-Édouard, connu

---

[1] Les droits de cette maison passèrent dans celle de Savoie, qui descend directement par les femmes de l'infortuné Charles Ier. Je dis les *droits*, parce que la loi salique n'existe point en Angleterre, et que les femmes y règnent ; l'ordre de successibilité n'a été écarté que par le changement de religion, en Angleterre. Sans cette dernière circonstance, il serait peut-être vrai de dire que ces *droits* appartiennent à S. A. R. le dauphin et au duc de Bordeaux, comme leur étant acquis par feue madame la comtesse d'Artois, Marie-Thérèse princesse de Savoie, décédée en 1805.

sous le nom de prétendant, devenu vieux et retiré à Rome, était accablé de goutte, et ne cessait de crier pendant ses accès : « *Pauvre roi! pauvre roi!!!* » Il était peu visité par les Anglais... Un gentilhomme français lui en témoignait son étonnement... « *Je sais pourquoi*, répondit-il ; *ils imaginent que je me souviens encore de ce qui s'est passé... Je les verrais cependant avec plaisir ; j'aime mes sujets, moi, quoique je ne les voie jamais.* »

———

Je reçus l'ordre de me rendre à Strasbourg avec plusieurs officiers de la maison, pour y recevoir la princesse Catherine de Wurtemberg, dont le mariage avec le roi de Westphalie était arrêté. Cette princesse, remplie d'esprit et de bonté, répandit autour d'elle, pendant ce voyage, un bonheur qu'une inquiète et vague mélancolie l'empêchait de goûter elle-même. Elle ne connaissait point celui qui lui était destiné. L'entrevue des deux époux se fit au château du Rainci, à deux lieues de Paris ; à peine dura-t-elle un quart d'heure. Quelques larmes, qui vinrent mouiller les yeux de cette princesse, après le départ de Jérôme, me firent penser qu'elle s'attendait à plus de cordialité. C'est le malheur commun des personnages placés si haut, d'être condamnés à une contrainte continuelle. C'est plus bas qu'il faut chercher le bonheur et la paix domestique. Ce bonheur devint cependant le partage de cette illustre princesse, douée des plus aimables qualités et d'un caractère héroïque. Elle conquit le cœur de son époux au milieu des débris, et des catastrophes de l'empire, croulant de toutes parts.

L'agression la moins excusable de la part de l'Angleterre contre la ville et le port de Copenhague, sans déclaration de guerre, sans aucun motif contre un roi paisible et son allié, amena les flottes anglaises sur les côtes du Danemarck; elles apparurent comme un météore malfaisant, qui cache dans son sein tous les élémens de la destruction. Cette infortune fut honorable pour le Danemarck, car il ne s'y trouva pas un seul traître pour faire cause commune avec les Anglais. Sa ville capitale fut bombardée, conquise et ruinée malgré la plus courageuse défense. Vingt-huit vaisseaux de ligne, seize frégates, vingt-sept bricks et vingt-six bâtimens ou chaloupes, et plus de deux mille quatre cents bouches à feu furent remorqués vers les port de l'Angleterre. La spoliation s'étendit sur tous les agrès et magasins de toute espèce. « *Vous pouvez nous tuer, car vous êtes les plus forts*, disait le général Peyman qui commandait la ville de Copenhague; *la vie nous est odieuse s'il faut la tenir de vous.* »

L'Angleterre, pour justifier cette solennelle infraction aux droits des gens, prétendit que le seul but qui la dirigeait était de détruire l'influence présumée que la France pouvait exercer sur cette partie du continent. Toutefois la France seule aurait pu se plaindre du Danemarck, puisque, pendant les deux dernières guerres, c'était par ce royaume que l'Angleterre avait entretenu des communications avec le continent.

Dans une des audiences du corps diplomatique qui eurent lieu à Fontainebleau, Napoléon adressa avec véhémence quelques mots piquans au comte de Lima, ambassadeur du roi de Portugal. L'ambassadeur voulut expliquer la politique de son souverain, mais il ne fut point écouté. Il nous fut aisé de deviner toute la pensée de Napoléon et de présager les événemens qui ne tardèrent pas à arriver.

Napoléon, sur ma demande, accorda une audience particulière à madame de Bonchamps, veuve du célèbre général en chef de la première armée royale dans la Vendée. Il était certainement bien loin de sa pensée de tolérer les guerres civiles; mais il avait reconnu tant de noblesse, de talent, de magnanimité, dans la conduite et dans le caractère du comte de Bonchamps, que jamais il n'en parlait qu'avec les plus honorables expressions. Madame de Bonchamps avait d'ailleurs des droits auprès de tout ce qui porte un cœur français. Je place ici un monument de l'époque, qui, d'une façon plus élo-

Tome I. 7

quente, fera connaître l'intérêt qu'elle méritait d'inspirer [1].

---

[1] A LA CONVENTION NATIONALE.

» Pères de la patrie,

» C'est au nom de six mille patriotes dont les jours ont
» été conservés par les larmes, par les prières, par les in-
» stances réitérées de la veuve Bonchamps, que nous venons
» réclamer aujourd'hui la vie de cette infortunée qui s'est
» exposée à la rage des brigands, que nous avons vu prête à
» périr avec nous, qui enfin a couru tous les dangers pour
» sauver à la patrie six mille de ses enfans.

» Si les intérêts de la patrie ne nous fixaient pas dans ce
» moment à notre poste, vous nous verriez à la barre de
» la convention nationale, et tous les camarades que nous
» représentons, répandus aujourd'hui sur tous les points de la
» république, et dans toutes les armées; nous vous offririons,
» pères de la patrie, de racheter la vie de cette femme intré-
» pide par le sacrifice de la nôtre; vous n'auriez qu'à choi-
» sir entre nous; celui sur lequel tomberait le choix se trou-
» verait trop heureux d'acquitter sa dette et celle de ses
» camarades.

» Ce sont de vrais patriotes qui vous parlent, représen-
» tans du peuple; ce sont de ces Français à qui, dans tous
» les temps, la reconnaissance fut une vertu si douce à pra-
» tiquer; ce sont eux qui, au nom de l'humanité, vous
» demandent d'acquitter, dans la personne de la veuve Bon-
» champs, les services qu'elle a rendus à six mille républi-
» cains.

» Alors qu'à Saint-Florent, plusieurs de nos frères d'ar-
» mes avaient déjà succombé sous le fer meurtrier des bri-
» gands, et que nous allions tous subir le même sort, cette

Napoléon parla avec beaucoup d'intérêt à madame de Bonchamps, et lui fit toutes sortes de questions sur

---

» femme courageuse s'élance au milieu des piques et des fu-
» sils, court mille fois les risques de perdre la vie, et nous
» sauve enfin des mains des Dargogne, des Sesbron, des
» Lacassagne, chefs des brigands qui avaient fait pointer con-
» tre nous quatre pièces chargées à mitraille pour venger,
» disaient-ils, dans notre sang la honte de leur défaite.

» Au nom de la patrie, citoyens-représentans, au nom de
» la postérité, pour qui les actes de clémence et de justice
» ne sont jamais perdus, conservez la vie d'une femme qui
» n'aurait jamais été condamnée à mort, si les juges, à l'é-
» poque où elle a paru à leur tribunal, avaient osé mettre
» en balance six mille patriotes sauvés par elle, et le crime
» bien involontaire, bien pardonnable peut-être à une
» femme, d'avoir passé la Loire pour recueillir les derniers
» soupirs de son mari. Si cette démarche est un crime, il
» doit être tout entier sur le compte de la nature.

» Et cependant notre libératrice ne doit aujourd'hui son
» existence momentanée qu'à l'enfant qu'elle va bientôt
» donner à la patrie... Qu'il vive parmi nous, l'enfant de
» la veuve Bonchamps en sera sans doute digne !... Nos fils
» reconnaîtront en lui les services que sa mère a rendus à
» leurs pères et à la patrie.

» Peut-être notre reconnaissance nous égare... mais l'in-
» térêt que vous prenez sans doute, pères de la patrie, aux
» citoyens qui lui conservent des défenseurs, nous fait espé-
» rer que vous ordonnerez la révision du procès d'une Fran-
» çaise qui a sauvé six mille Français aux risques de sa vie.
» Cette action sublime, digne des plus beaux jours de Rome
» et de la France régénérée, aurait dû peut-être éclairer les
» juges sur ses principes, et les convaincre de son attache-

la guerre de la Vendée : il se fit raconter par elle les dangers qu'elle avait courus en accompagnant son

---

» ment à la république. Pour nous, citoyens, représentans,
» pénétrés de l'obligation sacrée où nous sommes de rendre
» hommage à la vérité et à la justice, et désirant que des
» exemples aussi rares se propagent et puissent surtout rame-
» ner aux vrais principes de l'humanité tous les individus,
» quels qu'ils soient et quelque contrée qu'ils puissent
» habiter sur la surface de la terre, au nom de la liberté,
» égalité, fraternité, indivisibilité :

» Nous soussignés, gardes nationales, habitans de la com-
» mune de Nantes, et autres, qui avons été prisonniers dans
» le département de la Vendée, déclarons qu'étant trans-
» férés, le 18 octobre 1793 (vieux style), à Saint-Florent,
» étant au nombre de cinq mille six cents, les brigands
» avaient décidé de nous détruire ; ils avaient pour cela pré-
» paré une force majeure : quatre canons chargés à mitraille
» étaient pointés sur nous ; beaucoup de brigands armés de
» piques, fusils, etc., animés par des prêtres, par Sesbron,
» Dargogne, et par Lacassagne, leurs chefs, disposaient et
» amenaient cette opération affreuse ; déjà même quelques-
» uns de nos camarades avaient été victimes ; qu'en ce mo-
» ment critique accourut dans une très-grande agitation la
» citoyenne Bonchamps, qui, bravant les coups de piques et
» de fusils, se jeta en pleurs vers le commandant des force-
» nés, malgré leurs cris de rage et leurs menaces, pour de-
» mander en grâce qu'il ne fût fait aucun mal aux prison-
» niers : que ce commandant, vaincu par ses larmes et ses
» pressantes instances, nous fit entrer précipitamment dans
» l'église et les cloîtres de Saint-Florent, pour nous sous-
» traire à la férocité des brigands, dont certes autrement
» nous étions les victimes ; en vérité de quoi nous certifions

mari sur le champ de bataille, portant son enfant dans un panier placé sur le cheval qu'elle montait, et

---

» le présent, à Nantes, ce 4 vendémiaire, l'an IIIe. de la ré-
» publique une et indivisible. »

(*Suit le nombre de signatures consignées à l'original; déposé au comité de législation.*)

A cette même et désastreuse époque de la révolution (1793), les habitans d'un petit village, situé sur les bords de la Méditerranée, auprès de Béziers, donnèrent un exemple, unique peut-être, d'une vertueuse et périlleuse reconnaissance.

Mon frère aîné avait émigré, et comme mère d'émigré, madame de Bausset, ma mère, fut atteinte par des mesures générales que le régime sanguinaire de la convention imposait à toutes les administrations de la France.

Les administrateurs du district de Béziers qui avaient, ainsi que tous les habitans de cette ville, remarquables par la vivacité d'un esprit naturel et par la noblesse des sentimens, une vénération particulière pour ma mère, lui conseillèrent de demander à la commune de Sauvian, où elle résidait ordinairement une partie de l'année, un certificat de civisme qui, à défaut de toute autre pièce, pût les autoriser à laisser fléchir à son égard l'épouvantable rigueur des lois de la terreur. Madame de Bausset était encore plus distinguée par les qualités du cœur que par la supériorité de son esprit. Toute sa vie, avant la révolution, avait été consacrée au bonheur des habitans de Sauvian. — Ils ne furent point ingrats. Je transcris ici le certificat de civisme qu'ils s'empressèrent de lui faire délivrer.

supporting avec courage et dignité toutes les fatigues et toutes les chances d'une situation aussi extraordi-

---

« République une et indivisible.

» L'an 2 de la république française, et le 14 octobre, le conseil général de la commune de Sauvian, assemblé dans le lieu ordinaire de ses séances, par-devant le citoyen Richart, maire, assisté des citoyens Iché et Ridal, officiers municipaux, et de Jacques Amiel, procureur de la commune; notables, Raynaud, Sabatier, Jarlier, Bourrier, Prax.

» Le citoyen-maire a dit que la citoyenne Félicité-Justine Bausset, née Jarente, ci-devant seigneuresse du présent lieu, a fait à la municipalité la demande d'un certificat de civisme, que ladite demande a été affichée pendant quinze jours sur la porte extérieure de la maison commune; qu'aucun citoyen ne s'étant opposé à ce que justice lui soit rendue, il requiert de délibérer...

» Le citoyen Amiel, procureur de la commune, entendu... Le conseil général considérant :

» Que la citoyenne Bausset a constamment professé des sentimens patriotiques, que les preuves n'en ont jamais été équivoques, puisqu'elle s'est toujours soumise aux décrets;

» Considérant qu'il est de notoriété publique qu'elle n'a tenu d'autres propos que la soumission aux lois et l'amour de la patrie, vertus dont ses talens et le penchant de son cœur lui ont toujours commandé l'exercice;

» Considérant que, même sous l'ancien régime, elle n'a cessé d'exercer des actes d'humanité envers ses ci-devant vassaux, qu'elle a toujours regardés comme ses amis et ses semblables :

» Arrête de délivrer à la citoyenne Félicité-Justine Bausset, née Jarente, le présent certificat de civisme pour lui valoir en tant que de besoin.

naire. Madame de Bonchamps est petite et délicate, mais elle a le cœur le plus noble et les sentimens

---

» Dans le moment, un membre du conseil annonce qu'il s'est formé devant la maison commune un rassemblement de citoyens qui demandaient à signer le certificat de civisme.

» Le conseil délibère de les laisser entrer, et que lecture leur sera faite préalablement de l'arrêté ci-dessus.

» Le tout entendu, tous les citoyens de la commune ont adhéré d'une voix unanime à tout ce que dessus, ont reconnu le civisme de la citoyenne Bausset, et ont signé avec nous, maire, officiers municipaux et notables, en foi de ce, à Sauvian, ce 14 octobre 1793, an 2 de la république, une et indivisible.

» RICHART, maire.

» ICHÉ, RIDAL, officiers municipaux.

» AMIEL, procureur de la commune.

» RAYNAUD, SABATIER, JARLIER, BOURRIER, PRAX, notables.

» Jean-Jacques Simy, curé; Jarlier, Calvet, Cassagnes, Mas, Pélusset, Visset, Cabrié, Robert, Cabrié fils, Jarlier, Héraïl, Sabatier, Cabardès, Richart aîné, Richart, Vidal, Richart, Mari, Soulier, Vidal, Richart fils, Sabatier, Pibre, Lavit, Pélisson, Cras, secrétaire-greffier; Vidal aîné, Bourrier fils.

» Et nous, officiers municipaux et procureur de la commune et notables, le citoyen-maire absent, certifions les signatures ci-dessus véritables de tous les habitans de la comles plus élevés. Napoléon ne se borna point à des paroles affectueuses ; il insista pour connaître sa fortune et les moyens que les malheurs du temps avaient pu lui laisser ; et quand il apprit qu'il ne lui restait plus rien, il lui assigna sur-le-champ une pension de six mille francs, lui en fit payer les arrérages de deux années, et lui promit de doter sa fille lorsqu'elle serait en âge d'être mariée.

J'ai cru devoir insérer la pétition adressée à la convention nationale qu'on vient de lire, et dont l'exemplaire que j'ai copié me fut dans le temps remis par madame de Bonchamps elle-même, parce que cette pétition ne figure point au nombre des pièces justificatives de ses Mémoires, rédigés par madame de

---

mune ; en foi de ce, à Sauvian, ce 7 nivôse de l'an 2 de la république française, une et indivisible.

ICHÉ, RIDAL, RAINAUD, PRAX, SABATIER, JARLIER, PRAX, BOURRIER, AMIEL, procureur de la commune, et CRAS, secrétaire-greffier.

Je conserve avec un respect religieux l'original où sont apposées les signatures des bons et courageux habitans de la commune de Sauvian.

En le recevant de moi comme un des titres de famille les plus honorables, mes enfans y trouveront inscrits leur devoir et les sentimens d'une reconnaissance éternelle. Ce monument d'un attachement fidèle, remarquable surtout pour l'époque, épargna à ma mère les horreurs de la prison. Tous les habitans de Béziers, quelle que fût leur opinion politique, s'empressèrent d'applaudir à l'éclatante justice qui fut rendue aux nobles sentimens et aux grandes vertus de madame de Bausset.

Genlis. Quant aux détails de l'audience qu'elle obtint de l'empereur, j'ai cru devoir suppléer encore au silence de madame de Genlis, et rendre à Napoléon la part qui lui est personnelle. Madame de Bonchamps ne m'en voudra sûrement pas de ce que je trahis le secret de sa reconnaissance.

---

22 juillet 1816.

Après son lever, l'empereur retint auprès de lui son aumônier, M. l'abbé Fournier, qu'il venait de nommer à l'évêché de Montpellier, et causa long-temps avec lui sur des matières de théologie, genre de conversation qu'il aimait beaucoup. L'évêque de Montpellier, s'apercevant que Napoléon ne cherchait qu'à le faire expliquer, crut devoir profiter en toute liberté de l'occasion qui lui était si naturellement offerte pour jeter dans l'âme de l'empereur quelques sentimens religieux, et dès lors il s'abandonna avec chaleur à toutes les inspirations qui pouvaient amener le résultat qu'il désirait d'obtenir. Napoléon, sans partager l'exaltation du prélat, n'en fut pas moins satisfait de sa douceur et de son zèle. Il y eut surtout deux points sur lesquels ils ne furent point d'accord, *celui de l'enfer* et celui de *point de salut hors de l'église.* L'empereur disait en riant à l'impératrice Joséphine, *qu'il avait disputé comme un diable sur ces deux points, sur lesquels de son côté l'évêque avait été inexorable.* M. l'évêque de Montpellier avait depuis long-temps la réputation d'un homme distingué par ses qualités et par ses talens. Il était même devenu célèbre par ses sermons, par les persécutions extraordinaires qu'ils lui avaient attirées, par le courage simple et calme avec lequel il les avait supportées, et par le chemin que ces mêmes persécutions lui avaient ouvert, pour arriver au point d'élévation où nous le voyons encore aujourd'hui. Tout Paris courait à ses sermons : cet empressement excita il y a quelques années le mécontentement de la police. On prétendit que son sermon de la passion offrait des allusions frappantes à la déplorable catastrophe de Louis XVI. Sur le rapport du ministre de la police, il fut arrêté, renfermé à Bicêtre comme fou, rasé et traité réellement comme fou. Il conserva, au milieu d'un traitement aussi injuste, le même calme et la même tranquillité. Sur un nouveau rapport de Fouché, il fut transféré et renfermé à Turin dans une maison de forçats, et avec les forçats. Il n'en fut ni plus affecté ni plus malheureux qu'à Bicêtre. Il s'y fit généralement vénérer par la sagesse de sa conduite pendant deux ans d'une horrible captivité. Lorsque l'ancien archevêque d'Auch, M. de Latour du Pin Montauban, consentit à prendre l'évêché de Troyes, la seule grâce qu'il demanda pour récompense d'un dévouement qui coûtait à son grand âge, fut la liberté de M. l'abbé Fournier qui avait été son grand-vicaire avant la révolution. Il l'obtint, et le cardinal Fesch, qui lui-même prenait un grand intérêt au sort d'un homme aussi distingué, le fit venir auprès de lui à Lyon, où il prêcha le carême avec le plus grand succès. Le cardinal Fesch le fit passer ensuite dans la chapelle impériale, et peu de temps après il fut nommé aumônier de l'empereur et évêque de Montpellier. Son extérieur est noble et imposant, il a beaucoup d'esprit et d'imagination ; je ne l'ai jamais entendu prêcher, mais ceux qui l'ont entendu et qui s'y connaissent prétendent qu'il est doué d'une telle facilité, que très-souvent il oublie le sermon qu'il a écrit, pour n'écouter que ses inspirations du moment ; des écarts aussi remarquables n'appartiennent point à la médiocrité, et supposent toujours de grands avantages du côté de la nature et du côté de la science. M. l'évêque de Montpellier n'est ni cagot, ni minutieux ; il est religieux comme un homme qui a étudié avec fruit toutes les études relatives à la religion, et qui enfin est religieux avec son cœur. A ces grandes qualités M. l'évêque de Montpellier joint tous les sentimens de la plus noble bienfaisance ; simple et modeste, facile et indulgent, généreux et désintéressé, il jouit de l'estime de tous ses diocésains, et, par ses exemples et ses vertus, fait autant de bien à la religion que par son éloquence et ses talens. J'ai souvent entendu Napoléon regretter de s'être trop laissé aller aux impressions de la police, et d'avoir maltraité injustement un prélat aussi recommandable.

———

On connut enfin la nature des discussions de la

France avec le Portugal. Cette dernière puissance, liée étroitement avec l'Angleterre qui la menaçait et la pressait de toutes parts, refusa d'adhérer au système du blocus continental, lequel devenait dès lors illusoire, puisque des côtes aussi longues sur l'océan européen restaient à la disposition des flottes anglaises. Les discussions vives et serrées furent appuyées par la marche de nos troupes. L'ambassadeur de France, à la suite des instructions qui lui avaient été adressées, quitta Lisbonne malgré le refus qui lui était fait de ses passe-ports. Le cabinet de Madrid, rendu plus souple depuis la dernière campagne, parut entrer franchement dans les intérêts de la France. Son ambassadeur quitta Lisbonne le même jour que celui de la France, et des troupes espagnoles furent dirigées contre le Portugal. La guerre fut déclarée officiellement ; le prince-régent n'attendit pas que sa capitale fût envahie ; il s'embarqua pour le Brésil, et livra son royaume au général Junot, qui commandait en chef l'armée française, et qui, dans cette bagarre, gagna sans coup férir le duché d'Abrantès.

CHAPITRE VII.

Plusieurs événemens d'Espagne (affaire de l'Escurial). — Traité de Fontainebleau du 27 octobre 1807. — Publications royales au sujet de cette conspiration. — Le prince Ferdinand et Godoï, prince de la Paix. — Pièces officielles sur la conspiration de l'Escurial. — Éclaircissemens à ce sujet publiés par ordre du prince Ferdinand après l'abdication de son père Charles IV. — Réfutation par les lettres du roi Charles et de la reine d'Espagne. — Rapprochement du prince des Asturies et de l'ambassadeur de France. — Lettre du prince des Asturies à Napoléon. — Intervention de Godoï pour l'alliance du prince des Asturies avec une nièce de l'empereur. — Silence de Napoléon. — Entrée des armées françaises en Espagne. — Occupation des places fortes du nord de l'Espagne.

AFFAIRES D'ESPAGNE.

1807.

Nous étions encore à Fontainebleau au mois d'octobre ; je rencontrais à tout moment dans les cours, dans les corridors, et chez le grand-maréchal, un M. Izquierdo, conseiller honoraire d'état et de guerre du roi d'Espagne. Je le connaissais depuis long-temps et je savais qu'il était la créature la plus dévouée du prince de la Paix, dont il était l'agent secret ; il avait le regard oblique, l'air sournois, et passait pour un homme très-fin. Sa présence et son assiduité dans un palais où il n'avait rien à faire me frappèrent. Je parvins à découvrir le motif de ses allées et venues. J'appris qu'il était dans ce moment chargé des pouvoirs du roi d'Espagne pour la conclusion d'un traité secret entre l'empereur et S. M. Catholique. Ce traité, qui avait pour objet le partage du Portugal, que le général Junot venait d'envahir, fut signé à Fontainebleau le 27 octobre. Il a été rendu public par M. de Cevallos [1]. Le premier article donnait au roi d'Étrurie, qui sûrement était bien éloigné de le désirer et de s'en douter, en échange du royaume qu'il possédait en Italie, le territoire renfermé entre le Minho et le Douro, avec le titre de roi de la Lusitanie septentrionale. L'article 2 érigeait en principauté le royaume des Algarves, y compris la province de l'Alemtejo, en faveur du prince de la Paix, Manuel Godoï, pour en jouir en toute souveraineté. Les Algarves étaient entrés dans la couronne de Portugal au 13e. siècle, par le mariage d'Alphonse III avec Béatrix, fille naturelle d'Alphonse X, dit le Sage, roi de Castille, qui lui donna pour dot ce royaume.

A la même époque et à la même date du 27 octobre, il se passait en Espagne, au palais de Saint-Laurent de l'Escurial, l'une des résidences royales, un événement des plus étranges, et qui, sous le règne d'un Philippe II, aurait renouvelé les scènes tragiques dont l'infortuné don Carlos fut victime; mais

---

[1] Mémoires de D. Cevallos, pag. 103.

qui, sous le gouvernement du débonnaire Charles IV et d'un favori puissant, quoique sans audace, ne fut heureusement suivi d'aucune catastrophe. Le roi Charles, par un rescrit royal, fit publier un acte d'accusation contre le prince des Asturies, son fils aîné et héritier présomptif de la couronne, le fit arrêter, garder prisonnier dans l'appartement qu'il occupait au palais de l'Escurial, et le signala à la vindicte publique comme chef d'une conspiration *qui tendait à priver son père du trône et de la vie*, etc.

Cette publication officielle, faite à Madrid le 30 octobre, est remarquable par sa coïncidence avec le traité secret qui se signait à Fontainebleau, et dont l'exécution pouvait être gênée par l'attitude du prince Ferdinand, cher à toute la nation espagnole, surtout à cause de la haine que le favori lui portait. Dès sa plus tendre enfance, ce prince était l'objet de l'oppression la plus insidieuse de la part du prince de la Paix, et, pour me servir d'une expression moins dure, de l'indifférence la plus complète du roi son père et de la reine Marie-Louise sa mère. Sans les soins assidus et circonspects du chanoine Escoïquiz son précepteur, le prince Ferdinand, héritier de grandes monarchies dans les deux mondes, aurait été privé de l'instruction que l'enfant du particulier le plus obscur reçoit dans les foyers paternels : tel était, dit-on, le plan formé par Godoï, afin de s'assurer pour l'avenir un ascendant capable de lui conserver sur le fils le pouvoir absolu qu'il exerçait sur le père :

la Providence ne le permit pas. Le jeune prince reçut une éducation conforme à son rang, mais il conserva toujours le ressentiment le plus juste et une disposition constante à se soustraire à un joug si odieux. Cette noble infortune attacha à sa personne des amis fidèles et dévoués, qui cependant, loin de l'exhorter à la patience et à la résignation, lui inspirèrent trop tôt une exaltation irréfléchie, mal calculée et qui l'emporta beaucoup plus loin que ne le commandait sa position critique. Des conférences trop fréquentes eurent lieu; divers plans furent discutés pour échapper à l'oppression du favori : le secret ne fut pas gardé. Godoï fut instruit par les espions qu'il soldait autour du jeune prince; peut-être dirigeait-il lui-même tous les fils de cette intrigue, en attendant l'occasion de faire éclater le vieux monarque, qu'il faisait mouvoir à son gré. Ce moment arriva, le rescrit royal parut, le prince fut arrêté : surpris avant l'exécution de ses projets, le prisonnier royal fut obligé de demander grâce. Il écrivit de lui-même, ou *par contrainte*, la lettre suivante qui fut rendue publique :

5 novembre 1807.

« Sire et mon père,

» Je me suis rendu coupable; en manquant à
» V. M. j'ai manqué à mon père et à mon roi. Mais
» je m'en repens et je promets à V. M. la plus
» humble obéissance. *Je ne devais rien faire sans*

» *le consentement de V. M.*; mais j'ai été surpris.
» J'ai dénoncé les coupables, et je prie V. M. de
» me pardonner, et de permettre de baiser vos
» pieds à votre fils reconnaissant. »

Cette lettre entortillée laissait clairement entrevoir que la conspiration n'était pas dirigée contre la personne du roi, mais bien contre le prince de la Paix, quoique son nom ne fût point prononcé, parce qu'il avait eu l'art d'en faire la cause personnelle du roi.

Le prince fut encore obligé d'écrire à sa mère, dans les termes suivans :

« Madame et ma mère,

» Je me repens bien de la grande faute que j'ai
» commise contre le roi et contre vous mes père et
» mère. Aussi je vous en demande pardon avec la
» plus grande soumission, ainsi que de mon opiniâ-
» treté à vous nier la vérité l'autre soir... C'est pour-
» quoi, etc., etc... »

En conséquence de ces lettres, le roi Charles proclama l'acte suivant :

« La voix de la nature désarme le bras de la ven-
» geance, et lorsque l'inadvertance réclame la pitié,
» un père tendre ne peut s'y refuser. Mon fils a déjà
» déclaré les auteurs du plan horrible que lui avaient
» fait concevoir des malveillans. Il a tout démontré
» en forme de droit, et tout *conste* avec l'exactitude

» requise par la loi, pour de telles preuves. Son repen-
» tir et son étonnement lui ont dicté les remon-
» trances qu'il m'a adressées!... En conséquence
» des lettres qu'on vient de lire, et à la prière
» de notre épouse bien-aimée, je pardonne à mon
» fils, et il rentrera dans ma bonne grâce, dès que sa
» conduite me donnera des preuves d'un véritable
» amendement dans ses procédés, etc...... »

Qui reconnaîtrait le cœur d'un père dans ces expressions froides et compassées? N'est-ce pas au contraire le style sec et formaliste d'un favori avide et méticuleux qui se cache derrière la toile pendant qu'il met en jeu *ses acteurs?* Le but réel de cette prétendue clémence était d'isoler le prince Ferdinand, en condamnant à l'exil ses serviteurs les plus chers, et de le priver lui-même, par ses aveux forcés et par la dénonciation de ses *complices*, de cette noble considération qui s'attache au courage malheureux, lorsqu'il reste fidèle à sa cause.

Cette jonglerie de Godoï ne fut probablement inventée que pour détourner l'attention publique, pour ramener le prince Ferdinand au sentiment de ses propres dangers, et détruire toutes les oppositions qui auraient pu se présenter lorsque le traité secret de Fontainebleau serait avoué et légitimé. Ce large pardon imposé au prince des Asturies, après une accusation annoncée avec tant de fracas, suffirait pour détruire toute idée d'une conspiration sérieuse contre la vie du roi Charles.

Tel fut le premier acte de la tragédie sanglante qui, six mois plus tard, commença à ébranler toutes les Espagnes, renversa le favori qui régnait insolemment sur elles en dépit de la haine et du mépris de toute la nation, et dont la chute violente entraîna celle du trop faible souverain qui lui avait cédé son trône [1].

Six mois plus tard, après l'abdication du roi Charles, à la suite des mouvemens séditieux du 19 mars 1808, le prince Ferdinand fit publier des documens qui sont de nature à soulever en partie le voile que l'oppression du prince de la Paix avait étendu sur cette première conspiration de l'Escurial.

Le 30 mars 1808, le prince des Asturies, alors maître du gouvernement, avoua par une procédure publique, qu'il n'y avait eu d'autre conspiration

---

[1] Dans le premier moment des grandes agitations politiques qui bouleversent les états, il est toujours impossible de connaître les causes réelles qui les ont fait naître. Ce n'est que le temps qui en amène les explications. J'ai cru pouvoir me permettre de les présenter à la suite des événemens que je raconte, quoique leur révélation soit arrivée plus tard et à des époques éloignées. C'est la marche que je me suis tracée relativement aux troubles de l'Espagne.

au mois d'octobre passé, que celle qui tendait à éloigner Godoï du ministère. Les papiers saisis à l'Escurial dans le secrétaire du prince, et sur lesquels on avait échafaudé la conspiration, se composaient :

1°. D'un mémoire en 12 feuilles, composé par l'abbé Escoïquiz, et copié en entier par le prince. Il représentait respectueusement au roi Charles toutes les infamies et toutes les iniquités de don Manuel Godoï.

2°. D'un mémoire également copié par le prince, à l'effet d'organiser un espionnage secret autour de Godoï, pour déjouer tous les projets qu'il pourrait former contre l'héritier du trône. Les moyens pour en assurer le succès étaient indiqués avec un grand détail.

3°. D'un alphabet en chiffres avec la manière de s'en servir pour une correspondance secrète, etc.

Le prince des Asturies méritait d'autant moins d'être accusé du crime de lèse-majesté, que le mémoire n°. 1 énonçait en termes positifs que le prince avait l'intention de présenter à son père cette courageuse dénonciation des injustices du favori. Il finissait même par supplier le roi Charles *de lui garder le secret dans le cas où il n'approuverait pas le contenu de ce mémoire, à cause des dangers auxquels lui* (Ferdinand) *serait exposé.*

Rien assurément n'était plus excusable et ne ressemblait moins aux attentats *atroces* dont on avait accusé le prince Ferdinand. Il y avait au contraire une vertueuse intention à tenter d'éclairer un roi prévenu et à lui faire connaître les malversations d'un ministre en horreur à la nation. Le prince fut trahi avant d'avoir présenté ce mémoire, et perdit ainsi le mérite de son dévouement aux intérêts publics. Il fut aisé à son ennemi de le peindre sous les plus odieuses couleurs. Aussi le *bonhomme de roi* assuma-t-il sur sa tête tout le danger et tout le ressentiment de cette prétendue conspiration [1].

Les documens qui accompagnèrent ceux dont je viens de parler, apprirent à la nation que l'original du rescrit royal, qui mettait en accusation le prince Ferdinand, était écrit de la main de Godoï lui-même. Il fut encore connu que ce même favori se rendit le soir auprès de Ferdinand, pendant qu'il était retenu prisonnier dans ses appartemens à l'Escurial, et qu'il *l'obligea, à force de menaces, à signer* les lettres qu'on a déjà lues, et par lesquelles, en se reconnaissant coupable, il réclamait la clémence de ses augustes parens. Il les signa, et ce fut une faiblesse qu'il a dû se reprocher long-temps, puisqu'elles furent le prétexte de l'exil du duc de l'Infantado, de l'abbé Escoïquiz et de plusieurs autres serviteurs fidèles. *Il les signa*, disait-il, *pour ne*

---

[1] Mémoires de don Pedro Cevallos, page 51. — Édit. in-8°.

point se refuser à donner cette nouvelle preuve de son respect filial. Étrange preuve, en effet, de respect filial, que de se reconnaître coupable d'un projet de parricide, et de signer par un rare effort de vertu les lettres empoisonnées que lui présentait son plus cruel ennemi.

Le reproche le plus grave que l'impartiale histoire fera au prince Ferdinand, c'est d'avoir avoué que, prévoyant que son père se refuserait à l'éloignement de son favori, il avait pris la précaution de donner au duc de l'Infantado un écrit de sa main, avec la date en blanc, et scellé d'un cachet noir, pour l'autoriser à prendre le commandement des troupes dans la Nouvelle-Castille, dans *le cas où son auguste père viendrait à mourir.*

L'âge, les infirmités du roi, et le pouvoir immense qui reposait entre les mains de Godoï, pouvaient inspirer la pensée de quelques précautions pour l'avenir, mais ne pouvaient jamais autoriser cet empiètement formel et prématuré sur la puissance royale. En donnant à cet acte conservatoire et imprudent une fâcheuse interprétation, il dut être bien facile au prince de la Paix d'exciter les alarmes et l'indignation du roi Charles.

Un des premiers actes du nouveau pouvoir dont le prince Ferdinand se saisit après l'abdication du

19 mars, ordonna la révision du jugement qui avait exilé le duc de l'Infantado, et les autres seigneurs que l'ombrageux Godoï avait compris dans la même catégorie. Je n'ai pas besoin de dire que ce procès fut décidé à l'avantage des exilés.

A ces équivoques et commodes justifications du prince Ferdinand, l'historien, qui ne dédaignera pas d'employer les documens que je présente sur ces graves événemens, attachera peut-être quelque prix aux lettres suivantes, relatives à la conspiration de Saint-Laurent de l'Escurial [1].

---

[1] *Lettre du roi Charles IV à l'empereur.*

« Monsieur mon frère, dans le moment où je ne m'occu-
» pais que des moyens de coopérer à la destruction de notre
» ennemi commun, quand je croyais que tous les complots
» de la ci-devant reine de Naples auraient été ensevelis avec
» sa fille [1], je vois avec une horreur qui me fait frémir,
» que l'esprit d'intrigue a pénétré jusque dans le sein de
» mon palais. Hélas! mon cœur saigne en faisant le récit
» d'un attentat si affreux! Mon fils aîné, l'héritier pré-
» somptif de mon trône, avait formé le complot horrible de
» me détrôner : il s'était porté jusqu'à l'excès d'attenter contre
» la vie de sa mère. Un attentat si affreux doit être puni avec
» la rigueur la plus exemplaire des lois. La loi qui l'appelait à

[1] Le prince des Asturies avait épousé la fille aînée du roi de Naples ; il était veuf.

Les réflexions que doit faire naître la lecture des lettres que je viens d'insérer au bas de ces pages,

---

» la succession doit être révoquée : un de ses frères sera
» plus digne de le remplacer, et dans mon cœur, et sur le
» trône. Je suis en ce moment à la recherche de ses compli-
» ces, pour approfondir ce plan de la plus noire scéléra-
» tesse, et je ne veux pas perdre un seul moment pour en
» instruire V. M. I. et R., en la priant de m'aider de ses
» lumières et de ses conseils.

» Sur quoi, je prie Dieu, mon bon frère, qu'il veuille avoir
» V. M. I. et R. en sa sainte et digne garde.

» *Signé* CHARLES.

» A Saint-Laurent, le 29 octobre 1807. »

Note écrite en français de la main de la reine Louise, et remise au grand-duc de Berg [1].

« Ayant vu la gazette extraordinaire qui parle seulement
» d'avoir trouvé entre les papiers du *pauvre* prince de la
» Paix : la *cause de l'Escurial* est remplie de fausseté : la
» cause, le roi la gardait dans sa table; et la lui donna au
» *pauvre* prince de la Paix pour qu'il la donnât au grand
» duc, afin qu'il la présentât à l'empereur de la part de
» mon mari. Mais comme elle est écrite par le ministre de la
» guerre et de justice, et signée par mon fils, *ils change-*

---

[1] Cette note n'est point datée, la Gazette extraordinaire étant du 30, il faut lui assigner celle du 31 mars ou du 1er. avril 1807.

sont pénibles et affligeantes sous tous les rapports. Quelle immense accusation ne pèserait pas sur Ferdi-

---

» ront et écriront ce qu'ils voudront ; comme si c'était véri-
» table, et comme tous ceux qui sont en place feront tout
» ce que leur commandera mon fils et tous les autres. Si le
» grand duc n'a pas la bonté et l'humanité de faire que l'em-
» pereur ordonne que cette cause ne se suive point, et
» promptement, le *pauvre* ami du grand duc, de l'empereur
» des Français, et du roi et de moi, ils vont lui faire cou-
» per la tête en public, et ensuite à moi, car ils le disent
» ainsi : et je crains fort qu'ils ne donneront pas le temps
» à la réponse et résolution de l'empereur. Ils promettront,
» mais ils précipiteront l'exécution pour qu'à l'arrivée de la
» résolution de l'empereur ils ne puissent pas les sauver
» étant déjà décapités. Le roi mon mari et moi, ne pou-
» vons voir avec indifférence cet horrible attentat contre leur
» intime ami et celui du grand duc. Il souffre (Godoï) parce
» qu'il est ami du grand duc, de l'empereur et des Français :
» il n'a aucun doute en cela : *les déclarations que mon fils*
» *fit alors à l'Escurial ne se disent pas, et si elles se di-*
» *sent, elles ne seront pas ce qu'elles furent.* Ils accusent ce
» *pauvre* prince de la Paix d'attentat contre la vie et le trône
» de mon fils. C'est faux et *c'est tout le contraire*. En tout
» ils ne font qu'*accriminer ce pauvre* prince de la Paix, no-
» tre commun et unique ami, pour enflammer davantage le
» public, et faire croire qu'il faut lui faire toutes les infamies
» possibles. Ensuite ils viendront à moi, car ils voulaient bien
» la cause première le faire. Ainsi, si le grand duc pouvait
» faire dire à mon fils qu'on suspende toute cause et papiers
» jusqu'à ce que l'empereur vienne et ordonne, et en même
» temps que le grand duc prenne la personne de son *pauvre*
» ami sous ses ordres : séparer qu'il a, en mettre des siennes

nand et sur ses conseillers, si les torts graves qu'on a généralement attribués à cette reine n'eussent été que des calomnies; quelle que soit au reste l'opinion que l'on ait des mœurs de cette princesse, il résulte nécessairement de sa note, que les faits proclamés par Ferdinand sur la conspiration de l'Escurial, lorsqu'il avait le pouvoir en main, peuvent

---

» ou empêcher qu'on ne le tue. C'est ce qu'ils veulent en l'in-
» fâmant et le roi mon mari et moi, qui disent qu'il faut
» nous former cause et qu'on nous fâsse donner compte de
» tout ce que nous avons fait. Mon fils est d'un très-mauvais
» cœur; son caractère est sanglant; il n'a jamais aimé son
» père, ni moi; ses conseillers sont sanguinaires; ils ne se
» plaisent qu'à faire des malheureux, et ne sent à cœur ni
» père ni mère. Ils veulent nous faire tout le mal possible;
» mais le roi et moi avons plus d'intérêt à sauver la vie et
» l'honneur de leur innocent ami que le nôtre même. Mon
» fils est ennemi des Français, quoiqu'il dise le contraire; je
» crains qu'il ne fasse quelqu'attentat contre eux. Le peuple
» est gagné avec de l'argent, et ils l'enflamment contre le
» *pauvre* prince de la Paix, et le roi mon mari et moi, parce
» que nous sommes alliés des Français et que nous les avons
» fait venir. Ils ont mon fils à leur tête, quoiqu'il cherche à
» gagner l'empereur, le grand duc et les Français, pour don-
» ner son coup plus sûr. Hier au soir nous avons dit au géné-
» ral qui commande les troupes du grand duc, que nous
» sommes toujours alliés des Français, et que nos troupes
» iront toujours unies aux siennes : celles que nous avons ici,
» car des autres cela ne nous appartient pas, et même de
» celles-ci, nous ignorons les ordres que mon fils leur aura
» donnés : mais nous nous mettrons à leur tête, pour qu'elles
» nous obéissent, qui est d'être avec les Français. »

être discutés et contestés. Les événemens d'Aranjuès pourraient n'être considérés que comme une seconde tentative pour l'envahissement du pouvoir suprême.

Le roi Charles écrivit, le 1er. d'avril 1808, au grand duc de Berg, la lettre suivante relativement aux publications sur la conspiration de l'Escurial [1].

---

[1] « Monsieur et très-cher frère, V. A. I. verra par l'é-
» crit ci-inclus, que nous nous intéressons tellement à la
» vie du prince de la Paix, que j'y *tiens plus qu'à la*
» *mienne*.

» *Tout ce qui se dit dans la Gazette officielle, sur le*
» *procès de l'Escurial, a été presque entièrement arrangé*
» *à leur manière*, et on n'y parle nullement de la déclara-
» tion qu'il a faite spontanément et qu'ils ont sans doute
» changée, car elle est écrite de la main d'un gentilhomme
» et signée seulement par mon fils. Si V. A. I. ne fait pas des
» efforts pour que le procès soit retardé jusqu'à l'arrivée de
» l'empereur, je crains beaucoup qu'on ne l'ait mis à mort
» avant son arrivée. Nous ne comptons que sur l'attachement
» que V. A. I. et R. a pour nous trois, sur notre alliance
» avec l'empereur et sur son amitié. J'espère que V. A. I. et R.
» me donnera une réponse consolante pour me tranquilliser.
» J'espère aussi qu'elle communiquera ma lettre à l'empereur,
» m'en reposant sur son amitié et sa générosité. Vous m'excu-
» serez si ma lettre est si mal écrite. Les douleurs que je res-
» sens en sont la cause.

» Sur ce, Monsieur et très-cher frère, je prie Dieu qu'il
» vous ait en sa sainte et digne garde.

» Monsieur et très-cher frère, de V. A. I. et R.
» le très-affectionné ami.

» *Signé* CHARLES. »

Il paraît constant que quelque temps avant ce drame de l'Escurial, l'ambassadeur de France (comte de Beauharnais) avait tenté de se lier avec le prince Ferdinand, qui, loin de se refuser à des avances qui semblaient lui garantir l'appui de Napoléon, s'y livra avec confiance et franchise. L'idée de s'allier à la famille de l'empereur lui fut adroitement insinuée, et elle séduisit d'autant mieux ce prince, qu'il n'ignorait pas que *ses augustes parens avaient arrêté son mariage avec une princesse choisie par le prince de la Paix, son plus cruel ennemi, et qui, par cela seul, devait lui paraître odieuse*. Godoï avait épousé Louise de Bourbon, cousine germaine du roi Charles IV, et c'était la sœur cadette de sa femme qu'il voulait marier au prince Ferdinand, qui serait alors devenu son beau-frère et son neveu. Cédant aux conseils adroits de l'ambassadeur de France, Ferdinand écrivit à l'empereur [1].

---

[1] *Lettre du prince des Asturies à l'empereur.*

« La crainte d'incommoder V. M. I. et R. au milieu
» de ses exploits et des affaires majeures qui l'entourent sans
» cesse, m'a empêché jusqu'ici de satisfaire directement le
» plus vif de mes désirs, celui d'exprimer au moins par écrit
» les sentimens de respect, d'estime et d'attachement que
» j'ai voué à un héros qui efface tous ceux qui l'ont précédé,
» et qui a été envoyé par la Providence pour sauver l'Europe
» du bouleversement total qui la menaçait, pour affermir
» ses trônes ébranlés, et pour rendre aux nations la paix et
» le bonheur.

Les choses en étaient là, lorsque la révélation publique de la conspiration de l'Escurial mit le prince

---

» Les vertus de V. M. I. et R., sa modération, sa bonté
» même, envers ses plus implacables ennemis, tout me fai-
» sait espérer que l'expression de ces sentimens en serait ac-
» cueillie comme l'effusion d'un cœur rempli d'admiration et
» de l'amitié la plus sincère.

» L'état où je me trouve depuis long-temps et qui ne peut
» échapper à la vue perçante de V. M. I. et R., a été jus-
» qu'à présent un second obstacle qui a arrêté ma plume
» prête à lui adresser mes vœux : mais, plein d'espérance de
» trouver dans la magnanime générosité de V. M. I. et R.
» la protection la plus puissante, je me suis déterminé non-
» seulement à lui témoigner les sentimens de mon cœur en-
» vers son auguste personne, mais à l'épancher dans son
» sein comme dans celui d'un père le plus tendre.

» Je suis bien malheureux d'être obligé, par les circon-
» stances, à cacher comme un crime une action si juste et si
» louable; mais telles sont les conséquences funestes de
» l'extrême bonté des meilleurs rois.

» Rempli de respect et d'amour filial pour celui à qui je
» dois le jour, et qui est doué du cœur le plus droit et le
» plus généreux, je n'oserais jamais dire à V. M. I. et R.
» que ces mêmes qualités, si estimables, ne servent que trop
» souvent d'instrument aux personnes artificieuses et mé-
» chantes, pour obscurcir la vérité aux yeux du souverain,
» quoique si analogues à des caractères comme celui de mon
» respectable père.

» Si ces mêmes hommes, qui par malheur existent ici, lui
» laissaient connaître à fond celui de V. M. I. et R., comme
» je le connais, avec quelle ardeur ne souhaiterait-il pas de
» serrer des nœuds qui doivent unir nos deux maisons ! et
» quel moyen plus propre pour cet objet, que de demander

Ferdinand à la disposition du favori. Toutefois, il est certain que l'idée d'un mariage avec une princesse

---

» à V. M. I. et R. l'honneur de m'allier à une princesse de
» son auguste famille? C'est le vœu unanime de tous les
» sujets de mon père : ce sera aussi le sien, je n'en doute
» pas, malgré les efforts d'un petit nombre de malveillans,
» aussitôt qu'il aura connu les intentions de V. M. I. et R.
» C'est tout ce que mon cœur désire; mais ce n'est pas le
» compte de ces égoïstes perfides qui l'assiégent, et ils peu-
» vent, dans un premier moment, le surprendre : tel est le
» motif de mes craintes.

» Il n'y a que le respect de V. M. I. et R. qui puisse
» déjouer leurs complots, ouvrir les yeux à mes bien-aimés
» parens, les rendre heureux et faire en même temps le
» bonheur de ma nation et le mien.

» Le monde entier admirera de plus en plus la bonté de
» V. M. I. et R., et elle aura toujours en moi un fils le plus
» reconnaissant et le plus dévoué.

» J'implore donc, avec la plus grande confiance, la pro-
» tection paternelle de V. M., afin que non-seulement elle
» daigne m'accorder l'honneur de m'allier à sa famille, mais
» qu'elle aplanisse toutes les difficultés et fasse disparaître
» tous les obstacles qui peuvent s'opposer à cet objet de
» mes vœux.

» Cet effort de bonté de la part de V. M. I. et R.
» m'est d'autant plus nécessaire que je ne puis pas, de mon
» côté, en faire le moindre, puisqu'on le ferait passer pour
» une insulte faite à l'autorité paternelle, et que je suis ré-
» duit à un seul moyen, à celui de me refuser, comme je le
» fais, à m'allier à toute personne que ce soit sans le con-
» sentement et l'approbation de V. M. I. et R., de qui j'at-
» tends uniquement le choix d'une épouse.

de la famille impériale de France laissa dans l'âme de ce prince des germes si profonds, que, même pendant sa résidence au château de Valençay, il renouvela plus d'une fois, soit par lettre ou par un agent, la demande d'une telle alliance.

Cette lettre, comme on le verra par la date, précède de quinze ou vingt jours la découverte de la conspiration de l'Escurial. Ferdinand sentait tout le prix de la protection de Napoléon, et il voulait l'obtenir par cette conduite obséquieuse. Au reste, l'effet que produisit en Espagne, même dans toute l'Europe, l'arrestation si gauche du prince Ferdinand, fut tout-à-fait contraire à celui que s'était proposé Godoï. La position malheureuse de l'héritier de la couronne d'Espagne inspira un intérêt général, et la nation espagnole, toujours noble et fidèle, voua dès ce moment l'amour la plus passionnée à la victime, et la haine la plus violente au persécuteur.

J'ai voulu réunir ici les renseignemens les plus précis sur ces premiers incidens des affaires d'Espagne, pour ne plus y revenir, et afin de ne pas

---

» C'est un bonheur que j'espère de la bonté de V. M. I.
» et R., en priant Dieu de conserver sa vie précieuse pen-
» dant de longues années.

» Écrit et signé de ma propre main et scellé de mon sceau à l'Escurial le 11 octobre 1807.

» De V. M. I. et R. le très-affectionné serviteur et frère,

» Ferdinand. »

interrompre les événemens importans dont je vais m'occuper.

———

Peu de temps après cet insignifiant dénoûment de ces premières scènes de discordes, le cabinet de Madrid reçut le traité secret signé à Fontainebleau par l'entremise d'Izquierdo; ce traité avait été conclu et signé à l'insu du ministre des affaires étrangères du roi d'Espagne. *L'empereur, en signant ce traité*, dit D. Pedro Cevallos, alors ministre du roi [1], *voulait s'emparer du Portugal à peu de frais, avoir un prétexte plausible pour introduire ses armées dans la Péninsule, afin de la subjuguer à son tour, et se rendre maître en attendant de la Toscane, etc., etc.* Godoï, ayant eu connaissance des démarches qui avaient été faites pour amener le mariage du prince Ferdinand avec une nièce de Napoléon, conçut les plus vives alarmes en voyant une affaire de cette haute importance négociée sans son intervention. Il engagea, sans beaucoup de peine, le vieux roi à s'en emparer et à écrire à l'empereur pour *lui demander directement la main d'une de ses nièces pour le prince des Asturies* [2]. Godoï ne vit pas d'autre moyen pour conjurer l'orage qu'il voyait grossir sur sur sa tête. Il résulte de la corres-

———

[1] Cevallos, page 51.
[2] Mémoires de Cevallos, page 53.

pondance de la reine au grand-duc, que la lettre par laquelle le roi Charles faisait à l'empereur la demande d'une princesse de son sang pour le prince Ferdinand, fut confiée à Izquierdo, qui la remit à l'empereur. La reine était persuadée que M. Izquierdo n'avait pas exécuté les ordres dont il avait été chargé, puisqu'elle disait dans sa lettre au grand-duc :

« La lettre qu'il (le roi) écrivit de sa main pour
» le grand-duc, et pour l'empereur, qui parlait de
» mariage, je crois que ce méchant Izquierdo ou ne
» l'a pas donnée ou l'a renvoyée. »

» Aranjuès, 3 avril 1808 »

CHAPITRE VIII.

Départ de l'Empereur pour l'Italie. — Joséphine à Fontainebleau. — Bruits de divorce. — Décret de Milan pour l'adoption du prince Eugène.—Projet de départ de la famille royale d'Espagne pour l'Amérique — Politique du prince de la Paix. — Le grand-duc de Berg est complimenté. — Préludes de la conspiration d'Aranjuès. — Départ de la garnison de Madrid pour Aranjuès.—Conduite du conseil suprême de Madrid. — La garnison de Madrid est suivie par une grande partie de la classe populaire.—L Insurrection et sa marche. —Proclamation de Charles IV; il ne veut pas quitter l'Espagne.— Démission de Godoï. — Abdication de Charles IV en faveur de son fils. — Arrestation de Godoï; son emprisonnement au palais Villa-Viciosa.—Sur l'abdication de Charles IV.—Confiscation des biens de Godoï par ordre de Ferdinand. — Proclamation et correspondance du roi et de la reine avec le grand-duc de Berg sur l'événement d'Aranjuès.

L'empereur reçut la lettre de Ferdinand; dans une affaire aussi délicate, ne croyant point devoir s'expliquer ni s'engager par une réponse écrite, il partit de Fontainebleau pour aller visiter ses états d'Italie et le pays vénitien dont il était devenu le souverain par le traité de *Presbourg*. Pendant ce temps, les troupes françaises filaient en Espagne, pour appuyer la conquête du Portugal, conformément aux clauses secrètes du traité de Fontainebleau. Pour donner plus de garanties à l'envahissement de ce royaume, il fut convenu avec le cabinet de Madrid que l'armée française occuperait les places fortes de St.-Sébastien,

Pampelune, Barcelone, Figuières, etc., etc. Godoï, qui ne pouvait plus se faire illusion à lui-même sur le discrédit profond dont il était environné, et qui d'ailleurs ne rêvait qu'à sa principauté des Algarves, appelait de tous ses vœux la présence des troupes françaises, ouvrait toutes les issues, et aplanissait toutes les difficultés : impatient qu'il était de voir se consommer la spoliation du Portugal, dont une partie devait enrichir le roi d'Espagne et lui-même. L'empereur n'eut rien à demander dans cette grande circonstance. De son côté, il mettait à découvert un autre article du traité de Fontainebleau, en s'emparant de la Toscane, qu'il réunit à son empire pendant son séjour en Italie.

———

Il est temps de revenir à Fontainebleau, et de parler de ce qui s'y passa avant le départ de Napoléon pour Venise.

Le sentiment douloureux qu'avait ressenti Napoléon à la mort du jeune prince de Hollande, lui fit faire un retour sur les intérêts de sa dynastie. On était persuadé qu'à défaut d'un successeur direct, son intention avait été de faire élever sous ses yeux ce jeune enfant, et de lui transmettre sa puissance. Des bruits sourds et multipliés d'un divorce devenu nécessaire circulèrent pendant ce voyage de Fontainebleau. L'impératrice Joséphine en fut alarmée, mais sa contenance et son attitude furent toujours remplies de noblesse et de dignité. Cette princesse n'avait jamais été éblouie jusqu'à un certain point par l'éclat de tant de couronnes : éminemment douée des qualités les plus rares du cœur, elle avait conservé une bonté inaltérable, une bienveillance active, et une politesse exquise pour tous ceux qui avaient le bonheur de l'approcher. Sa grâce et sa douceur dans les premiers temps du consulat et de l'empire, avaient adouci le caractère impétueux de Napoléon ; et, sous ce rapport seul, elle avait acquis des droits éternels à la reconnaissance de la France. Son obligeance appartenait à tous les malheureux, et jamais, avant de les secourir, elle ne consulta l'opinion politique de ceux qui en étaient l'objet. J'ai eu quelquefois le bonheur d'être choisi par elle pour porter des secours à des émigrés dont elle avait connu la détresse et l'infortune ; mais ses bienfaits s'écoulaient par tant de canaux, qu'il serait impossible d'avoir une idée juste du bien qu'elle dispensait d'une main si libérale.

Toutefois, cette grande bonté n'était pas le seul trait dominant de son caractère ; dans l'occasion, ce caractère était ferme et élevé. Elle descendit du premier trône du monde, mais elle n'en tomba pas, et présenta à l'Europe étonnée le spectacle inconnu d'un dévouement sans ostentation, et d'un oubli de soi-même le plus noble et le plus pur. Jamais aussi elle ne fut entourée de plus d'hommages et de respects, que lorsque, satisfaite d'avoir fait volontairement le sacrifice le plus pénible, elle vint se retirer sous les ombrages de la Malmaison.

13 décembre 1806.

Ce fut pendant ce voyage de Napoléon en Italie qu'on représenta pour la première fois l'opéra de *la Vestale*. L'impératrice Joséphine, passionnée pour les arts, et surtout pour la musique, sentait plus vivement que personne la nécessité d'introduire sur notre scène lyrique des changemens que le temps et le goût avaient consacrés en Allemagne et en Italie, changemens principalement attribués aux œuvres immortelles de Mozart et de Cimarosa. Un jeune compositeur italien, sans protection, sans appui, sans aucun titre que celui d'être l'élève le plus distingué de Cimarosa, venait de débuter à Paris et de révéler un grand talent dans plusieurs partitions brillantes. La *Finta philosopha*, *Milton*, *Julie* ou *le Pot de fleurs*, *la Petite Maison*, avaient déjà donné une grande célébrité au nom de M. Spontini; le peu de succès des deux derniers ouvrages n'avait point empêché d'y reconnaître dans la musique des beautés du premier ordre, et les plus rares dispositions. Dès ce moment la bienveillance, et même la protection de l'impératrice Joséphine, fut acquise à M. Spontini, qu'elle nomma compositeur de sa chambre. J'aimais le talent et la personne de Spontini, et j'étais persuadé qu'il n'avait besoin, pour obtenir un grand succès, que d'un poëme où il pût déployer les richesses de sa brûlante imagination, et les ressources d'un art dont je le croyais appelé à reculer les limites. Au hasard, auquel je ne fus pas étranger, mit en relation M. Spontini avec un homme de lettres qui s'annonçait avec éclat dans plusieurs genres de littérature. M. de Jouy lui confia le poëme de *la Vestale*, et cette alliance de talens supérieurs produisit l'opéra le plus parfait que l'on eût vu depuis long-temps sur aucun théâtre. En effet, le poëme est surtout remarquable par la peinture d'une grande passion qui triomphe de tous les obstacles, de toutes les craintes et de tous les devoirs, et par cette courageuse résignation qui jette dans l'âme du spectateur ces émotions fortes et mélancoliques qui sont le charme le plus doux d'une production dramatique. La composition musicale, par un style savant, pur, mélodieux, rempli de grâces, d'inspirations heureusement adaptées aux situations et à l'esprit du poëme, a placé le nom de M. Spontini au rang des grands maîtres qui ont illustré la scène lyrique. Le grand prix décennal qui fut décerné aux deux auteurs, a fait voir combien le goût de l'impératrice Joséphine était éclairé. Cette princesse écarta quelques obstacles qui retardaient la mise en scène de cet opéra, et, contre l'usage établi dans les convenances du trône, elle vint assister en grande loge à la première représentation d'un ouvrage qui paraissait sous ses auspices, et dont elle avait agréé la dédicace. L'opéra de *Fernand Cortez* ne fit qu'ajouter au triomphe des mêmes auteurs, et, comme *la Vestale*, il fut dédié à l'impératrice Joséphine. Il faut le dire à l'éternel honneur de MM. de Jouy et Spontini, cet hommage de leurs talens à leur illustre protectrice fut d'autant plus délicat et désintéressé, que la nécessité politique du divorce était déjà pour ainsi dire proclamée.

Ces bruits d'un divorce conseillé par la politique n'eurent aucun effet dans le moment; mais Napoléon, toujours attentif à l'avenir de sa dynastie, publia à Milan, le 20 décembre, un statut constitutionnel par lequel, à défaut d'enfans mâles et légitimes dans sa descendance directe, il adoptait pour son fils et pour son successeur à la couronne d'Italie, le prince Eugène Beauharnais, ce loyal chevalier si riche d'honneur et de gloire. En réglant ainsi d'avance une des grandes parts de sa succession, Napoléon laissait percer l'inquiète préoccupation dont il était affecté, et qui, sans qu'il s'en doutât encore, le préparait sérieusement au divorce.

Napoléon s'était flatté que la famille royale d'Espagne, alarmée par l'attitude silencieuse qu'il conservait au milieu des dissensions intestines dont elle était agitée, se déciderait, en voyant les armées françaises pénétrer dans le cœur de la Péninsule, à chercher un lieu de repos dans ses colonies de l'Amérique méridionale, à l'exemple de la famille de Bragance, qui avait abandonné le Portugal pour aller régner au Brésil. Godoï et le roi Charles concurent un moment ce projet [1]. Mais le mécontentement de la nation fut si prononcé, lorsque l'on annonça simplement un voyage de la cour dans l'Andalousie, qu'il y fallut renoncer. La famille royale de Portugal était autrement placée : elle avait à Lisbonne ses vaisseaux sous la main, et était sous la protection des flottes anglaises; tandis que le roi Charles, ayant sa résidence dans le centre du royaume, aurait été obligé de traverser un immense pays pour gagner un port propice à son embarquement; ce voyage était dangereux et ne se serait probablement pas effectué tranquillement, à cause de la haine générale que l'on portait au favori, et de la garantie que la personne du roi présentait naturellement.

Pour colorer la marche des troupes françaises, qui étaient déjà à Vittoria le 30 janvier, le gouvernement espagnol fit publier qu'il ne fallait voir, dans l'armée de l'empereur, qu'une alliée fidèle, qui d'accord avec lui devait agir contre le Portugal, défendre les côtes de la Péninsule contre les tentatives des Anglais, et même entreprendre *quelques conquêtes sur les côtes d'Afrique et de Barbarie*. La nation était invitée à accueillir les soldats français comme des alliés et comme des amis. Ce fut vainement que le conseil suprême de Castille fit sentir au gouverne-

---

[1] Mémoires de Cevallos, pages 26 et 27.

ment le danger et l'imprudence qu'il y avait à recevoir dans le royaume un si grand nombre de troupes étrangères, déjà maîtresses des places fortes les plus importantes. Godoï, qui n'avait plus d'espoir que dans le secours qu'il en attendait, hâtait leur marche, et entretenait avec leur généralissime, le grand-duc de Berg, une correspondance active et pressante. La confusion la plus grande régnait dans le conseil du roi. Le désordre était partout; les partis s'échauffaient; et toute la nation, dans cette grave circonstance, n'était occupée que du prince Ferdinand, devenu le point de salut et d'espérance. L'orage éclata lorsque le grand-duc de Berg n'était plus qu'à quelques marches de Madrid. L'approche de son armée précipita la révolte.

Il avait été envoyé de Madrid un officier-général, chargé de complimenter ce prince, dont l'armée se dirigeait sur la capitale par la route de Sommo-Sierra. Cet officier-général devait aussi régler avec le grand-duc le jour et la manière dont il ferait son entrée dans Madrid. Ce général espagnol écrivit de Buitrago, le 18 mars, au conseil de Castille, que le grand-duc de Berg lui avait dit qu'il n'avait pas l'ordre d'entrer dans Madrid; que probablement il recevrait des instructions le 19, et qu'il s'empresserait de les lui communiquer; que, dans le cas où les ordres qu'il recevrait de l'empereur lui prescriraient de se rendre à Madrid, il ne quitterait point Saint-Augustin où il s'était arrêté, sans avoir pris, avec le gouvernement espagnol, tous les arrangemens convenables ; que d'ailleurs il passerait peu de jours à Madrid, sa véritable mission étant pour Cadix ; qu'il déciderait, avant de se mettre en marche, le nombre de troupes qui devraient le suivre à Madrid ; que ce serait dans cette capitale qu'il ferait connaître les bonnes intentions de l'empereur son souverain, en faveur de l'Espagne ; que l'empereur ne tarderait pas à venir lui-même ; qu'en attendant, il désirait qu'on assurât la subsistance de ses troupes et de sa cavalerie, avec régularité et exactitude ; qu'il espérait enfin trouver Madrid dans un état tranquille, et qu'il ne quitterait point cette ville, sans avoir concerté, avec le roi et avec ses généraux, les mesures les plus convenables aux deux nations.

En conséquence, l'officier-général espagnol ordonna toutes les dispositions demandées par le grand-duc.

Le 18 mars 1808, à six heures et demie du matin, don Carlos Velasco, officier de l'état-major de la place de Madrid, se présenta à l'hôtel du doyen du conseil de Castille, gouverneur de Madrid par intérim, et lui dit qu'il était chargé par ses supérieurs de le prévenir qu'il venait d'arriver d'Aranjuès un ordre du généralissime prince de la Paix, pour faire partir de suite pour la résidence royale les gardes wallones, les escadrons légers de carabiniers et tous les autres corps militaires qui formaient la garnison de Madrid. Il était en outre chargé de prévenir le gouverneur qu'il fallait engager le conseil suprême à publier un avis officiel capable de tranquilliser le peuple, qu'un mouvement de troupes si nouveau pouvait alarmer ; et lui dire que le roi, intimement allié avec l'empereur des Français, ne prenait cette précaution que pour n'être pas exposé aux insultes, que des partisans isolés pouvaient tenter de commettre dans une résidence de pur agrément, et qui n'était point fortifiée. D. Carlos Velasco ajouta qu'il avait été chargé de donner verbalement cette communication, afin de prévenir tout retard dans la publication de l'avis officiel, mais que l'ordre écrit serait envoyé à S. E. dans une heure.

On serait tenté de penser que l'intention du prince de la Paix était de livrer aux Français la capitale toute dégarnie de forces militaires.

———

Le conseil suprême s'étant réuni supposa, non sans raison, qu'un appel extraordinaire des troupes qui résidaient toujours à Madrid, avait pour objet de protéger le départ de la famille royale, et de livrer toute l'Espagne aux Français, comme venait de le faire le régent du Portugal. Son inquiétude sur le sort qui pouvait être réservé au prince Ferdinand, lui suggéra de s'opposer, ou du moins de retarder, autant qu'il le pourrait, l'exécution des ordres qui venaient de lui être adressés.

Le conseil espérait que, dans l'état d'agitation où se trouvait le gouvernement, dont les décisions variaient à chaque moment, il pourrait arriver que, par suite de nouvelles réflexions, l'ordre de faire partir les troupes pour Aranjuès serait changé ou du moins modifié. Il se flattait enfin, qu'au milieu de tant de confusion, il serait possible de faciliter l'évasion du prince Ferdinand, seul objet de ses espérances et de son amour. Après avoir négocié toute la journée, le conseil décida qu'il ne publierait point l'avis au peuple, ordonné par le généralissime Godoï, avant d'avoir reçu des ordres directs du roi, auquel il adressa de fortes remontrances. Le conseil suppliait S. M. de ne point s'éloigner de sa capitale, l'engageait à se méfier des personnes qui l'approchaient de plus près, et finissait par lui garantir le dévouement extrême et le courage inébranlable de toute la nation, dans le cas où de nouveaux motifs dont il respectait le secret, le feraient renoncer au système d'alliance avec la France. Le conseil terminait sa dépêche par les assurances d'un dévouement sans borne, et priait S. M. de lui faire connaître dans le plus bref délai sa volonté suprême et ses intentions.

———

Mais comme les ordres militaires s'exécutent nonobstant toute observation du gouvernement civil, les troupes partirent pour Aranjuès avant la réponse du roi. Leur départ se fit pendant la nuit. Mais elles emportaient avec elles le germe de la sédition : elles étaient aussi animées que si elles eussent marché contre un ennemi qu'il fallait vaincre et repousser. Une grande partie de la population flottante de Madrid suivit avec enthousiasme ces soldats échauffés par un patriotisme exalté. La nature des événemens était la même que ceux qui, aux 5 et 6 octobre 1789, amenèrent dans le palais de nos rois à Versailles la populace égarée. Cette foule espagnole allait grossissant et ne prenait point la peine de cacher le motif de l'insurrection. *Abattre l'indigne favori* fut d'abord son premier *mot d'ordre*. Il faut cependant consigner ici que, pendant toute cette irruption factieuse, il ne fut pas prononcé un seul mot qui fût contraire au respect et aux égards qui étaient dus au roi.

Les premiers avis de la marche insurrectionnelle jetèrent l'alarme dans le palais d'Aranjuès; Ferdinand seul était calme, grave, silencieux et comme étranger à tout ce qui se mouvait autour de lui. Dans le premier moment, le roi espéra de conjurer l'orage en faisant publier qu'il n'avait pas *l'intention de s'éloigner de sa bonne ville de Madrid, ni de son palais d'Aranjuès, et qu'au contraire sa volonté bien prononcée était de rester au milieu de ses fidèles sujets*. Cette première proclamation fut sans effet. Les insurgés continuèrent leur marche, en ajoutant à leurs cris contre le favori, que leurs alarmes étaient causées par l'approche des armées françaises.

Il fut répondu par une nouvelle proclamation du roi, qui exhortait la nation espagnole *à voir sans inquiétude l'approche des troupes de son cher allié, l'empereur des Français, qui n'avait que des sentimens pacifiques, et pour but que de se porter sur les points menacés par un débarquement des ennemis communs*, etc.; cette seconde publication royale fut encore insuffisante. Les insurgés, arrivés aux portes du palais, rallièrent à leur cause une grande partie de la garde royale, qui livra tous les passages et toutes les portes; l'infortuné monarque fit une troisième proclamation par laquelle il faisait connaître *qu'il donnait au prince de la Paix la démission de toutes ses charges, et qu'il se chargeait lui-même du commandement général de ses troupes*. Ce sacrifice coûta des larmes à ce bon roi; mais il n'était plus temps de transiger. Ces concessions successives avaient donné à l'insurrection le sentiment de sa force. Le mouvement imprimé fut si rapide, si bien secondé, qu'elle fut maîtresse de toutes les avenues du trône avant que dans la confusion où était plongée la cour, il fût possible de prendre un parti. Ferdinand, pour les intérêts duquel on agissait, n'hésita plus à se mettre à la tête de son parti; Charles abdiqua le 19, en faveur de son fils au milieu des baïonnettes et des cris séditieux. Il est si rare qu'un monarque puissant songe, en tombant du trône, aux intérêts d'un ami, qu'il faut consigner ici que la seule condition verbale imposée à son successeur fut celle de sauver la vie de son cher Godoï qui, au moment du tumulte, s'était réfugié dans les greniers de son propre palais à Aranjuès; il resta trente-six heures sous un tas de nattes de paille en proie à tous les tourmens de la soif et de la faim. Contraint d'en sortir pour chercher à se procurer quelque soulagement, il fut reconnu par un soldat auquel il demanda un verre d'eau en lui offrant une montre de prix et une bourse pleine d'or. Ce soldat le dénonça à la populace qui le croyait parti. Le palais fut envahi, et le malheureux Godoï allait être massacré par le peuple, qui déjà l'avait accablé de coups et d'outrages lorsque Ferdinand, fidèle à la promesse qu'il avait faite à son père, vint protéger son ennemi et l'arracher aux furieux qui allaient l'immoler : il promit justice, fit mettre Godoï en prison dans l'hôtel des gardes du corps, d'où il fut envoyé au château de *Villa-Viciosa*, situé entre Madrid et Aranjuès, sous la garde du marquis de Castellar, officier-général.

Les vociférations du peuple autour de la prison de Godoï durèrent toute la matinée du 19, et ne se calmèrent que dans l'après-midi; lorsque l'abdication du roi Charles fut bien connue, tout rentra dans le calme, comme par enchantement, et il fut prouvé par-là que l'insurrection n'avait pas seulement pour *but d'abattre le favori*, mais encore de forcer le vieux roi à céder sa couronne au prince Ferdinand. M. l'abbé Escoïquiz, qui était sur les lieux pendant que ces scènes violentes se passaient à Aranjuès, prétend *que le roi Charles abdiqua avec joie, avec plaisir et librement.* Il faut regarder cette assurance comme une suite de sa prédilection pour son royal élève. Toujours il est certain que le roi Charles dut être influencé par l'aspect de l'insurrection qui commandait dans son palais, par la défection de sa propre garde, et par l'espoir de sauver la vie à son favori. Les documens historiques de cette époque prouvent qu'il protesta deux jours après contre cette abdication, comme lui ayant été arrachée par la violence de sa position. Je n'ai pas de peine à le croire. Tout ce que j'ai vu et connu par moi-même de l'irritation de ce monarque pendant son séjour à Bayonne, prouvait évidemment qu'il conservait au fond de l'âme le ressentiment le plus violent contre son fils, et même qu'il le haïssait mortellement. La condition qu'il mit à son abdication de sauver Godoï, condition qui fut acceptée et garantie par Ferdinand, comme on le verra plus bas, par le fragment d'une de ses lettres, cette condition, dis-je, sert à prouver encore que, cédant au danger de sa position, il se réduisit à demander cette seule compensation du grand sacrifice qu'il se voyait forcé de faire. Cette aveugle prédilection du roi pour son favori était si bien connue de toute cette nation, ordinairement si respectueuse envers ses souverains, qu'elle accueillit avec transport l'acte d'abdication, sans trop s'occuper des moyens violens qui l'avaient fait naître, persuadée qu'elle était que le roi Charles, s'il conservait son trône, replacerait dans le même rang l'être qu'elle avait le plus en horreur.

Un des premiers actes émanés du nouveau pouvoir de Ferdinand fut un ordre adressé au conseil de Castille, *pour confisquer tous les biens de don Manuel Godoï, prince de la Paix, ainsi que tous ses effets, actions et droits partout où ils pourraient se trouver*, etc., etc [1].

Ferdinand fit ensuite annoncer qu'il allait se rendre incessamment à Madrid pour s'y faire proclamer. Les insurgés, satisfaits et contens, refluèrent vers cette capitale. Le corps d'armée, aux ordres du marquis de Castellar, forma la garde du prisonnier, et les gardes du corps continuèrent leur service à la résidence royale d'Aranjuès.

Ferdinand recommandait, dans sa proclamation, à ce peuple qui venait de se montrer si dévoué à sa personne, l'obéissance aux lois, la tranquillité et une pleine confiance dans les ordres qu'il avait donnés contre Godoï et ses propriétés.

Il nomma le duc de l'Infantado colonel de ses gardes, rappela ceux de ses partisans qui avaient été exilés, et donna par ces mesures une espèce de sanction à la conspiration de l'Escurial.

Pour compléter les documens relatifs aux événe-

---

[1] Manifeste de la junte suprême, page 5.

mens d'Aranjuès, je vais insérer une lettre de la reine au grand-duc de Berg.

Je dois observer que, dans une précédente lettre, la reine priait le *grand-duc de pardonner ses griffonnages et si elle n'écrivait pas bien, car j'oublie quelquefois*, disait-elle, *de certaines paroles, ou phrases en français, parlant toujours espagnol depuis quarante-deux ans, étant venue me marier ici à treize ans et demi, et quoique je parle français, ce n'est pas au courant : mais le grand-duc comprendra bien et saura corriger les défauts de langue* [1].

---

26 mars 1808.

[1] *Lettre de la reine Louise envoyée au grand-duc par la reine d'Etrurie.*

« Ma fille, vous direz au grand duc de Berg la situation
» du roi mon mari, la mienne et celle du *pauvre prince de*
» *la Paix.*
» Mon fils Ferdinand était à la tête de la conjuration : les
» troupes étaient gagnées par lui ; il fit sortir une de ses
» lumières à une de ses fenêtres, signe qui fit commencer
» l'explosion. Dans ce même instant, les gardes et personnes
» qui étaient à la tête de cette révolution firent tirer deux
» coups de fusil, qu'on accusa avoir été tirés (ce qui est
» très-faux) par les gardes du prince de la Paix ; dans le
» même instant, les gardes du corps et l'infanterie espagnole
» et wallonne se trouvèrent sous les armes, et ici sans aucun
» ordre de ses premiers chefs. Eux-mêmes les menaient où
» ils voulaient avec menaces ! Mon fils que le roi et moi ap-
» pelâmes pour lui dire que le roi son père se trouvait in-

Cette lettre n'exige aucune réflexion. Sa lecture

» commodé de ses douleurs, et ne pouvait pas paraître à la
» fenêtre; et que lui le fît en son nom pour tranquilliser le
» peuple : il me répondit avec beaucoup de fermeté qu'il
» ne le ferait pas, car dans le moment qu'il se présenterait
» le feu commencerait; et il ne voulait pas paraître.

» Le lendemain nous lui demandâmes s'il ne pourrait pas
» faire cesser le tumulte et les tranquilliser; il nous dit qu'il
» le ferait d'abord : qu'il enverrait chercher les secours chez
» les gardes du corps, des gardes espagnoles et wallonnes :
» qu'il enverrait aussi l'un de ses domestiques pour dire au
» peuple et aux troupes qu'elles fussent tranquilles : qu'il
» enverrait aussi à Madrid pour des personnes appelées pour
» venir augmenter cette révolution, comme il en était déjà
» venu beaucoup, ne vinssent pas, et qu'il les ferait re-
» tourner; quand il avait donné ses ordres, dans le même
» moment on découvrit le *pauvre* prince de la Paix. Le roi
» envoya chercher son fils, et le fit aller chercher ce mal-
» heureux prince, la victime pour être notre ami, et l'ami
» des Français, et surtout du grand duc. Il y fut, et or-
» donna qu'on n'y touchât pas, et fut le voir au quartier
» des gardes du corps, son père le lui ayant ordonné. Il lui
» dit avec le commandement, comme s'il était le roi, *je te*
» *pardonne la vie :* le prince de la Paix, malgré ses grandes
» blessures, le remercia, et lui demanda *s'il était déjà roi,*
» car, comme l'on pensait à cela, puisque le roi, le prince
» de la Paix et moi nous pensions, après avoir vu l'empe-
» reur, arranger tout, et le mariage aussi; faire l'abdication
» en son fils : il lui répondit, *non pas encore, mais cela*
» *sera bien vite :* mon fils commandait en tout sans l'être
» et sans savoir s'il le serait. Les ordres que le roi mon mari
» donnait n'étaient pas suivis : en tout mon fils faisait et

suffit. C'est à tort que M. l'abbé Escoiquiz prétend

» parlait comme roi. Après il devait y avoir le 19, que fut
» l'abdication, un tumulte plus fort que le premier, *contre*
» *la vie du roi, mon mari et la mienne, ce qui nous obligea*
» *à faire cette démarche.* Dès le moment de l'abdication,
» mon fils fit, avec un mépris de son père, tout ce qu'un roi
» fait, sans avoir la moindre considération pour nous. Il
» appela dans le moment toutes les personnes qui étaient
» dans la cause (secret) et qui n'avaient pas été nos fidèles
» sujets et amis. Il fait tout ce qui peut faire de la peine au
» roi son père; il nous pousse pour que nous partions; il
» nous a marqué Badajoz : il nous laisse sans aucune consi-
» dération, très-content d'être ce qu'il est, et de ce que
» nous nous en allons.

» Au *pauvre* prince de la Paix, il ne voulait pas même
» qu'on y pensât; il est avec les gardes qui ont ordre de ne
» lui répondre à rien du tout; l'ayant traité avec la plus
» grande inhumanité. *Mon fils a fait cette conspiration pour*
» *détrôner le roi son père.* Nos vies ont été très-peu sûres;
» celle du *pauvre* prince de la Paix ne l'est pas du tout. Le
» roi mon mari et moi espérons du grand duc qu'il fera tout
» pour nous qui avons toujours été les fidèles alliés de l'em-
» pereur, grand ami du grand duc. Le *pauvre* prince de la
» Paix l'est et l'a toujours été. S'il pouvait parler, et même
» étant comme il est, il ne fait qu'exclamer pour son grand
» ami le grand duc : nous lui demandons qu'il le sauve et
» qu'il nous le laisse auprès de nous pour toujours, pour
» achever tranquillement nos jours ensemble, car nous vou-
» lons les finir tranquillement dans un climat plus doux et
» retiré, sans intrigues, sans commandement, mais avec
» honneur, tant le roi mon mari, et moi, comme le prince
» de la Paix qui était toujours à savoir de mon fils pour

que le roi Charles abdiqua avec joie, avec plaisir et contentement. Je persiste à croire le contraire : il y eut conspiration.

» tout : mais mon fils, qui n'a aucun caractère, et pas du
» tout franc, n'a jamais voulu, lui déclarant toujours la
» guerre, de même qu'au roi son père, et à moi. Son am-
» bition est forte : il regarde ses pères comme s'ils n'étaient
» pas ainsi ; que fera-t-il pour les autres ? Si le grand duc
» pouvait nous voir ! nous le désirons. S'il pouvait voir
» aussi son ami qui souffre parce qu'il l'est et l'a toujours
» été des Français et de l'empereur, espérant tout de lui,
» et recommandant aussi une pauvre fille, Marie-Louise
» (reine d'Étrurie) qui n'est pas aimée de son frère. Nous
» ne partons pas et nous espérons tout de lui. »

CHAPITRE IX.

Entrée de l'armée française à Madrid. — Instruction de l'empereur au grand-duc de Berg. — Disposition pour un voyage en Espagne. — Départ de Napoléon pour Bordeaux. — Le comte Fernand-Nunez à Châtelleraut. — Rapidité du voyage de Napoléon à Bordeaux. — Arrivée à Bordeaux et réception de Montholon expédié de Madrid. — L'empereur me donne à traduire deux lettres autographes du roi Charles et du roi Ferdinand. — Joséphine arrive à Bordeaux. — L'empereur part pour Bayonne. — L'infant don Carlos à Bayonne. — Napoléon s'établit au château de Marac. — Députation du Portugal. — Lettre de Napoléon au prince des Asturies. — Suite des événemens de Madrid. — Tribunal qui doit juger Godoï. — L'adjudant général Monthion est envoyé à Aranjuez. — Le roi Charles proteste contre son abdication. — Opinion de M. de Pradt. — Opinion contraire. — Napoléon attendu à Madrid. — Lettres pressantes du roi et de la reine d'Espagne pour la délivrance de Godoï. — Conseils donnés à Ferdinand ; il se décide à entreprendre le voyage de Bayonne. — Décrets et ordres royaux à ce sujet.

23 mars. Pendant que ces divers événemens se passaient à Aranjuès, le grand-duc de Berg entrait dans Madrid à la tête de l'armée française. Avant de parler de ce qui se passa, on me pardonnera d'insérer ici les instructions que Napoléon adressa au grand-duc. Ces instructions ont été imprimées dans un ouvrage publié depuis peu (*Napoléon devant ses*

Contemporains), très-remarquable par la concision, la rapidité et le style [1].

---

[1] *Instructions de Napoléon au grand-duc de Berg.*

« 29 mars 1808.

» Monsieur le grand-duc de Berg, je crains que vous ne
» me trompiez sur la situation de l'Espagne et que vous ne
» vous trompiez vous-même. L'affaire du 20 mars a singuliè-
» rement compliqué les événemens : je reste dans une grande
» perplexité.

» Ne croyez pas que vous attaquiez une nation désarmée
» et que vous n'ayez que des troupes à montrer pour sou-
» mettre l'Espagne. La révolution du 20 mars prouve qu'il
» y a de l'énergie chez les Espagnols. Vous avez à faire à
» un peuple neuf, il aura tout le courage, il aura tout l'en-
» thousiasme que l'on rencontre chez des hommes que n'ont
» point usés les passions politiques.

» L'aristocratie et le clergé sont les maîtres de l'Espagne ;
» s'ils craignent pour leurs priviléges et pour leur existence,
» ils feront contre nous des levées en masse *qui pourraient
» éterniser la guerre*. J'ai des partisans; si je me présente
» en conquérant, je n'en aurai plus.

» Le prince de la Paix est détesté, parce qu'on l'accuse
» d'avoir livré l'Espagne à la France; voilà le grief qui a
» servi à l'usurpation de Ferdinand : le parti populaire est
» le plus faible.

» Le prince des Asturies n'a aucune des qualités qui sont
» nécessaires au chef d'une nation; cela n'empêchera pas
» que, pour nous l'opposer, on n'en fasse un héros. Je ne
» veux pas que l'on use de violence envers les personnages
» de cette famille : il n'est jamais utile de se rendre odieux
» et d'enflammer les haines. L'Espagne a plus de cent mille
» hommes sous les armes. C'est plus qu'il n'en faut pour

Le grand-duc fut-il fidèle à ces instructions ? c'est ce que je laisse juger à ceux qui liront avec atten-

---

» soutenir avec avantage une guerre intérieure : divisés sur
» plusieurs points, ils peuvent servir de soulèvement total
» à la monarchie entière.

» Je vous présente l'ensemble des obstacles qui sont iné-
» vitables, il en est d'autres que vous sentirez : l'Angleterre
» ne laissera pas échapper cette occasion de multiplier nos
» embarras ; elle expédie journellement des avis aux forces
» qu'elle tient sur les côtes du Portugal et dans la Médi-
» terranée : elle fait des enrôlemens de Siciliens et de Portugais.

» La famille royale n'ayant point quitté l'Espagne pour
» aller s'établir aux Indes, il n'y a qu'une révolution qui
» puisse changer l'état de ce pays : c'est peut-être celui de
» l'Europe qui y est le moins préparé ; les gens qui voient
» les vices monstrueux de ce gouvernement et l'anarchie qui
» a pris la place de l'autorité légale, font le plus petit
» nombre : le plus grand nombre profite de ces vices et de
» cette anarchie.

» Dans l'intérêt de mon empire, je puis faire beaucoup de
» bien à l'Espagne : quels sont les meilleurs moyens à prendre ?

» Irai-je à Madrid ? Exercerai-je l'acte d'un grand pro-
» tectorat en prononçant entre le père et le fils ? il me sem-
» ble difficile de faire régner Charles IV. Son gouvernement
» et son favori sont tellement dépopularisés qu'ils ne se sou-
» tiendraient pas trois mois.

» Ferdinand est l'ennemi de la France, c'est pour cela
» qu'on l'a fait roi. Le placer sur le trône sera servir les
» factions qui depuis vingt-cinq ans veulent l'anéantisse-
» ment de la France. Une alliance de famille serait un faible
» lien : la reine Élisabeth et d'autres princesses françaises
» ont péri misérablement, lorsqu'on a pu les immoler impu-

tion la suite des événemens que je vais leur présenter.

» nément à d'autres vengeances. Je pense qu'il ne faut rien
» précipiter, qu'il convient de prendre conseil des événe-
» mens qui vont suivre. Il faudra fortifier les corps d'armée
» qui se tiendront sur les frontières du Portugal et at-
» tendre.

» Je n'approuve pas le parti qu'a pris V. A. I. de s'em-
» parer aussi précipitamment de Madrid, il fallait tenir l'ar-
» mée à dix lieues de la capitale. Vous n'aviez pas l'assu-
» rance que le peuple et la magistrature allaient reconnaître
» Ferdinand sans contestations. Le prince de la Paix doit
» avoir dans les emplois publics des partisans, il y a d'ail-
» leurs un attachement d'habitude au vieux roi, qui pourrait
» produire des résultats. Votre entrée à Madrid, en inquié-
» tant les Espagnols, a puissamment servi Ferdinand. J'ai
» donné ordre à Savary d'aller auprès du vieux roi voir ce
» qui s'y passe : il se concertera avec V. A. I. J'aviserai ul-
» térieurement au parti qui sera à prendre; en attendant
» voici ce que je juge convenable de vous prescrire.

» *Vous ne m'engagerez à une entrevue en Espagne avec*
» *Ferdinand que si vous jugez la situation des choses*
» *telle que je doive le reconnaître comme roi d'Espagne.*
» Vous userez de bons procédés envers le roi, la reine et
» le prince Godoï; vous exigerez pour eux et vous leur
» rendrez les mêmes honneurs qu'autrefois. Vous ferez en
» sorte que les Espagnols ne puissent pas soupçonner le parti
» que je prendrai : cela ne sera pas difficile, *je n'en sais rien*
» *moi-même.*

» Vous ferez entendre à la noblesse et au clergé que si la
» France doit intervenir dans les affaires d'Espagne, leurs
» privilèges et leurs immunités seront respectés. Vous leur
» direz que l'empereur désire le perfectionnement des insti-

La présence de cette vaillante armée, qui venait de conquérir la Prusse et de planter ses aigles sur le

---

» tutions politiques de l'Espagne, pour la mettre en rapport
» avec l'état de la civilisation de l'Europe; pour la sous-
» traire au régime des favoris... Vous direz aux magis-
» trats et aux bourgeois des villes, aux gens éclairés, que
» l'Espagne a besoin de recréer la machine de son gouverne-
» ment, et qu'il lui faut des lois qui garantissent les ci-
» toyens de l'arbitraire et des usurpations de la féodalité,
» des institutions qui raniment l'industrie, l'agriculture et
» les arts; vous leur peindrez l'état de tranquillité et d'ai-
» sance dont jouit la France, malgré les guerres où elle
» s'est toujours engagée. La splendeur de la religion, qui
» doit son établissement au concordat que j'ai signé avec le
» pape. Vous leur démontrerez les avantages qu'ils peuvent
» tirer d'une régénération politique. L'ordre et la paix dans
» l'intérieur, la considération et la puissance à l'extérieur :
» tel doit être l'esprit de vos discours et de vos écrits. Ne
» brusquez aucune démarche, je puis attendre à Bayonne,
» je puis passer les Pyrénées, et, me fortifiant vers le
» Portugal, aller conduire la guerre de ce côté.

» Je songerai à vos intérêts particuliers, n'y songez pas
» vous-même... Le Portugal restera à ma disposition...
» Qu'aucun projet personnel ne vous occupe et ne dirige
» votre conduite : cela me nuirait et vous nuirait encore plus
» qu'à moi.

» Vous allez trop vite dans vos instructions du 14; la
» marche que vous prescrivez au général Dupont est trop
» rapide, à cause de l'événement du 19 mars; il y a des
» changemens à faire : vous donnerez de nouvelles disposi-
» tions, vous recevrez des instructions de mon ministre des
» affaires étrangères.

bord du Niémen, ne causa aucun trouble dans Madrid. L'Espagnol, satisfait pour le moment d'avoir foulé aux pieds son ennemi le plus cruel et le plus acharné, vit avec une espèce d'indifférence cette entrée militaire, qui ne laissait pas que d'être imposante par sa belle tenue.

Le grand-duc descendit au palais du Retiro qu'on lui avait préparé; mais, ne s'y trouvant pas bien, il alla occuper le palais de Godoï, situé à l'autre extrémité de la ville, à très-peu de distance du palais

---

» J'ordonne que la discipline soit maintenue de la ma-
» nière la plus sévère : point de grâces pour les plus petites
» fautes; l'on aura pour l'habitant les plus grands égards;
» l'on respectera principalement les églises et les couvens.

» L'armée évitera toute rencontre, soit avec des corps de
» l'armée espagnole, soit avec des détachemens : il ne faut
» pas que, d'aucun côté, il soit brûlé une amorce.

» Laissez *Solano* dépasser Badajoz, faites-le observer ;
» donnez vous-même l'indication des marches de mon armée,
» pour la tenir toujours à une distance de plusieurs lieues des
» corps espagnols : *Si la guerre s'allumait, tout serait perdu.*

» C'est à la politique et aux négociations qu'il appartient
» de décider des destinées de l'Espagne. Je vous recom-
» mande d'éviter des explications avec Solano, comme avec
» les autres généraux et les gouverneurs espagnols.

» Vous m'enverrez deux estafettes par jour; en cas d'évé-
» nemens majeurs, vous m'expédierez des officiers d'ordon-
» nance : vous me renverrez sur-le-champ le chambellan de
» Tournon qui vous porte cette dépêche ; vous lui remettrez
» un rapport détaillé. Sur ce, etc.

» Napoléon. »

du roi. A peine y était-il arrivé, que les grands d'Espagne, le gouverneur, tous les conseils du gouvernement, et tous les chefs de la garnison, lui furent présentés. Une grande partie de l'armée fut casernée dans la ville, et les divisions qui ne purent y être logées bivouaquèrent dans les environs de Madrid. La division aux ordres du général Dupont occupa d'abord Ségovie ; elle fut envoyée à Tolède, manœuvre qui plaçait la capitale dans un cercle formé par l'armée française.

L'un de nos illustres guerriers, le maréchal Moncey, arriva également avec son corps d'armée.

Ferdinand se rendit à Madrid le 24, le lendemain de l'arrivée du grand-duc.

Nous reprendrons la suite de ces événemens après avoir jeté un coup d'œil sur ceux qui eurent lieu à Paris, à la même époque, et qui, par leur nature, se lient aux affaires d'Espagne.

———

Je ne pouvais ignorer, dans ma position, que Napoléon devait se rendre dans les provinces méridionales de son empire. On avait même parlé d'une *course* en Espagne. Un jour, pendant le déjeuner de l'empereur, il en fut question d'une manière assez ouverte. J'eus occasion de faire l'éloge de la langue espagnole, que je trouvais singulièrement appropriée au caractère noble et fier de cette nation. L'empereur me demanda si j'avais appris cette langue ; je répondis qu'autrefois je l'avais étudiée pour mon seul plaisir; mais que j'espérais, s'il me faisait l'honneur de me désigner pour le suivre, trouver une occasion naturelle de m'exercer à la bien parler. Cette conversation n'alla pas plus loin.

———

Les nouvelles des événemens d'Aranjuès nous trouvèrent prêts à partir. Tous les préparatifs étaient faits depuis quelque temps. Je crois cependant qu'il y eut quelques changemens, et qu'originairement l'impératrice Joséphine devait rester à Paris; mais il fut réglé que son départ aurait lieu quelques jours après celui de Napoléon. Selon l'usage, je précédais de vingt-quatre heures, avec une partie du service qui devait s'arrêter à Bordeaux, lorsqu'à quelques lieues de Châtelleraut un jeune voyageur, placé dans une assez mauvaise chaise de poste, fit signe aux postillons qui menaient ma voiture, qu'il désirait parler à *M. l'officier de l'empereur.* Il avait appris que j'étais du courrier qui me précédait. Je descendis de voiture, après qu'il m'eut fait connaître son nom et son rang. C'était le comte de Fernand Nuñèz, grand d'Espagne, envoyé par Ferdinand auprès de l'empereur. Nous causâmes quelque temps en nous promenant sur le chemin. Il me dit qu'il était *aide de camp du roi, envoyé pour complimenter l'empereur, lui faire part de l'avènement de Ferdinand à la couronne d'Espagne, et pour voir de ses yeux la nièce de l'empereur qui devait épouser son souverain.....* Je lui fis voir la liste des personnes qui suivaient l'empereur, et celle des dames qui devaient accompagner l'impératrice Joséphine, pour le convaincre qu'aucune princesse du rang de celle qu'il voulait *voir de ses yeux* n'y était comprise. A son air, je jugeai qu'il pensait que je n'étais point dans le secret de cette affaire, et il resta persuadé qu'il rencontrerait la fiancée de son roi. Nous nous séparâmes. Lorsqu'un mois après nous nous revîmes à Bayonne, il convint avec moi qu'il aurait mieux fait de me croire que de persister à vouloir *voir de ses yeux* une princesse qui n'était pas même à Paris. Je le priai en riant de me dire comment sa demande avait été accueillie à *Tours*, où je savais qu'il avait rencontré l'empereur. Il prit un air diplomatique et sérieux, et ne voulut pas me répondre. Je crus voir cependant qu'il regardait comme certaine l'arrivée prochaine d'une nièce de l'empereur. Il y avait réellement de l'obstination de sa part.

———

La marche de Napoléon fut si rapide, qu'il arriva à Bordeaux quelques heures après le premier service dont je faisais partie. Il avait laissé bien loin tout ce qui l'accompagnait. Le duc de Bassano et M. de Champagny, leur chancellerie et leurs secrétaires-interprètes n'arrivèrent que le lendemain. Napoléon n'avait avec lui que le prince de Neufchâtel; les autres personnes arrivèrent successivement dans la nuit. Le soir de son arrivée à Bordeaux Napoléon eut l'air d'attendre quelqu'un. Effectivement, je vis arriver d'Espagne M. de Montholon, aide de camp du grand-duc de Berg, le même qui, sur le rocher de Sainte-Hélène, a laissé à l'histoire le soin de raconter son dévouement. Les dépêches qu'il apportait, entre autres pièces, renfermaient deux lettres interceptées, l'une du roi Charles et l'autre du prince Ferdinand. Ces lettres étaient originales et en espagnol. Le grand-duc, supposant que Napoléon devait avoir près de lui des secrétaires-traducteurs, s'était hâté de les expédier sans les faire traduire. Dans l'impatience que Napoléon éprouvait de connaître le contenu de ces lettres, qu'il imaginait être plus intéressantes qu'elles n'étaient en effet, il vint à se rappeler de ce que je lui avais dit à St.-Cloud de mon goût pour la langue espagnole. Il me fit appeler : *Pouvez-vous*, me dit-il, *me donner de suite une idée de ce que renferment ces deux lettres ?* Je lui demandai la permission d'en faire une première lecture, et je réussis ensuite à lui en donner l'analyse exacte. *Je les croyais plus importantes*, me dit-il ; *n'importe, prenez-les et remettez-moi leurs traductions demain à mon réveil.* Je passai une partie de la nuit à faire cette traduction, et à la vérifier plusieurs fois, dans la crainte de me tromper sur la plus simple expression [1]. A

---

[1] Pour dire toute la vérité, je dois avouer, relativement à la traduction de ces deux lettres, que me méfiant avec raison de mes propres moyens, et craignant de me tromper sur les abréviations si fréquentes des manuscrits et lettres espagnoles, dont je n'avais aucune habitude, j'eus recours à

son réveil Napoléon me fit demander; je lui présentai mon travail, dont il parut satisfait. Le roi Charles écrivait à son fils pour lui rappeler la promesse qu'il lui avait faite de sauver la vie de Godoï. Ce respectable vieillard n'était occupé que de son favori, et ne demandait rien pour lui-même. J'ai conservé par hasard quelques phrases de la réponse de Ferdinand; je dis par hasard, parce qu'alors je n'eus pas le soin de conserver, comme je l'ai fait depuis, des copies exactes des traductions que je faisais. Cette lettre, datée de Madrid du 27 mars, était ainsi conçue :

« Sire et mon père, je me réjouis d'apprendre
» que la santé de V. M. est meilleure, et je la remer-
» cie de la lettre dont elle a bien voulu m'honorer;
» je m'empresse de l'assurer que je suis incapable de
» chercher à l'affliger. Je lui ai promis de laisser la
» vie à D. Manuel Godoï. Je suis homme de parole
» et je n'y manquerai pas. Le peuple cependant est
» très-alarmé; il croit que les Français ne sont venus
» à Madrid que pour prendre sa défense et le sau-
» ver. Il est nécessaire de le contenir. Je prie V. M.
» d'être bien convaincue que je ne chercherai point
» à augmenter ses inquiétudes et ses craintes. Je
» viens d'ordonner de faire des patrouilles encore
» plus exactes, parce que la présence des Français

---

l'obligeance et aux conseils du duc Charles de Plaisance et du comte d'Angosse qui, ayant séjourné à différentes reprises en Espagne, étaient certainement bien plus familiarisés que moi avec la langue de ce pays.

» est le prétexte de beaucoup d'alarmes. Il y a eu
» même une espèce de scène de désordre à la suite
» de quelques paroles vives entre un paysan espagnol
» et un soldat français; mais tout fut bientôt
» apaisé; sans cela il y aurait eu beaucoup de sang
» de répandu, parce que les Français sont nom-
» breux, non-seulement à Madrid, mais même dans
» toute l'Espagne. Pour faire cesser ces germes de
» désunion, et pour rétablir le calme, j'ai fait pu-
» blier un avis officiel, afin de faire mieux connaître
» les intentions pacifiques dont les Français sont
» animés, etc., etc., etc. »

Je fus bien récompensé du soin que j'avais apporté dans ma traduction, car lorsque le duc de Bassano fut arrivé, Napoléon lui dit en ma présence qu'il n'avait plus besoin de ses secrétaires pour ce travail, parce que je lui suffisais. Depuis cet instant jusqu'aux jours de son abdication, en 1814, il m'honora de sa confiance. On verra dans la suite de ces notes, que même à Blois, où j'avais accompagné l'impératrice-régente, il me fit adresser de Fontainebleau des papiers espagnols dont il désirait la traduction. Si j'ai parlé de moi dans cette circonstance, je ne l'ai fait que pour engager la confiance de ceux qui jetteront les yeux sur ce faible ouvrage, et leur garantir la fidélité et l'exactitude des faits qui sont venus à ma connaissance par une source aussi authentique.

L'impératrice Joséphine arriva à Bordeaux;

Napoléon, après un repos de dix jours, en partit seul pour Bayonne. Cette division parmi les personnes tenait, je crois, à ce qu'il n'existait pas au palais de l'ancien gouvernement de Bayonne deux appartemens convenables. Nous savions que depuis quelque temps les ordres avaient été donnés pour un ameublement plus élégant. Cette restriction dans les ordres, qui s'étaient bornés d'abord à un seul appartement à Bayonne, n'a fait que me confirmer dans l'idée que, primitivement, l'empereur *seul* devait entreprendre ce voyage, et aller à Madrid. La révolution d'Aranjuès changea, je le pense, toutes les dispositions. La couleur des affaires n'était plus la même : une nation qui se levait tout entière pour déplacer la couronne, répudier un gouvernement faible et avili, et confier ses destinées à un prince jeune, adoré, et long-temps opprimé, présentait un aspect tout différent : c'était une nouvelle ligne qu'il fallait suivre. Il fallait surtout éviter de blesser l'orgueil d'un peuple qui se montrait fier et chatouilleux, quoiqu'il n'eût alors, comme aujourd'hui, ni trésors, ni armée, ni industrie, ni commerce. Il fallait se présenter comme ami, et tenir une cour à Bayonne, qui fût assez convenable pour y recevoir le roi et la reine d'Espagne. Personne n'était plus propre que l'impératrice Joséphine, et les dames qui l'accompagnaient, à représenter avec grâce et dignité.

———

Napoléon arriva à Bayonne dans la nuit du 14 au

15 avril. Le grand-maréchal, après avoir visité le château de Marrac, situé à un quart de lieue de la ville, donna des ordres, et deux jours après il fut en état de recevoir LL. MM. et les dames du palais lorsqu'elles arriveraient, ainsi que le prince de Neufchâtel et le grand-maréchal. Les autres personnes furent logées dans les environs et à Bayonne; la garde bivouaqua dans le parterre, en face du château, et y forma un camp d'un agréable aspect. Le 15, Napoléon, après avoir reçu toutes les autorités, alla visiter les fortifications, les établissemens du port, et revint au palais du gouvernement à 5 heures du soir. Il s'attendait à recevoir la visite de l'infant don Carlos, que son frère Ferdinand avait envoyé pour le complimenter...Ce prince depuis quelques jours était incognito et malade. J'ignore si sa maladie était réelle ou simplement diplomatique, ce qui, dans le dernier cas, est commode, utile et laisse le temps de se concerter; toujours est-il vrai que Napoléon crut devoir lui envoyer son médecin et un de ses valets de chambre pour son service particulier, et contribuer par leurs soins au rétablissement de sa santé. Régulièrement il envoyait plusieurs fois dans la journée savoir des nouvelles de ce prince, dont l'état n'avait pourtant rien de bien inquiétant. Lorsque l'infant était arrivé à Bayonne, le service militaire auprès de lui avait été fait par les troupes de la garnison; mais Napoléon les fit remplacer par la garde d'honneur de la ville.

Le 16, Napoléon reçut une grande députation des personnages les plus éminens de Portugal, qui venaient présenter leurs hommages, et demander une forte diminution des sommes considérables qui avaient été imposées sur ce pays nouvellement envahi.

Ce même jour, il visita le château de Marrac, et, satisfait des préparatifs qui étaient très-avancés, il décida qu'il viendrait s'y établir le lendemain. Ce château avait été bâti sur d'assez belles proportions, pour servir de résidence à l'infante Marie-Victoire, qui devait épouser Louis XV, mais dont le mariage n'eut jamais lieu, à cause de l'extrême jeunesse de cette princesse. Une autre tradition locale dit que ce château fut bâti pour la reine d'Espagne, veuve de Charles II, qui ne voulait point retourner en Allemagne, et ne pouvait rester en Espagne.

En rentrant dans son palais, Napoléon écrivit la lettre suivante [1] au prince Ferdinand, qui la reçut

---

[1] *Lettre de S. M. l'empereur des Français, etc., au prince Ferdinand.*

« Mon frère, j'ai reçu la lettre de V. A. R.; elle doit
» avoir acquis la preuve, dans les papiers qu'elle a eus du
» roi son père, de l'intérêt que je lui ai toujours porté.
» Elle me permettra, dans la circonstance actuelle, de lui

le 18 du même mois à Vittoria, où il s'était déjà rendu. Ce prince était au milieu de ses provinces

---

» parler avec franchise et loyauté. En arrivant à Madrid,
» j'espérais porter mon illustre ami à quelques réformes né-
» cessaires dans ses états, et à donner quelques satisfactions
» à l'opinion publique. Le renvoi du prince de la Paix me pa-
» raissait nécessaire pour son bonheur et celui de ses sujets.
» Les affaires du Nord ont retardé mon voyage. Les événe-
» mens d'Aranjuès ont eu lieu. Je ne suis point juge de ce
» qui s'est passé et de la conduite du prince de la Paix ; mais
» ce que je sais bien, c'est qu'il est dangereux pour les rois
» d'accoutumer les peuples à répandre du sang et à se faire
» justice eux-mêmes. Je prie Dieu que V. A. R. n'en fasse pas
» elle-même un jour l'expérience. Il n'est pas de l'intérêt de
» l'Espagne de faire du mal à un prince qui a épousé une prin-
» cesse du sang royal et qui a long-temps régi le royaume. Il
» n'a plus d'amis ; V. A. R. n'en aura plus, si jamais elle est
» malheureuse. Les peuples se vengent volontiers des hom-
» mages qu'ils nous rendent. Comment, d'ailleurs, pourrait-
» on faire le procès au prince de la Paix sans le faire à la
» reine et au roi votre père ? Ce procès alimentera les haines
» et les passions factieuses. Le résultat sera funeste pour
» votre couronne ; V. A. R. n'y a des droits que ceux que
» lui a transmis sa mère. Si le procès la déshonore, V. A. R.
» déchire par là ses droits. Qu'elle ferme l'oreille à des con-
» seils faibles et perfides ; elle n'a pas le droit de juger le
» prince de la Paix. Ses crimes, si on lui en reproche, se
» perdent dans les droits du trône. J'ai souvent manifesté
» le désir que le prince de la Paix fût éloigné des affaires.
» L'amitié du roi Charles m'a porté souvent à me taire, et
» à détourner les yeux des faiblesses de son attachement.
» Misérables hommes que nous sommes! faiblesse et erreur,

les plus dévouées et les plus fidèles, et l'on doit s'étonner qu'après avoir pris lecture de cette lettre,

---

» c'est notre devise. Mais tout cela peut se concilier ! Que
» le prince de la Paix soit exilé de l'Espagne, et je lui offre
» un refuge en France. Quant à l'abdication de Charles IV,
» elle a eu lieu dans un moment où nos armées couvraient les
» Espagnes, et aux yeux de l'Europe et de la postérité, je
» paraîtrais n'avoir envoyé tant de troupes en Espagne
» que pour précipiter du trône mon ami et mon allié.
» Comme souverain voisin, il m'est permis de vouloir con-
» naître, avant de reconnaître cette abdication. Je le dis
» à V. A. R., aux Espagnols, au monde entier, si l'abdica-
» tion du roi Charles est de pur mouvement, s'il n'a pas été
» forcé par l'insurrection et l'émeute d'Aranjuès, je ne fais
» aucune difficulté de l'admettre, et reconnais V. A. R. comme
» roi d'Espagne ; je désire donc causer avec elle sur cet objet.
» La circonspection que je porte depuis un mois dans cette
» affaire doit lui être un sûr garant de l'appui qu'elle
» trouvera en moi, si, à son tour, des factions de quelque na-
» ture qu'elles fussent venaient à l'inquiéter sur son trône.
» Quand le roi Charles me fit part de l'événement du mois
» d'octobre dernier, j'en fus douloureusement affecté, et je
» pense avoir contribué, par les insinuations que j'ai faites,
» à la bonne issue de l'affaire de l'Escurial. V. A. R. avait
» bien des torts : je n'en veux pour preuve que la lettre
» qu'elle m'a écrite et que j'ai constamment voulu ignorer.
» Roi à son tour, elle saura combien les droits du trône sont
» sacrés. Toute démarche près d'un souverain étranger de la
» part d'un prince héréditaire est criminelle. Le mariage d'une
» princesse française avec V. A. R., je le tiens conforme aux in-
» térêts de mon peuple, et surtout comme une circonstance qui
» m'attacherait par de nouveaux liens à une maison dont

il ait continué son voyage, et ne soit pas revenu en toute hâte dans sa capitale.

Je vais faire connaître les événemens qui avaient amené le prince Ferdinand à Vittoria, et ce qui s'était passé à Madrid avant son départ.

D'après les ordres de Ferdinand, une commission extraordinaire, dont les membres furent pris dans les conseils du gouvernement, avait été chargée de procéder au jugement de Godoï. Le même ordre s'étendait à D. Diégo Godoï son frère, et à D. Louis Viguri, ancien intendant de la Navarre, et l'une des personnes les plus dévouées au prince de la Paix.

» je n'ai eu qu'à me louer depuis que je suis monté sur le
» trône. V. A. R. doit se méfier des écarts, des émotions
» populaires. On pourra commettre quelques meurtres sur
» mes soldats isolés; mais la ruine de l'Espagne en serait le
» résultat. J'ai vu déjà avec peine qu'à Madrid on ait ré-
» pandu des lettres du capitaine-général de la Catalogne, et
» fait tout ce qui pouvait donner du mouvement aux têtes.
» V. A. R. connaît ma pensée tout entière; elle voit que je
» flotte entre diverses idées qui ont besoin d'être fixées; elle
» peut être certaine que, dans tous les cas, je me compor-
» terai avec elle comme envers le roi son père; qu'elle croie
» mon désir de tout concilier, et de trouver des occasions
» de lui donner des preuves de mon affection et de ma par-
» faite estime.

» Sur ce, je prie Dieu qu'il vous ait, mon frère, en sa
» sainte garde.

» NAPOLÉON.

» A Bayonne, le 16 avril 1808. »

Le grand-duc de Berg, qui avait occupé Madrid contre les instructions de Napoléon, s'y croyant sans doute autorisé par les événemens d'Aranjuès, mesure à laquelle il fut puissamment excité par les lettres pressantes de la reine, qui regardait l'armée française comme seule capable de sauver son favori, le roi Charles et elle-même, le grand-duc, dis-je, envoya à Aranjuès le 25 mars, et de grand matin, l'adjudant-commandant baron de Monthion, attaché à son état-major, avec une lettre qu'il écrivait à la reine d'Étrurie. On pourrait croire, avec raison, que l'envoi de cet officier supérieur avait été concerté avec la reine et même avec le roi Charles, car son voyage eut lieu le lendemain même du départ de Ferdinand d'Aranjuès, pour aller se faire proclamer à Madrid. Joachim n'ignorait aucune des circonstances qui avaient accompagné l'abdication du vieux roi. Il ne pouvait, dans un si court espace, avoir reçu des instructions de Paris, où l'événement du 19 ne pouvait être connu le 24; il est donc probable que ce ne fut que d'après les instances qui lui furent faites par LL. MM. Catholiques pour recevoir l'expression véritable et libre de leurs sentimens et leurs protestations, que le grand-duc de Berg dut se décider à envoyer une personne digne de sa confiance, afin de pouvoir faire à Napoléon un rapport authentique et positif. Les journaux du temps font connaître ce rapport, et je crois inutile de l'insérer ici. Je me bornerai à copier la lettre du roi Charles à Napoléon, et la protestation qui est à la suite. Ces pièces portent la date du 21, et ne furent remises à M. de Monthion que le 25, jour où il fut envoyé à Aranjuès. Quelques personnes ont élevé des doutes à ce sujet, à cause de la différence des dates, et prétendent que la protestation n'eut lieu qu'en conséquence de la demande qu'en aurait faite M. de Monthion. M. de Monthion est un homme d'honneur, et je crois avec lui que le roi Charles avait protesté, dès le 21, contre son abdication, après l'écoulement des insurgés, et qu'il avait gardé par-devers lui cette pièce importante, en attendant une voie sûre pour la faire parvenir à Napoléon. Au reste, il est peu important de savoir si cette protestation fut antidatée lorsqu'elle fut remise aux mains de M. de Monthion. Il suffit d'être certain que l'existence de cette pièce n'ait point été contestée par aucun parti. Ces lettres servirent de base à tout ce qui se passa à Bayonne. Quelle que soit leur date, du 21 ou du 25, il est évident que Napoléon ne put y intervenir à la grande distance où il était. Je crois très-certainement que l'insurrection qui amena l'abdication du 19 mars contraria fortement sa politique, puisqu'elle l'entraîna, comme malgré lui, sur un tout autre terrain que celui qu'il avait préparé.

Lettre du roi Charles *à* Napoléon.

« Monsieur mon frère, vous apprendrez sans
» doute avec peine les événemens d'Aranjuès et
» leurs résultats. V. M. ne verra pas, sans quelque in-
» térêt, un roi qui, *forcé* d'abdiquer la couronne,

» vient se jeter dans les bras d'un monarque son
» allié, se remettant en tout à sa disposition, qui
» peut seule faire son bonheur, celui de toute sa
» famille et de ses fidèles sujets. Je n'ai déclaré m'en
» démettre en faveur de mon fils que par la force
» des circonstances, et lorsque le bruit des armes et
» les clameurs d'une garde insurgée me faisaient
» assez connaître qu'il fallait choisir entre la vie et
» la mort, qui eût été suivie de celle de la reine.
» J'ai été forcé d'abdiquer; mais rassuré aujourd'hui,
» et plein de confiance dans la magnanimité et le
» génie du grand homme qui s'est toujours montré
» mon ami, j'ai pris la résolution de me remettre
» en tout ce qu'il voudra bien disposer de nous, de
» mon sort, de celui de la reine et de celui du prince
» de la Paix. J'adresse à V. M. I. et R. une pro-
» testation contre les événemens d'Aranjuès et
» contre mon abdication : je m'en remets et me
» confie entièrement dans le cœur de V. M. Sur
» ce, je prie Dieu qu'il vous ait en sa sainte et digne
» garde.

» De V. M. I. et R., le très-affectionné frère
» et ami,

« Charles. »

«Je proteste et déclare que mon décret du 19 mars,
» par lequel j'ai abdiqué la couronne en faveur de
» mon fils, est un acte auquel j'ai été forcé pour
» prévenir de plus grands malheurs, et l'effusion du

» sang de mes sujets bien-aimés ; il doit en consé-
» quence être regardé comme nul.

« CHARLES.

» Aranjuès, 21 mars 1816. »

M. l'ancien archevêque de Malines, qui nous a donné, avec la supériorité de ses talens, un ouvrage du plus haut intérêt sur les affaires d'Espagne, croit avoir remarqué dans le *style* et les *idées* de ces derniers documens historiques, une *tournure tellement française, qu'il est fortement porté à les regarder comme la copie d'un original français.* J'ai sous les yeux le texte espagnol, et il me paraît que, sous tous les rapports de *style* et d'*idées*, il est parfaitement analogue à tous les matériaux que j'ai été dans le cas de traduire. Je trouve même peu d'élégance dans la traduction française, et ceci mérite une observation particulière. Les traductions qui devaient être mises sous les yeux de Napoléon devaient être claires, précises, et donner l'expression fidèle de la pensée; en affaires de cette nature, il ne faisait aucune attention à l'élégance du style : c'était un homme tout en résultats. A l'égard de la lettre et de la protestation du roi Charles, je persiste à penser que le fait, tel qu'il est rapporté par M. de Monthion, est exact; qu'il fut dirigé par la reine; et que le cabinet des Tuileries n'y eut aucune part.

Le gouvernement et le peuple espagnols s'attendaient à voir incessamment arriver Napoléon, d'après les assurances positives que ne cessait de donner le grand-duc de Berg [1]. L'on ne regardait même l'arrivée de ce dernier que comme l'avant-garde du quartier général impérial. Ces bruits, généralement répandus, me confirment dans l'opinion que le premier projet de Napoléon avait été d'aller à Madrid. Mais lorsqu'il apprit l'affaire d'Aranjuès, il n'eut garde d'aller s'interposer dans une querelle engagée sans son aveu, et qui l'aurait obligé d'adopter l'un des deux partis. Sa franchise, ou, si l'on veut, son audace en politique, l'aurait placé dans une fausse position. Il ne lui convenait pas de laisser un royaume si puissant en ressources (et qui, par sa situation, pouvait à chaque instant, et dans toute l'étendue de ses côtes, communiquer avec les Anglais ses ennemis acharnés), entre les mains débiles d'un vieux roi dominé par une reine ardente et passionnée, dominée elle-même par son favori... Il ne lui convenait pas davantage de laisser passer la couronne sur la tête d'un jeune prince, cher à la nation à cause de la haine constante qu'il avait vouée au favori, mais qu'il savait être lié secrètement avec les Anglais, et entouré d'amis inconsidérés et inhabiles. L'un et l'autre roi ne lui offrait aucune garantie dans le système général de la politique de l'Europe : il avait eu souvent à se plaindre de la politique du cabinet de Madrid. Il ne comptait point sur sa fidélité. Il trouvait donc plus convenable, pour l'intérêt de

---

[1] Mémoires de Cevallos, p. 60 et 62.

sa puissance, de se glisser entre les partis pour les dominer tous les deux. Je crois cependant que ce qu'il aurait préféré, et sur quoi il avait compté, c'est, ainsi que je l'ai déjà dit, qu'à l'exemple du Portugal, la famille royale eût pris le parti d'aller régner dans l'Amérique du sud. Certes si, à cette époque, ce courageux projet eût été réalisé, il est probable qu'elle n'aurait pas perdu ces magnifiques colonies, sans lesquelles l'Espagne ne saurait prospérer. L'imprévoyante gaucherie de Godoï, plus intéressé cependant que tout autre à s'éloigner d'un sol brûlant, où la terre commençait à se dérober sous ses pas, fit qu'il ne s'avisa d'y penser que lorsqu'il n'en était plus temps. L'instinct de la nation espagnole mit obstacle à ce départ, et devint le prétexte de l'insurrection qui le précipita du faîte des grandeurs au fond d'un noir cachot, dans son propre palais.

Les événemens d'Aranjuès ne sauraient donc être attribués à la politique du cabinet des Tuileries. Napoléon ne les avait même pas prévus; mais il sentit que, malgré lui, il se verrait entraîné, par la complication des choses, à se prononcer entre deux partis, dont l'un, après s'être violemment placé sur le trône paternel, lui demandait en mariage une princesse de son sang, afin d'étayer le pouvoir qu'il venait d'envahir, et dont l'autre, respectable par son âge et par la possession légitime, ne demandait pour prix de la cession de tous ses états, de sa couronne, de sa famille, que la seule vie de Godoï [1].

---

[1] *Lettre en italien du roi Charles au grand-duc.*

« Aranjuès, 22 mars 1808.

» Monsieur et très-cher frère,

» Ayant parlé à votre adjudant-commandant, et l'ayant
» informé de tout ce qui s'est passé, je vous prie de me
» rendre le service de faire connaître à l'empereur la
» prière que je lui fais de délivrer le *pauvre* prince de la
» Paix, qui ne souffre que pour avoir été l'ami de la France,
» et de nous laisser aller avec lui, dans le pays qui con-
» viendra le mieux à ma santé. Pour le présent, nous allons
» à Badajoz : j'espère qu'avant que nous partions, vous
» nous ferez réponse, si vous ne pouvez pas absolument
» nous voir : car je n'ai confiance que dans vous et dans
» l'empereur. En attendant, je suis votre très-affectionné
» frère et ami, de tout mon cœur.

» *Signé*, CHARLES. »

La reine ajoute à cette lettre celle qui suit (en français) :

« Monsieur mon frère,

» Je n'ai aucun ami, sinon V. A. I. Mon cher mari vous
» écrit, vous demande votre amitié : seulement en vous et
» en votre amitié, nous nous confions. Mon mari et moi,
» nous nous unissons pour vous demander que vous nous
» donniez la preuve la plus forte de votre amitié pour nous,
» qui est de faire que l'empereur connaisse notre sincère
» amitié, de même que nous avons toujours eue pour lui et
» pour vous, de même que pour les Français. Le *pauvre*
» prince de la Paix, qui se trouve emprisonné et blessé

Dans l'état des choses, et pour ne pas s'expliquer, Napoléon ne devait pas aller à Madrid; il resta à Bayonne et attendit les événemens.

Ces lettres prouvent qu'il n'était aucun sacrifice qui eût coûté au cœur de ces vieux souverains, pour sauver ce *pauvre* prince de la Paix. Sa délivrance fut réellement imposée à Napoléon,

---

» pour être notre ami, et qui vous est dévoué, de même
» qu'à toute la France, se trouve ici pour cela et pour avoir
» désiré ici vos troupes, de même parce qu'il est notre uni-
» que ami. Il désirait et voulait aller voir V. A. I., et ac-
» tuellement il ne cesse de le désirer, et l'empereur. V. A. I.,
» obtenez-nous que nous puissions finir nos jours tranquilles
» dans un endroit convenable à la santé du roi, qui est
» délicate, de même que la mienne, avec notre ami,
» unique ami, l'ami de V. A. I., le *pauvre* prince de la
» Paix, pour finir nos jours tranquillement. Ma fille sera
» mon interprète, si je n'ai pas la satisfaction de pouvoir
» connaître et parler à V. A. I. Pourrait-elle faire tous ses
» efforts pour nous voir? quoique ce fût un instant, de nuit,
» ou comme elle voudrait.

» L'adjudant-commandant de V. A. I. vous dira tout ce
» que nous lui avons dit. J'espère que V. A. I. nous ob-
» tiendra ce que nous désirons et demandons, et que V. A.
» pardonne mes griffonnages et oublie de lui donner l'*altesse*,
» car je ne sais où je suis, et croyez que ce n'est pas pour
» lui manquer, l'assurant de toute mon amitié.

» Je prie Dieu qu'il vous ait en sa sainte et digne garde.

» Votre très-affectionnée,

» Louise. »

qui n'éprouvait et ne pouvait rien éprouver en sa faveur.

———

Une observation assez curieuse et qui sert à prouver l'incertitude et l'inexpérience qui présidaient aux conseils des deux cours espagnoles, c'est le recours qu'elles affectaient toutes les deux à la puissance de Napoléon. *Quel géant* que ce Napoléon! pour me servir de l'expression de M. de Châteaubriand. Charles IV, oubliant les hostiles proclamations qu'il avait laissé publier en son nom, par le prince de la Paix avant la bataille d'Iéna, n'appelait plus l'empereur que son *allié le plus cher*, que *son ami le plus fidèle*. Et de son côté, Ferdinand, à peine appuyé sur un trône renversé, tenait le même langage. Quelques rixes s'étant élevées entre des soldats français et espagnols dans les rues de Madrid, il fit une proclamation *qui traitait d'injurieuse la conduite de ses sujets, et prenant sa source dans une méfiance ridicule des intentions qui animaient les troupes de son intime et auguste allié l'empereur des Français, qui, loin d'avoir des projets hostiles d'invasion, n'avait d'autre but que l'exécution des grandes mesures concertées avec lui* (Ferdinand) *contre leur ennemi commun* (les Anglais).

———

Le grand-duc, à force d'instances, secondé par d'autres sollicitations puissantes, décida enfin le roi

Ferdinand à aller au-devant de l'empereur qu'il assurait être déjà en route pour l'Espagne. Ce prince trop confiant écouta des conseillers qui outre-passaient les pouvoirs qui leur étaient confiés, puisqu'ils ne devaient *engager Napoléon à une entrevue en Espagne avec le prince Ferdinand, que si la situation des choses était telle qu'il dût le reconnaître comme roi d'Espagne.* Le malheur de Napoléon a toujours été que les personnes qui étaient le plus haut dans sa confiance, allaient toujours, par zèle ou par ambition, plus loin que le but qu'il leur avait montré; et il est souvent arrivé que l'opinion publique, toujours sévère dans ses arrêts, a blâmé quelquefois ce qui véritablement ne devait pas lui être attribué.

Jusqu'à ce moment le grand-duc de Berg ne s'était pas expliqué sur la *reconnaissance* de Ferdinand comme roi d'Espagne; il disait attendre de France des instructions nécessaires. Cette incertitude inquiétait le prince et ses conseillers les plus intimes, qui pensaient avec raison que si Napoléon ne reconnaissait pas le nouveau roi, ils n'auraient aucuns moyens d'éviter les ressentimens du vieux roi, de la reine et même du favori qui vivaient encore, dans le cas où la couronne leur serait rendue. Ce malaise l'emporta sur les considérations majeures qui auraient dû retenir le prince des Asturies.

———

Le 8 avril, Ferdinand fit adresser par ses ministres l'ordre suivant, au président du conseil royal [1].

« Le roi notre maître vient d'être instruit, par une
» voie sûre, que son intime et auguste allié, l'empe-
» reur des Français et roi d'Italie, était au moment
» d'arriver à Bayonne, et que son intention (aussi
» heureuse pour la nation qu'agréable à S. M. notre
» roi) était de se rendre à Madrid. S. M., désirant
» rendre plus étroite et plus intime l'alliance qui
» existe entre LL. MM., et pleine de confiance dans
» les éminentes qualités qui distinguent l'empereur
» Napoléon, s'est décidée à aller au-devant de lui
» pour le recevoir et lui donner elle-même les assu-
» rances les plus sincères du désir qu'elle éprouve de
» maintenir et de resserrer cette heureuse alliance.

» Quoique l'absence du roi ne doive être que de
» quelques jours, S. M. compte sur la fidélité et l'a-
» mour de ses sujets, et en particulier de ceux de Ma-
» drid, qui, tout récemment encore, lui ont donné
» une preuve si touchante de leur dévouement.
» S. M. espère qu'ils obéiront sans efforts aux ordres
» du gouvernement, principalement à ceux de la
» junte suprême, dont il vient de confier la prési-
» dence à D. Antonio; qu'ils continueront à vivre en
» bonne intelligence avec les troupes de S. M. I. et R.,
» et qu'ils s'empresseront de leur offrir tous les se-
» cours et toute l'assistance nécessaire pour leur bien-
» être et pour leur subsistance. S. M. est sans inquié-

---

[1] Gazettes officielles de Madrid, du 8 et du 9 avril 1808.

» tude à l'égard des sentimens du bon peuple de
» Madrid; elle est persuadée qu'elle trouvera son
» propre bonheur dans les résultats d'une alliance
» aussi glorieuse; alliance qui, à la grande satisfac-
» tion du roi, se consolidera de plus en plus.

» Palais royal de Madrid, 8 avril 1808 »

Le lendemain le roi adressa le décret suivant à tous les conseils du gouvernement :

« Ayant appris que l'empereur des Français et
» roi d'Italie devait arriver incessamment à Madrid,
» j'ai jugé convenable d'aller au-devant de S. M. I.
» et R. pour lui donner une preuve de la haute
» estime que j'ai pour son auguste personne, et du
» désir qui m'anime pour l'affermissement des liens
» d'amitié et d'alliance, qui, pour le bonheur des
» deux nations, existent entre nous.

» En conséquence, je partirai demain 10, pour me
» rendre à Burgos, et j'ai décidé que pendant ma
» courte absence, les affaires urgentes et pressées
» seront expédiées par un conseil suprême de gou-
» vernement, présidé par mon oncle chéri, l'infant
» D. Antonio, qui, par ses qualités, son habitude des
» affaires et notre intime parenté, a mérité ma con-
» fiance. Ce conseil suprême prononcera après avoir
» entendu l'avis de notre conseil d'état et de nos
» ministres.

» Palais royal, 9 avril.

» Moi le Roi. »

CHAPITRE X.

Départ du prince Ferdinand. — Suspension de la procédure contre Godoï.—Séjour de Ferdinand à Vittoria. — Démonstrations d'attachement des peuples de Vittoria.— Ordre royal pour la délivrance de Godoï.— Documens sur sa délivrance. — Départ de Ferdinand. — Publication royale. — Ferdinand à Irun. — Lettre de ce prince à Napoléon. — Son arrivée à Bayonne. — Napoléon lui rend visite. — Dîner au château de Marrac. — Réflexions sur la présence à Bayonne de Ferdinand et de Godoï.—Ouvertures des négociations. — L'Impératrice Joséphine arrive à Marrac.—Interception des correspondances.—Lettres à l'infant don Antonio, traduites sous les yeux de l'empereur.—Lettre du roi Charles à l'infant don Antonio.

Effectivement, Ferdinand partit de Madrid le 10 avril, et alla coucher à *Buitrago*, le 11 à *Aranda de Duero*, et le 12 à *Burgos*. Sa présence excita l'enthousiasme le plus vif dans toutes les provinces et dans toutes les villes qu'il traversa. Ces élans d'amour n'avaient pu être commandés et n'en furent pas moins exaltés; les arcs de triomphe, les illuminations, les danses nationales furent improvisés; les chemins et les rues furent couverts d'une population immense; les acclamations unanimes et bruyantes, les protestations de verser jusqu'à la dernière goutte de sang pour son auguste personne..., en un mot, tous les témoignages de fidélité, de dévouement et d'allégresse lui furent prodigués, etc., etc.; il y eut même des habitans qui ôtaient leurs habits et les plaçaient sous les roues du carrosse royal, pour conserver l'empreinte d'un passage qui devenait pour eux le moment le plus heureux de leur vie, et le gage de la félicité publique. En se voyant tant aimé de ses sujets, Ferdinand dut se croire le roi le plus puissant de la terre. Cette illusion si douce et si naturelle le conduisit à travers un chemin semé de fleurs jusqu'au terme d'un voyage qui devait finir par une résidence longue et forcée dans l'intérieur de la France.

Il arriva le 13 à Vittoria, où de grands rassemblemens de troupes françaises rendirent, par leur seule présence, les réjouissances publiques moins bruyantes, mais non moins sincères. Ce même jour, 13 avril, l'infant D. Antonio et le conseil de régence ordonnèrent au nom du roi, à la commission nommée pour procéder au jugement de Godoï, de surseoir à ce jugement. Cette commission eut beaucoup de peine à s'y conformer, et n'obéit qu'après avait fait les représentations les plus énergiques sur une suspension qui ne devait produire que le plus mauvais effet dans toute l'Espagne. Ces remontrances ne furent pas écoutées. Une main puissante et invisible étendait déjà sa protection sur ce célèbre accusé. Les obstacles et les retards que la commission apporta dans l'exécution des ordres du roi se prolongèrent jusqu'au 20 avril. Le public n'en fut informé qu'à cette époque. Le départ du roi, de Madrid, fut une première faute; la suppression du procès de Godoï en fut une seconde, au moins aussi grave, parce qu'elle jeta les esprits dans une fermentation fâcheuse, et fit apercevoir l'influence du gouvernement français dans les conseils du roi.

—

Ferdinand resta indécis plusieurs jours à Vittoria; il s'y éleva quelques troubles qui provenaient de l'atachement excessif des habitans de cette ville pour sa personne; ce prince fut obligé de *modérer ces démonstrations* qui exprimaient hautement le désir de l'empêcher de partir, et de le conserver au milieu d'une province si fidèle; il crut devoir *les assurer que l'amitié la plus tendre existait entre lui et l'empereur, et que dans quatre ou cinq jours ses sujets remercieraient Dieu de cette courte absence qui les alarmait sans motifs, et qui devait avoir un résultat si heureux pour l'Espagne.*

Le 18, Ferdinand, comme je l'ai déjà dit, reçut la lettre que Napoléon lui avait écrite de Bayonne le 16, et que l'on a déjà lue. Malgré l'avis de quelques conseillers fidèles et éclairés, il persista dans l'intention de continuer son voyage. Il est douteux d'ailleurs qu'il eût pu se retirer librement, entouré comme il l'était par un corps considérable de troupes françaises; c'eût été déclarer la guerre, et il n'était pas facile de la faire sans armée et sans trésor. Cette lettre de Napoléon, d'un côté, conduisit Fer dinand à Bayonne, et de l'autre ouvrit les portes de la prison du prince de la Paix.

La junte du gouvernement fit publier dans la Gazette officielle extraordinaire de Madrid l'avis suivant, sous la date du 21 [1] :

« Le roi notre maître mettant le plus haut prix
» à satisfaire les désirs que l'empereur des Français
» et roi d'Italie lui a manifestés de disposer du sort
» de D. Manuel Godoï, s'est empressé de répondre
» à S. M. I. et R. qu'il allait donner de suite des
» ordres pour que ce prisonnier fût immédiatement
» conduit aux frontières du royaume, avec défense
» d'y jamais rentrer, ni dans tout autre pays dépen-
» dant de la monarchie espagnole.

» L'empereur des Français, sensible à ce noble
» procédé, a ordonné au grand-duc de Berg de re-
» cevoir le prisonnier, et de le faire conduire sous
» une escorte sûre.

» La junte du gouvernement ayant reçu les ordres
» réitérés de S. M., a ordonné hier au général
» chargé de la garde du prisonnier, d'en faire la
» remise à l'officier que le grand-duc enverrait pour
» le recevoir. Ces dispositions ont été exécutées ainsi
» qu'il avait été ordonné.

» Madrid, 21 avril 1808. »

---

[1] Manifeste de la junte suprême, page 8.

Je suis forcé d'anticiper sur les événemens pour terminer de suite tout ce qui a rapport à la manière dont Godoï fut mis en liberté. Je trouve tous les renseignemens nécessaires dans les publications officielles qui furent faites à Madrid après la retraite forcée du roi Joseph, par suite de l'affaire de Baylen ; ces publications eurent lieu à la fin d'août 1808. Il sera facile de conclure de l'exposé que je vais en faire, que chacun des conseils rejetait la responsabilité de cette extraordinaire délivrance.

Gazette officielle du 19 août 1808.

Le conseil suprême fit publier un compte rendu des événemens qui avaient eu lieu jusqu'à ce jour, et dans lequel il exposait les motifs de la conduite qu'il avait tenue; cette pièce officielle est considérée comme un acte ministériel. Le conseil suprême des Indes, adoptant de confiance tout ce qui était dit dans ce compte rendu relativement à la délivrance de Godoï, fit une circulaire dans laquelle il disait, « que S. M. le roi Ferdinand, animé du désir de
» condescendre aux demandes de l'empereur, pour
» ne laisser subsister aucun obstacle ni prétexte capables de prolonger les troubles dont le royaume
» était menacé, avait donné l'ordre, daté de Vittoria,
» de remettre aux troupes françaises la personne de
» D. Manuel Godoï, principale cause de tant de
» maux, que S. M. avait arraché elle-même à la
» juste fureur du peuple qui voulait le massacrer;
» l'empereur ayant offert d'ailleurs de le faire juger

» et punir conformément aux lois, et de le garder
» prisonnier jusqu'à ce moment [1].

---

[1] Le 23 août, le conseil de Castille fit publier l'avis suivant dans la Gazette officielle :

« Le conseil suprême des Indes ayant dit dans l'exposé de
» sa conduite, dans la Gazette officielle du 19, que ce fut
» d'après l'ordre du roi notre seigneur et maître Ferdinand VII,
» que le prisonnier Manuel Godoï fut tiré de sa prison et
» remis aux troupes françaises par condescendance pour les
» désirs de l'empereur des Français, il convient pour l'hon-
» neur de S. M. et pour détromper la nation espagnole, de
» dire que cet événement n'eut lieu que par un malentendu
» involontaire, qui ne peut être attribué au conseil des
» Indes... Le conseil suprême de Castille fait savoir par
» cette annonce officielle, afin que personne ne l'ignore, qu'un
» pareil ordre n'a pas été donné par notre roi Ferdinand VII,
» et que ce fut, au contraire, contre son avis personnel que
» cette délivrance fut exécutée, ainsi que cela sera prouvé
» dans peu. Le conseil suprême de Castille, rendant justice au
» zèle, à la prudence et à la circonspection du conseil suprême
» des Indes, et ne voulant pas laisser subsister la plus légère
» défaveur sur les motifs qui ont fondé l'assertion énoncée
» dans la circulaire de ce conseil, déclare expressément que
» le compte rendu, ou manifeste de la junte de gouverne-
» ment présidée par l'infant don Antonio ayant été publié,
» répandu, sans obstacle, sans contradiction aucune, le
» conseil des Indes a pu légitimement y puiser les renseigne-
» ments qu'elle a insérés dans sa circulaire du 19, ce mémoire
» justificatif ou compte rendu étant un document officiel. »

La même Gazette officielle du 23 août renferme l'avis suivant :

« Le conseil suprême de Castille a ordonné de publier la

Ainsi fut délivré ce Godoï, objet de tant d'amour et de tant de haine. Napoléon avait promis au roi

---

» réclamation qui vient de lui être adressée par S. E. le mar-
» quis de Chasteler, général commandant les troupes char-
» gées de la garde du prisonnier Godoï :
« Illustrissime seigneur, je vois avec une véritable douleur
» que l'on se dispose à publier dans la Gazette de ce jour 23
» août, par ordre du conseil suprême de Castille, que ce ne
» fut point d'après les ordres du roi que la remise du prison-
» nier Godoï fut faite aux troupes françaises. Comme cette
» publication intéresse mon honneur, et qu'elle pourrait faire
» soupçonner ma fidélité, celle de don Joseph Palafox, au-
» jourd'hui capitaine-général de l'Aragon, mais alors employé
» sous mes ordres, celle des gardes du corps et des autres
» troupes dont j'avais le commandement général à cette époque,
» et comme la nation pourrait croire que ce fut sans un ordre
» supérieur que Godoï fut délivré, je me dois à moi-même
» et aux troupes qui étaient sous mes ordres de déclarer à
» vos excellences du conseil suprême de Castille qu'au com-
» mencement de la nuit du 19 avril dernier, je reçus un ordre
» officiel de la junte suprême de régence et de gouvernement,
» présidée par le sérénissime infant don Antonio, par lequel
» il m'était enjoint de remettre cette même nuit le prison-
» nier Godoï. Quoique cet ordre fût secret, j'assemblai de
» suite un conseil de guerre composé de tous les officiers
» supérieurs de mon armée. Je me rendis de suite à Madrid
» pour présenter à l'infant don Antonio et au conseil de
» régence les justes observations que je croyais devoir faire,
» et pour m'assurer en même temps de l'authenticité de l'ordre
» que j'avais reçu. Je trouvai les avis partagés et j'offris jus-
» qu'à 3 fois la démission de mon commandement à l'infant
» don Antonio. Mais il s'y refusa, en me disant que la *recon-*

Charles de sauver son favori. Il lui tint d'autant plus aisément parole, qu'il est facile de voir, d'après les

---

» *naissance* de son neveu comme roi d'Espagne dépendait
» de la remise du prisonnier. Je fus forcé d'obéir contre mon
» sentiment personnel, et je revins à onze heures du soir à
» Villa-Viciosa où Godoï était enfermé ; je dois ajouter que,
» pour couvrir ma responsabilité et celle des troupes que je
» commandais, j'avais insisté avec force pour qu'il fût publié
» un avis officiel à cet égard, mais cette publication ne fut
» pas faite : trompé dans mes espérances, je crus devoir
» m'adresser directement au roi lui-même et je le suppliai de
» prendre en considération notre inébranlable fidélité, et
» de faire connaître à toute la nation les sentimens dont
» nous étions animés. Je confiai ma dépêche à mon aide de
» camp don Ferdinand Butron, et à mon fils, le comte don
» Belveder, ne pouvant me rendre moi-même auprès de S. M.,
» parce que cette malheureuse affaire avait altéré ma santé.
» Je les chargeai de mettre aux pieds du roi l'expression de
» ma douleur et l'hommage de mon respectueux dévouement.
» Mais ce généreux prince était déjà prisonnier à Bayonne :
» ces papiers sont encore aujourd'hui entre les mains de don
» Juan Palafox, auquel je viens d'écrire en ce moment de me
» les renvoyer pour notre justification commune, désirant
» même, si cela est nécessaire, qu'il soit formé un conseil de
» guerre pour en prendre connaissance et juger notre con-
» duite. Je supplie vos seigneuries d'ordonner aujourd'hui
» même la publication de ma lettre dans la Gazette offi-
» cielle, afin de détruire toutes les préventions qui
» pourraient subsister, et pour prouver à la nation que ni
» moi, ni mon fils, ni don Juan Palafox, ni les officiers de
» mon armée ne sont responsables de l'exécution d'un
» ordre qu'ils n'ont pu empêcher, et qu'ils ont rempli avec

pièces qu'on vient de lire, qu'il trouva dans les agens du pouvoir espagnol une mollesse et une inca-

---

» la plus grande exactitude tous leurs devoirs en fidèles su-
» jets et en bons citoyens. J'espère que V. S. et le conseil
» m'accorderont ma juste demande. Dieu vous garde de longs
» et heureux jours. »

» Le marquis DE CHASTELER.

Madrid, le 23 août 1808. »

A son illustrissime seigneurie, le doyen-président du conseil par intérim.

Gazette officielle du 7 septembre 1808.

Relation de la manière dont le grand-duc de Berg se fit donner, par la junte de gouvernement, l'ordre de la remise du prisonnier Godoï ; par M. de Cevallos.

« Aussitôt que le grand-duc de Berg, commandant géné-
» ral des armées de l'empereur des Français fut entré en Espa-
» gne, il affecta de dire qu'il ne venait que pour nous rendre
» heureux, et pour proposer à notre gouvernement quelques
» réformes qu'il croyait sages et utiles. Il fit entendre en
» même temps, qu'il était chargé de soutenir le parti du
» prince des Asturies, et qu'il le débarrasserait du prince de
» la Paix, objet de la haine de toute la nation (M. de Ce-
» vallos était beau-frère du prince de la Paix) ; il s'expliqua
» assez franchement encore sur la grande influence de la
» reine dans les affaires du gouvernement. Il savait bien
» que cette façon de s'expliquer lui gagnerait la bienveil-
» lance d'un peuple opprimé, et comme la mission qu'il
» avait reçue de l'empereur n'avait d'autre but que celui qui

pacité extraordinaires. Peut-être aussi s'imaginait-il qu'un homme, qui pendant vingt ans avait gouverné

» a été développé plus tard, il faut convenir que cette ma-
» nière de s'annoncer en Espagne n'était pas mal calculée.
» Toutefois, comme les choses de ce monde sont sujettes
» à beaucoup de changemens et d'incertitude, les mémora-
» bles événemens d'Aranjuès (19 mars) firent changer le
» premier plan. A peine le grand-duc en eut-il connaissance
» que son langage fut tout différent et qu'il parut prendre
» un grand intérêt au sort du prince de la Paix, avec lequel
» il avait entretenu une correspondance intime, quoique de
» fait ils ne se connussent point personnellement. Il devina
» sans beaucoup de peine que le plus grand désir du vieux
» roi et de la reine devait être de sauver leur favori. En
» conséquence, il ne négligea rien pour la délivrance du pri-
» sonnier. Toutes ses démarches et toutes ses instances fu-
» rent inutiles pendant le séjour à Madrid de notre souve-
» rain adoré Ferdinand VII. Cependant le grand-duc ne
» renonça point à l'espoir de sauver Godoï. A peine eut-il
» la certitude de l'arrivée de notre roi à Burgos, qu'il re-
» nouvela, avec la dernière instance, cette demande à la
» junte suprême du gouvernement, menaçant même d'em-
» ployer les forces militaires qui lui étaient confiées pour
» enlever le prisonnier.
» La junte résista avec force, consulta le roi et attendit
» ses ordres. Dans des circonstances aussi critiques, S. M.
» trouva convenable d'autoriser la junte de régence à répon-
» dre officiellement que le sujet en question devait être
» traité directement entre le roi et l'empereur, et que S. M.
» répondait en ce moment même à cette demande dans une
» lettre qu'il écrivait à l'empereur.

l'Espagne en souverain, devait être initié dans les mystères les plus secrets de la politique de tous les

---

» La réponse du roi fut ainsi conçue :

» Le grand-duc de Berg et l'ambassadeur de V. M. I. et R. » ont fait, en différentes occasions, la demande verbale de » remettre à la disposition de V. M. la personne du prison- » nier D. Manuel Godoï, enfermé pour crime d'état dans le » palais de Villa-Viciosa.

» Rien ne me serait plus agréable que d'accéder à la de- » mande de V. M. ; mais les conséquences d'un tel consen- » tement sont si graves et si importantes, que je me vois » forcé de les soumettre à la sagesse et à la prudence de » V. M.

» Par une suite convenable de l'obligation où je suis de » rendre une justice rigoureuse à mes sujets, j'ai ordonné au » tribunal le plus respectable de mon royaume de procéder » conformément aux lois au jugement de D. Manuel Godoï » prince de la Paix. J'ai pris l'engagement avec mes sujets » de rendre publics toute la discussion et les débats de ce » procès dont le jugement devait amener la réparation de » tant d'outrages faits à un si grand nombre d'Espagnols, et » concourir en même temps à la conservation des droits de » ma couronne. Dans toute la vaste étendue de mes états, » il n'y a pas même un petit village qui n'ait élevé jusqu'à » mon trône des plaintes contre le prisonnier. Tous mes su- » jets ont fait connaître, par des démonstrations excessives, la » joie qu'ils ressentaient en apprenant l'arrestation de D. Ma- » nuel Godoï, et tous attendent avec la plus vive impatience » la décision légale de cette grande affaire.

» V. M., dont les éclatantes qualités militaires ne peuvent » être égalées que par la sagesse des lois qu'elle a données à » ses peuples, n'aura point de peine à reconnaître l'impor-

cabinets de l'Europe, et qu'il serait intéressant de le faire parler dans un moment où la mort, suspen-

---

» tance de ces hautes considérations. Mais puisque V. M.
» s'intéresse à la vie de Godoï, je lui donne ma parole royale,
» que, dans le cas où, par suite du jugement qui sera rendu,
» ce prisonnier serait condamné à mort, je lui ferai grâce par
» égard pour la médiation de V. M. I. et R.

» Dieu garde la vie de V. M. pendant de longues années.

» *Signé*, Ferdinand.

« Vittoria, 18 avril 1808. »

» Je donnai connaissance de cette lettre à la junte d'après
» les ordres du roi, continue M. de Cevallos, et je la préve-
» nais que dans le cas où le grand-duc de Berg renouvellerait
» ses demandes en faveur de Godoï, elle devait se borner à
» répondre que cette affaire se traitait directement entre les
» deux souverains, et qu'elle dépendait exclusivement de la
» volonté du roi. J'ajoutai que S. M. ayant appris que *les*
» *rois-pères*, sans doute mal informés, s'étaient plaints au
» grand-duc des mauvais traitemens qu'on faisait éprouver au
» prisonnier, m'avaient ordonné d'écrire au marquis de Chas-
» teler pour lui enjoindre de prendre le plus grand soin de
» la santé de Godoï : cet ordre fut exécuté, et ma lettre au
» marquis de Chasteler partit en même temps que la dé-
» pêche royale adressée à la junte.

» A peine l'empereur eut-il reçu la lettre du roi notre
» maître qu'avec sa supercherie accoutumée (*acostumbrada*
» *supercheria*), il abusa des termes de cette lettre et écrivit
» au grand-duc que le prince des Asturies mettait à sa disposi-
» tion la personne du prisonnier Godoï, et qu'il lui ordon-
» nait de la réclamer avec énergie. Il n'en fallut pas davan-

due pendant plus d'un mois sur sa tête, devait lui faire attacher peu de prix à ces brillantes rêveries

---

» tage à Murat, dont le caractère est naturellement violent
» et hardi, pour faire adresser à la régence la note suivante :
  » L'empereur et roi ayant fait connaître à S. A. I. et R.
» le grand-duc de Berg que S. A. R. le prince des Asturies
» venait de lui écrire qu'elle mettait à sa disposition la per-
» sonne du prince de la Paix, S. A. me charge en consé-
» quence d'informer la junte suprême des intentions de
» l'empereur, et me réitère l'ordre de demander la remise
» de D. Manuel Godoï, afin de l'envoyer en France.
  » Il est possible que cette détermination de S. A. R. le
» prince des Asturies ne soit pas encore parvenue à la con-
» naissance de la junte [1]. Il faut croire, en ce cas, que S. A. R.
» le prince des Asturies aura attendu la réponse de S. M. l'em-
» pereur. Toutefois la junte suprême n'aura pas de peine
» à comprendre qu'une réponse de S. M. au prince des
» Asturies sur un pareil sujet, déciderait une question qui
» n'est pas encore décidée, puisque, jusqu'à présent, S. M.
» ne peut reconnaître d'autre roi d'Espagne que Charles IV.
  » Je prie la junte de prendre en considération ce que j'ai
» l'honneur de lui écrire, et d'avoir la bonté de me faire con-
» naître sa détermination, afin que je puisse en rendre compte
» à S. A. I. et R. le grand-duc.
  » Le gouvernement et la nation espagnole trouveront dans
» cette résolution de l'empereur une nouvelle preuve du
» grand intérêt qu'il prend au sort de ce royaume, parce

---

[1] En observant les dates de ces lettres, il est impossible de croire, sans l'intermédiaire d'un télégraphe, que la lettre de Ferdinand, datée le 18 de Vittoria, envoyée à Bayonne, soit revenue à Madrid le 20 au matin : ce fait est matériellement impossible.

que l'ambition et l'intrigue décorent du nom de politique, de science diplomatique, etc., etc. Certes,

---

» qu'en y laissant le prince de la Paix, la malveillance pour-
» rait chercher à faire croire que l'intention du roi Charles se-
» rait de rappeler ce prisonnier auprès de sa personne et de
» lui rendre sa puissance, ce qui très-certainement n'arrivera
» plus : D. Manuel Godoï a perdu tous ses droits à la
» confiance de ce monarque.

» Au reste, la junte suprême ne doit voir dans toute cette
» affaire, que la justice et la noblesse des sentimens de l'em-
» pereur et sa fidélité inébranlable envers son auguste allié.

» J'ai l'honneur de présenter à la junte suprême, l'assu-
» rance de ma haute considération.

» Le général chef de l'état-major. »

Madrid, 20 avril 1808.

« A cette communication officielle il fut ajouté tant de me-
» naces, que la junte, craignant à la fin de compromettre le
» salut de l'état par de nouveaux refus, eut la faiblesse de
» consentir à la demande qui lui était faite, et d'ordonner
» au nom du roi, au marquis de Chasteler, de remettre le
» prisonnier cette même nuit ; cet ordre fut exécuté, non
» sans une vive résistance dudit général et des officiers pré-
» posés à la garde du prince de la Paix.

» Pour rendre hommage à la vérité, je dois ajouter que
» D. F. Gill, secrétaire d'état au département de la marine
» et membre de la junte suprême, s'opposa de tout son pou-
» voir à la délivrance du prisonnier, parce que le roi ne
» l'autorisait point.

» Il n'est pas aisé de concevoir comment après des faits
» aussi positifs que ceux que je viens d'exposer, la junte su-
» prême du gouvernement a pu dire au conseil et à la nation,
» par deux actes insérés dans deux gazettes officielles et extra

il dut être bien étonné lorsque le prince de la Paix, remis à ses troupes, fut amené à Bayonne, de ne

» ordinaires, que la délivrance du prince de la Paix avait eu
» lieu en vertu d'un ordre du roi : la junte a certainement
» cherché à pallier sa faiblesse en donnant aux expressions
» des dépêches royales un sens qui n'était pas le véritable.
» Pour justifier sa conduite, elle en cite les propres expres-
» sions (voir Manifeste, pages 10 et 11 de l'édition in-4°.);

» *Quant au prisonnier D. Manuel Godoï (écrivais-je*
» *dans ma dépêche datée de Vittoria, le 18 avril), le roi*
» *m'ordonne d'informer la junte, pour qu'elle en fasse un*
» *usage convenable, que S. M. est trop empressée de ré-*
» *pondre aux désirs que lui a manifestés l'empereur des*
» *Français, pour ne pas saisir l'occasion de lui être agréa-*
» *ble, en usant de générosité envers un criminel qui a of-*
» *fensé sa personne royale.*

» Pour peu qu'on réfléchisse aux termes dans lesquels est
» conçu cet ordre royal, il sera facile de connaître qu'il n'é-
» tait nullement question de mettre en liberté le prisonnier;
» il annonçait seulement que le roi était disposé à user de
» générosité envers lui, par égard pour l'intercession de
» l'empereur. Pour savoir comment cette générosité devait
» s'entendre, il suffit de jeter les yeux sur la décision que
» S. M. adressa de Vittoria le 18 avril au conseil suprême, et
» que ce conseil a insérée dans son exposé justificatif (page 15,
» même édition in-4°.). J'écrivis le même jour, d'après les
» ordres du roi, au marquis de Chasteler, que le roi était fort
» touché de l'inquiétude qu'éprouvaient ses augustes pa-
» rens, et qu'il lui enjoignait de veiller à la conservation
» et à la santé du prisonnier. Il est clair que si, dans le
» même moment, le roi avait ordonné à la junte suprême
» du gouvernement de mettre en liberté ce même prison-
» nier, il aurait donné un ordre ridicule et inutile; bien

trouver au lieu d'un homme d'état, qu'un individu remarquable seulement par ses formes athlétiques

---

» au contraire, lorsque la junte rendit compte au roi des
» motifs qui l'avaient dirigée dans cette grave circonstance,
» et qui sont les mêmes que j'ai déjà fait connaître, S. M.
» m'ordonna de répondre dans les termes suivans :

« *Le roi est informé des motifs qui ont dirigé la conduite*
» *du conseil suprême pour la mise en liberté du prisonnier,*
» *sans aucun ordre de lui.*

» La lettre du conseil suprême et la réponse du roi ont été
» dans les mains des officiers supérieurs de la secrétairerie
» d'état de S. M., et de ses secrétaires chargés de l'expédi-
» tion des dépêches du cabinet, D. Eusèbe de Bardaxi y
» Azara et D. Louis de Onis, qui peuvent le certifier eux-
» mêmes.

» J'ai cru de mon devoir de publier ces faits, afin que
» toute la nation puisse connaître les causes de la délivrance
» de D. Manuel Godoï, faussement attribuée à un ordre du
» roi, qui n'eut jamais la pensée de manquer à la parole qu'il
» avait donnée à ses fidèles sujets, de faire juger le prince de
» la Paix conformément à nos lois ; afin d'ajouter encore, si
» cela est possible, à l'inexprimable amour que nous portons
» à la personne de notre roi Ferdinand VII, que le ciel
» veuille nous rendre pour mettre le comble à notre félicité.

» PEDRO CEVALLOS. »

« D. Eusèbe de Bardaxi y Azara et D. Louis de Onis,
» secrétaires du cabinet du roi notre maître, chargés de l'ex-
» pédition des ordonnances royales, premiers commis de la
» secrétairerie d'état et des dépêches, certifions que la lettre
» de la junte suprême au roi, et la réponse de S. M., sont
› conçues dans les termes que D. Pedro Cevallos vient d'ex-
› primer, et que la teneur en est fidèle et véritable... Ce que
› nous affirmons avec d'autant plus d'assurance, que ces deux

et par une assez belle figure, encore toute meurtrie des coups qu'il avait reçus au moment de son arrestation, mais du reste totalement dépourvu de ces grandes qualités qui d'ordinaire accompagnent une si longue et si haute élévation. *C'était véritablement la médiocrité parvenue.* Le prince de la Paix ne recueillit dans son naufrage que la malédiction de tous les Espagnols : son royal ami seul lui resta fidèle. Si Ferdinand fût demeuré à Madrid, et si Napoléon, moins exact à tenir la promesse qu'il avait faite au vieux roi, avait abandonné les choses au cours naturel qu'elles devaient avoir, il est probable que la guerre d'Espagne ne serait pas devenue nationale. Peut-être n'y aurait-il pas eu de guerre, ou du moins elle n'aurait eu lieu qu'entre des armées régulières. Mais ce peuple furieux de se voir enlever un prince chéri, et un ennemi sur la tête duquel il avait amassé tant de ressentimens et tant de vengeances, courut de tous côtés aux armes, et ne vit plus que des ennemis mortels dans cette armée protectrice de Godoï. Les enfans, les femmes, les moines, les citoyens paisibles, les riches, les pauvres, tout, en un mot, fit de la querelle une affaire personnelle ; et ce fut corps à corps qu'il fallut attaquer

---

» documens ont passé entre nos mains. En foi de quoi nous
» avons signé le présent.

» Madrid, 3 septembre 1808.

» *Signés*, Bardaxi y Azara.
» Louis de Oniz. »

et combattre cette nation courageuse et unie, qui avait à délivrer son prince des mains d'un oppresseur et à défendre ses foyers. Des torrens de sang et de larmes furent les déplorables suites de cette funeste amitié du roi Charles pour son indigne favori. Assurément, rien n'est moins explicable que cet attachement exclusif pour un homme qui, s'il faut en croire les bruits les plus généralement répandus, n'avait fondé sa fortune et son pouvoir qu'en foulant aux pieds tous les liens et tous les sentimens qui doivent être les plus sacrés pour tout homme qui se respecte lui-même en respectant les autres. Dans le cours ordinaire de la vie, de pareilles violations n'amènent pas avec elles une si tendre affection.

Je reviens à Ferdinand, que j'ai laissé à Vittoria. Les Espagnols étaient réellement persuadés que l'intention de Napoléon avait été de venir à Madrid, mais ils étaient bien éloignés de penser que leur prince chéri passerait les Pyrénées pour se rendre auprès de lui ; la surprise et l'inquiétude furent extrêmes lorsque la junte suprême publia par ordre du roi la nouvelle suivante, transmise officiellement et signée par don Pedro Cevallos, premier ministre de S. M.

Vittoria, 18 avril 1808.

» Le roi m'ordonne de vous prescrire de faire
» connaître à ses bons et loyaux sujets tout le plaisir
» qu'il éprouve en voyant arriver le moment où tous
» les intérêts respectifs des deux nations doivent

» être réglés entre lui et son intime allié l'empe-
» reur des Français ; il espère que cette heureuse
» nouvelle calmera toutes les inquiétudes que son
» absence a pu causer. S. M. désire que tous ses su-
» jets, surtout ceux de Madrid, partagent la satis-
» faction qu'il ressent. Le roi, voulant répondre à
» l'invitation flatteuse que lui a adressée S. M.[1] im-
» périale et royale dans la lettre qu'il vient de rece-
» voir ici, se propose, pour resserrer des liens d'une
» éternelle alliance, *de rendre une visite à l'empe-*
» *reur dans la maison de campagne qu'il habite en*
» *ce moment, et qui est située à peu de distance des*
» *frontières.* En conséquence S. M. partira demain
» pour aller coucher à Irun, d'où elle partira le len-
» demain pour se rendre auprès de l'empereur et
» *se jeter dans les bras* de son auguste et généreux
» ami. Le roi espère que ses fidèles sujets auront
» une pleine confiance dans les mesures sages et pru-
» dentes qu'il vient de prendre ; qu'ils ne prêteront
» pas l'oreille aux craintes mal fondées que l'igno-
» rance ou la malveillance pourraient tenter de leur
» inspirer, et qu'ils attendront avec calme et tran-
» quillité son prompt retour et l'issue des affaires
» importantes, dont l'accomplissement remplira de
» joie son cœur paternel, puisqu'il assurera le bon-
» heur de toute la nation.

---

[1] Ferdinand et ses conseillers regardèrent comme une *invitation flatteuse* ces mots de la lettre de l'empereur : *Je désire causer avec vous.*

» Le conseil suprême voulant faire partager à tout
» le monde la joie qu'il éprouve des nouvelles agréa-
» bles qu'il vient de recevoir, ordonne que la publi-
» cation en soit faite à l'instant même, dans la ville
» de Madrid et dans les environs. »

———

Le prince Ferdinand partit de Vittoria le 19 avril dans la matinée, et arriva le soir à Irun. Il écrivit le soir même la lettre ci-après, et qui fut remise à l'aide de camp de l'empereur qui l'avait accompagné depuis Madrid, et qui précéda de dix heures l'arrivée de ce prince à Bayonne, après avoir voyagé toute la nuit.

« Monsieur mon frère,

» En conséquence de ce que j'ai eu l'honneur
» d'écrire hier à V. M. impériale et royale, je viens
» d'arriver à Irun, et je me propose d'en partir de-
» main matin à huit heures, pour avoir l'avantage
» de faire la connaissance de V. M. impériale et
» royale en la maison de Marrac, ce que j'ambi-
» tionne depuis long-temps, *si toutefois elle veut*
» *bien le permettre*. En attendant je suis, avec les
» sentimens de la plus haute estime et la plus haute
» considération,

» De V. M. I. et R. le bon frère,

» FERDINAND. »

Irun, le 19 avril 1808.

Cette lettre est une réfutation complète des sentimens exprimés avec tant d'assurance dans les publications qui précèdent. Il faut bien établir que Ferdinand ne fut pas invité à se rendre à Bayonne par l'empereur. Les termes mêmes de la lettre que l'on vient de lire prouvent évidemment que c'est lui-même qui s'invitait. On a rejeté sur Napoléon tout l'odieux de cette affaire. Mais les documens qu'on vient de lire suffisent pour détruire l'idée qu'il y eût préméditation de sa part, tandis qu'il n'y avait en opposition que de l'inexpérience et de la maladresse. Cela est si vrai, que Napoléon avait peine à croire le rapport que lui faisait son aide de camp... *Comment! il vient?* s'écria-t-il! *non! cela n'est pas possible!* Je l'ai entendu moi-même. Qu'il n'ait pas ensuite tiré parti des circonstances, c'est ce que je ne déciderai point. Mais je puis assurer que, dans ce premier moment, il fut très-embarrassé. Peut-être n'était-il pas préparé à tant de faiblesse. Il avait espéré un instant qu'à la vue d'une frégate espagnole disposée au port du Passage, Ferdinand aurait eu de lui-même l'idée de s'embarquer pour le Mexique. Il se trompa.

En effet, comment imaginer qu'un jeune prince qui venait d'être élevé sur le pavois par une insurrection populaire, écoutant des insinuations douteuses, qui n'étaient appuyées par aucune lettre, par aucune négociation préalable, se laisserait entraîner de gîte en gîte au delà de son royaume, s'enquérant aventureusement de tous côtés pour savoir s'il serait reçu comme roi ou seulement comme prince, oubliant que ce point important aurait dû être réglé et décidé avant son départ de Madrid. A quoi donc lui servait ce nombreux cortége de conseillers de toute espèce, qu'il traînait à sa suite? Comment sa main ne se refusa-t-elle pas à signer l'ordre de mettre en liberté ce Godoï, son ennemi le plus cruel? Et si sa capitale envahie ne lui offrait plus un asile convenable, pourquoi ne pas se rendre dans ses provinces fidèles, y traîner Godoï, le faire juger et puis déclarer franchement la guerre? Cette nation bouillante de courage et d'orgueil, a opposé une si longue et si opiniâtre résistance sans son roi; que n'eût-elle pas fait avec lui?

Mon respect pour le pouvoir suprême m'aurait interdit ces dures réflexions, si le changement de scène et les arrêts inévitables de la Providence n'avaient replacé le roi Ferdinand sur le trône auquel il était appelé par les droits de sa naissance. Il est cependant utile de rappeler quelquefois aux grands de la terre, qu'ils sont exposés aux mêmes vicissitudes que les autres hommes. Ces regards portés sur des infortunes passées tournent toujours au profit et au bonheur de leurs sujets; du moins cela devrait être ainsi.

———

Le prince des Asturies arriva à Bayonne le 20 avril à midi. L'empereur n'avait envoyé personne pour le recevoir à la frontière; seulement à quelque distance de la ville il rencontra le prince de Neufchâtel, le grand-maréchal et le comte d'Angosse, chambellan nommé pour le service d'honneur auprès de lui. Le prince Ferdinand fut complimenté au nom de l'empereur, escorté par la garde d'honneur du département, et descendit avec ce léger cortége au palais qui lui avait été destiné. Il y fut reçu par les trois personnages que je viens de nommer et qui l'avaient précédé. M. de Cevallos (page 70) se plaint du peu de cnvenance de l'habitation préparée pour le royal voyageur; il aurait dû se rappeler que la ville n'offrait point d'autre ressource. Cette maison était la plus belle, elle était neuve et très-bien meublée. L'infant don Carlos y était déjà établi. Une heure après, Napoléon vint rendre visite au prince Ferdinand, qui descendit jusques à la porte de la rue pour le recevoir. Ils s'embrassèrent et montèrent dans les appartemens. L'entrevue dura une demi-heure : je ne pense pas qu'il y fût beaucoup parlé d'affaires. Aucune confiance ne pouvait exister entre eux. Après le départ de Napoléon, le grand-maréchal vint inviter à dîner, de la part de l'empereur, le prince Ferdinand, don Carlos, le duc de l'Infantado, M. de Cevallos, le duc de san Carlos, l'abbé Escoiquiz, et, je crois, le comte de Fernand Nuñès. Les carrosses de Napoléon allèrent prendre ces illustres convives; au moment de leur arrivée au château de Marrac, Napoléon descendit jusqu'au bas du perron, où le carrosse du prince était arrêté; ce fut la seule démonstration qui me parut être de la nature de celles qu'ordinairement il rendait aux têtes couronnées. J'étais déjà un peu au courant de ce qui se passait en Espagne, et comme mes nouvelles fonctions de traducteur du cabinet ne m'empêchaient pas de faire mon service de préfet du palais, j'attendais avec impatience le moment du dîner, auquel j'assistais régulièrement, curieux d'observer une réunion aussi extraordinaire. J'admirai l'adresse avec laquelle l'empereur évita de donner à Ferdinand, soit le titre de majesté, soit celui d'altesse. Il l'en dédommagea par une politesse plus recherchée et plus gracieuse qu'à son ordinaire; il l'étendit même sur tous les courtisans du prince; en un mot, il se posséda si bien, que la physionomie de tous les convives me parut exprimer une véritable satisfaction d'un si bon accueil. Après le dîner, l'entretien dura peu; l'empereur, cette fois, n'accompagna Ferdinand que jusqu'aux premières portes de son appartement.

On assure qu'une heure après être rentré chez lui, le prince reçut un message de l'empereur, par lequel il lui fut dit qu'il n'aurait d'autre rang que celui de prince des Asturies, jusqu'à l'arrivée du roi Charles, qui était en route pour Bayonne, parce qu'alors le grand débat entre le père et le fils se déciderait naturellement.

La garde d'honneur et la garde impériale firent simultanément le service du palais de Ferdinand, et ce poste fut renforcé par un nombreux détachement de la gendarmerie d'élite.

Ainsi, par une rare et singulière combinaison du sort, furent jetés sur le sol étranger deux ennemis qui pendant long-temps se disputèrent le pouvoir suprême. L'un d'une naissance commune, sans talent, sans génie, élevé inopinément, par le caprice d'une femme, d'un poste subalterne au sommet du pouvoir; fléchissant sous le poids des honneurs et des richesses dont un roi, trop faible, l'accable; véritable roi pendant plus de vingt années, au moment de monter en souverain sur le trône des Algarves, époux d'une princesse du sang le plus illustre (Bourbon), déshérité tout à coup de tant de grandeurs, de tant de chimères; précipité par un coup de foudre au fond d'un noir cachot dans son propre palais : réservé pour l'échafaud, où veut le traîner toute une nation qui l'abhorrait, parce qu'il avait foulé aux pieds ses lois, ses droits et son orgueil; qui, exhumé de sa prison où l'enchaînaient ses ennemis, qu'entouraient ses ennemis, voit tomber ses fers comme par miracle, et qui, traversant sans obstacle des provinces outragées et insurgées contre lui, surgit paisiblement du milieu de cet épouvantable naufrage, retrouve son royal ami, une partie de sa fortune, et *le bonheur de la vie privée*. Et l'autre, au contraire, du sang royal des Bourbons, né sur le premier degré du trône, héritier légitime d'une partie des deux mondes, enveloppé dès son plus jeune âge dans un cercle d'odieuses surveillances et d'oppressions journalières; indifférent d'abord à ses augustes parens, mais devenu bientôt l'objet de leur haine; contraint à rejeter sans cesse le manteau de conspirateur sous lequel son ennemi veut l'envelopper; obligé de demander grâce pour un crime qu'il dit n'avoir jamais voulu commettre; séparé de ses amis les plus fidèles, livré seul et désarmé aux traits d'un insolent favori; frappant à la fin ce même favori d'une main plus ferme et plus sûre sous les yeux de ses nobles protecteurs; chargeant de chaînes ce colosse violemment jeté par terre; mais bientôt forcé de faire ouvrir lui-même les portes de la prison dans laquelle il l'avait renfermé.

Tous deux enfin, à la suite d'une émancipation furtivement imposée, quittant, l'un un trône (à moitié vermoulu), et l'autre des fers rivés par une juste vengeance : appauvris et impuissans, obligés de venir respirer le même air, face à face, de se mesurer des yeux, le cœur rempli de haine et de fureur, mais contraints au silence.

Ce grand spectacle des misères humaines n'a pas été assez observé. Il y a dans l'ensemble et dans les détails de ce drame sans exemple de quoi dégoûter pour jamais de la politique et de l'ambition. Chose remarquable! la mort a saisi les principaux acteurs [1],

---

[1] Napoléon, Charles IV, la reine mère de Ferdinand, Joachim, etc.

toutes les notabilités, et les deux ennemis sont restés seuls, et vivent dans deux Péninsules de l'Europe (l'Espagne et l'Italie), en regard l'un de l'autre, mais replacés tous deux dans le rang qu'en naissant leur avait assigné la nature.

Quelle doit être la situation morale de ce favori qui a si malheureusement influé sur les destinées de l'Espagne [1]! Quel vide il doit éprouver dans sa retraite! Existe-t-il une pensée, un sentiment, une illusion même sur laquelle il puisse se reposer avec quelque complaisance et quelque douceur! Il n'existait que pour l'ambition, l'amour-propre et le plaisir; son ambition s'est écroulée sous les débris de deux trônes [2]; son amour-propre a été *tué* de la manière la plus humiliante; et le plaisir, sous quelque forme que ce puisse être, ne peut plus exister pour lui; ses souvenirs sont inséparables des malédictions de tout un peuple.

Je terminerai tout ce qui se rattache à la personne de Godoï, par la lettre [3] que la reine écrivit au

---

[1] Godoï réside à Rome depuis la mort de Charles IV et de la reine d'Espagne.

[2] D'Espagne et des Algarves.

[3] *La reine Louise au grand-duc de Berg.*

« Monsieur mon frère, la reconnaissance en nous sera
» éternelle pour V. A. I. et R., lui rendant un million de

grand-duc, qui lui avait fait donner l'assurance, le 6 avril, que son favori lui serait rendu, et qui cependant ne fut délivré que le 20.

» remercîmens pour l'assurance qu'elle nous donne que son
» ami et le nôtre, le *pauvre* prince de la Paix sera libre dans
» trois jours. La joie (que le roi et moi avons et cacherons
» pour conserver un secret inviolable et si nécessaire) que
» V. A. I. et R. nous cause avec une si désirée nouvelle, nous
» ranime : et n'avons jamais douté de l'amitié de V. A. I.
» et R. qu'elle ne doute un moment de la nôtre. Nous lui
» avons toujours eu, de même ce *pauvre* ami de V. A. I.
» et R. que son crime est d'être si dévoué à l'empereur et
» aux Français, car mon fils ne l'est pas : il le fait paraître,
» et son ambition démesurée l'a entraîné à suivre les conseils
» de tous ses infâmes conseillers qu'il a mis à présent dans
» tous les postes les plus élevés. Que V. A. I. et R. ait la
» bonté de nous dire quand nous devrons aller voir l'em-
» pereur, et dans quel endroit, le désirant beaucoup. Et que
» V. A. I. et R. ma *pauvre* fille Louise aussi.

» Nous remercions aussi V. A. I. et R, pour nous avoir
» envoyé ici le général Watier, s'étant très-bien conduit ici ;
» le roi mon mari voudrait bien écrire à V. A. I. et R., mais
» cela lui est absolument impossible ayant beaucoup de dou-
» leur à la main droite qui lui a ôté le sommeil la nuit dernière.
« Nous partons à une heure pour nous rendre à l'Escurial
» où nous arriverons vers les huit heures du soir. Nous prions
» de nouveau V. A. I. et R. qu'elle guide et fasse que ses
» troupes et V. A. I. et R. délivre son ami de tous les peuples
» et troupes qui sont contre lui et nous, pour qu'on ne le
» tue pas, et qu'il tâche de se sauver, car n'étant pas entre
» les gardes de V. A. I. et R. il ne sera point du tout sûr

L'âme est affectée d'un sentiment pénible à la lecture de pareilles lettres. Quelle que fût la nature de l'attachement de cette reine pour ce *pauvre* favori, il n'en est pas moins vrai que le roi Charles et elle ont été dans une position fort critique pendant plus d'un mois, après un règne heureux et tranquille de plus de trente années. Il est à remarquer que le sentiment de leur propre danger ne les occupe point, et que toute leur sollicitude ne se porte que sur celui qui fut la cause ou le prétexte de leur chute.

———

Le lendemain de l'arrivée de Ferdinand à Bayonne, la discussion des affaires commença entre les ministres français et les ministres espagnols; il y eut beaucoup de pourparlers qui n'aboutirent à rien, parce qu'on voulait attendre le roi Charles pour donner une impulsion plus rapide. Il fut question d'abandonner en échange au prince Ferdinand le royaume d'Étrurie augmenté et agrandi. Tous ces détails peuvent se lire dans l'ouvrage de monsieur l'ancien archevêque de Malines, qui se trouva

---

» ni libre de ce qu'on ne le tue. Nous désirons ardemment
» de voir V. A. I. et R. étant tout à lui.

» Sur ce je prie Dieu qu'il ait V. A. I. et R. en sa sainte
» et digne garde.

» De V. A. I. et R. la très-affectionnée sœur et amie,

» *Signé* LOUISE. »

officiellement, et peut-être malgré lui, mêlé dans le commencement de ces négociations.

———

L'impératrice Joséphine arriva le 27 au soir au château de Marrac; et l'on prépara pour la vieille cour d'Espagne qui allait arriver, les appartemens du palais du vieux gouvernement à Bayonne.

Il est inutile de faire un mystère des précautions qui furent prises pour être instruit de ce qui se faisait, se disait et s'écrivait dans le palais occupé par les infans. Ces mesures, dit-on, sont d'usage en pareil cas. Cette cour jeune et confiante était loin de s'en douter dans les premiers temps de son séjour à Bayonne. Des rapports journaliers et secrets instruisaient Napoléon. Le prince et ses courtisans écrivaient sans précaution; mais leurs courriers étaient arrêtés à la frontière par un double cordon de gendarmes d'élite et de douaniers qui fouillaient impitoyablement tous les voyageurs, même les femmes du peuple, sur lesquelles on trouva souvent des dépêches qu'elles devaient remettre à des émissaires espagnols, qui attendaient au delà de la Bidassoa; on prenait leurs dépêches aux courriers espagnols expédiés de Bayonne, et on les faisait entrer en Espagne sans plus les inquiéter. Il suffisait qu'ils fussent dans l'impossibilité de pouvoir donner l'éveil. Quant aux courriers qui venaient de Madrid, on leur prenait aussi leurs dépêches et on les forçait à rentrer en Espagne.

Le 29, de grand matin, l'empereur me fit demander, et me dit de traduire de suite sous ses yeux la lettre qui suit.

Bayonne, 28 avril 1808.

« A don Antonio,

» Cher ami, j'ai reçu ta lettre du 24 et j'ai lu les
» copies des deux autres qu'elle renferme, l'une de
» Murat et ta réponse; j'en suis satisfait, je n'ai jamais
» douté de ta prudence, ni de ton amitié pour
» moi. Je ne sais comment t'en remercier [1].

» *L'impératrice est arrivée ici hier au soir à sept*
» *heures; il n'y eut que quelques petits enfans qui*
» *crièrent* VIVE L'IMPÉRATRICE! *encore ces cris étaient-*
» *ils bien froids; elle passa sans s'arrêter et fut de*
» *suite à Marrac, où j'irai lui rendre visite au-*
» *jourd'hui.*

» Cevallos a eu hier un entretien fort vif avec
» l'empereur, qui l'a appelé traître, parce qu'ayant
» été ministre de mon père, il s'est attaché à moi,
» et que c'était là la cause du mépris qu'il avait pour
» lui. Je ne sais comment Cevallos a pu se contenir,
» car il s'irrite facilement, surtout en entendant de
» tels reproches. Je n'avais pas jusqu'à ce jour bien
» connu Cevallos : je vois que c'est un homme de
» bien qui règle ses sentimens sur les véritables intérêts
» de son pays, et qu'il est d'un caractère ferme

---

[1] Les passages en lettres italiques ont été supprimés dans la traduction insérée dans le Moniteur.

» et vigoureux, tel qu'il en faut dans de semblables
» circonstances [1].

» Je t'avertis que Marie-Louise (reine d'Étrurie)
» a écrit à l'empereur qu'elle fut témoin de l'abdi-
» cation de mon père, et qu'elle assure que cette ab-
» dication ne fut pas volontaire.

» Gouverne bien, et prends des précautions de
» peur que ces *maudits* Français n'en agissent mal
» avec toi. Reçois les assurances de mon tendre atta-
» chement.

» Ferdinand. »

J'observais l'empereur pendant qu'il lisait ma traduction. Il me parut choqué de ce qui concernait
l'impératrice, mais indigné surtout de l'épithète de
maudits Français. *Êtes-vous bien sûr que ce soit
exactement le mot?* Je lui fis lire l'original. Maldit-
tos. C'est bien cela..., ce mot est presque italien,
maledetto, me répondit-il. L'original fut repris par
l'empereur.

Cette lettre, je crois, fut le prétexte qui fit mettre
de côté la compensation offerte du royaume d'Étrurie. Le cœur et la haine de Ferdinand s'étaient révélés
à Napoléon : il ne pouvait plus compter sur lui. Les
ministres espagnols avaient d'ailleurs rejeté avec dé-
dain les propositions d'aller régner en Italie. Il n'en

---

[1] Ce paragraphe n'a pas été imprimé, même dans la copie
qu'en a publiée M. l'ancien archevêque de Malines.

fut plus question. L'arrivée du roi Charles changea la marche des affaires.

Le roi Charles et la reine, placés sous une espèce de surveillance à Aranjuès, ne voulant pas se rendre à Badajoz, place forte indiquée pour leur résidence, par Ferdinand, obtinrent de la junte de régence, après le départ de ce prince, et avec le puissant appui du grand-duc, de se rendre à l'Escurial, occupé par une partie de l'armée française. C'est de ce palais qu'ils partirent pour la France, avec des escortes données par le grand-duc.

Avant de partir, le roi Charles écrivit à son frère l'infant don Antonio. Cette lettre ajouta beaucoup aux embarras de la position de ce président du gouvernement, et dut nécessairement le rendre plus facile à la délivrance de Godoï, car il devait pressentir que ses protecteurs royaux n'allaient à Bayonne que pour le sauver. Il aima mieux peut-être se faire un mérite de sa faiblesse que de lutter contre les forces qui étaient en opposition [1].

---

[1] *Lettre du roi Charles à don Antonio.*

« Mon frère, le dix-neuf du mois passé, j'ai remis à mon fils

La veille[1] de l'arrivée du roi Charles et de sa cour, c'est-à-dire le 29 avril, la *Gazette de Bayonne* publia en espagnol le rapport de M. de Monthion, la lettre du roi Charles à Napoléon, et la protestation qu'il avait faite à Aranjuès le 21 mars. Cette publication, faite à dessein la veille du jour où le roi Charles était attendu à Bayonne, dut nécessairement jeter l'alarme et l'inquiétude dans le conseil de Ferdinand, qui n'avait aucune connaissance de ces do-

---

» mon décret d'abdication : le même jour j'ai fait une protes-
» tation solennelle contre un décret rendu au milieu du
» tumulte et forcé par des circonstances critiques. Aujour-
» d'hui que la tranquillité est rétablie, que ma protestation
» est parvenue entre les mains de mon auguste ami et fidèle
» allié l'empereur des Français et roi d'Italie; qu'il est
» notoire que mon fils n'a pu obtenir d'être reconnu sous
» ce titre, je déclare en conséquence que l'acte d'abdica-
» tion que j'ai signé le dix-neuf du mois de mars dernier
» est nul sous tous les rapports. C'est pourquoi je désire que
» vous fassiez connaître à tous mes peuples, que leur bon
» roi, plein d'amour pour ses sujets, veut consacrer le reste
» de sa vie à travailler à leur bonheur. Je confirme provisoi-
» rement dans leurs emplois les membres qui composent
» actuellement la junte de gouvernement et tous les employés
» civils et militaires nommés depuis le dix-neuf du mois de
» mars dernier. Je me propose d'aller au-devant de mon
» auguste allié l'empereur des Français et roi d'Italie, après
» quoi je transmettrai mes derniers ordres à la junte.

» Saint-Laurent de l'Escurial, le 17 avril 1808.

» *Signé*, moi le Roi. »

[1] Gazette de Bayonne du 29 avril.

cumens d'une si haute importance. Toutes les lettres interceptées et qui furent écrites de la cour de ce prince, ne laissent aucun doute sur l'impression douloureuse que produisit cette apparition soudaine qui se présentait avec des conséquences si graves. Je ferai connaître ces lettres diverses à mesure qu'elles trouveront leur place dans le récit de tant de faits compliqués, et qui se sont passés tantôt à Bayonne, tantôt à Madrid. Je tâcherai d'être clair et précis au milieu de ces changemens de scène.

CHAPITRE XI.

Arrivée du roi Charles et de la reine d'Espagne à Bayonne. — Première entrevue de ce souverain avec son fils. — Visite de Napoléon. — Suite et cortége de LL. MM. Catholiques. — Première visite qu'ils font à Joséphine. — Dîner chez l'empereur. — Godoï. — Réponse de la reine d'Espagne à Napoléon. — Lettre interceptée de la régence d'Espagne à Ferdinand. — Lettre du grand-duc de Berg à l'infant don Antonio. — Lettre du grand-duc de Berg — Réponse de don Antonio. — Lettre du grand-duc. — Lettres interceptées. — Fermentation des esprits. — Détails inexacts. — Conseil secret tenu au palais de Ferdinand à Bayonne. — Opinion du duc de l'Infantado.

Le roi Charles et la reine d'Espagne arrivèrent le 30 avril à Bayonne. L'empereur avait envoyé à Irun le duc Charles de Plaisance, et le prince de Neufchâtel aux bords de la Bidassoa, pour complimenter LL. MM. Catholiques. Elles trouvèrent à leur entrée en France un nombreux détachement de troupes qui leur servirent d'escorte jusqu'au moment où la garde d'honneur à cheval du département fut rencontrée. LL. MM. furent reçues à Bayonne avec les plus grands honneurs : la garnison était sous les armes, les vaisseaux du port étaient pavoisés, les canons de la citadelle et du port les saluèrent, et toute la population les accueillit avec des cris de joie mille et mille fois répétés. Elles furent reçues en souverains puissans et amis.

En descendant de voiture au palais du gouvernement, elles trouvèrent le grand-maréchal, qui les conduisit dans leur appartement et qui leur présenta les personnes que l'empereur avait nommées pour faire un service d'honneur auprès d'elles. C'était son aide de camp, le général comte Reille, faisant les fonctions de capitaine des gardes et de gouverneur du palais, le comte Du Manoir, chambellan, et le comte d'Audenarde, écuyer, tous les trois distingués par leur politesse, leur esprit et leur excellent ton.

Les grands d'Espagne qui étaient à Bayonne avaient suivi le prince des Asturies, qui avait été au-devant de ses augustes parens, hors la ville. Ce cortége singulier, en raison des circonstances politiques, suivit LL. MM. dans les appartemens qu'elles devaient occuper. Selon l'usage espagnol, la cérémonie du baise-main se fit tout de suite. Le roi congédia cette noble assemblée. Ferdinand assez embarrassé voulut suivre le roi son père dans ses appartemens intérieurs. On assure qu'en ce moment le roi Charles étendit le bras pour le repousser, qu'il lui demanda avec amertume *s'il n'avait pas déjà assez outragé ses cheveux blancs*; et que ce prince, douloureusement affecté d'un tel reproche, se retira vivement ému. (*Moniteur.*)

———

Une heure après, Napoléon se rendit auprès des

vieux souverains, et resta long-temps avec eux. Il faut remarquer que l'explosion du roi Charles contre son fils n'avait été ni préméditée ni conseillée. Ce fut un premier mouvement parti d'un cœur profondément ulcéré.

Napoléon voulant laisser reposer le roi et la reine, ne les fit inviter à dîner que le lendemain; peut-être aussi imagina-t-il que ce roi faible et cette reine ardente seraient bien aises de se trouver seuls avec leur favori qui était resté dans l'intérieur de leur appartement. J'ai fait toutes les recherches possibles pour connaître les détails de leur première entrevue. Malheureusement je n'ai rien appris. Tout ce que je sais, c'est que dans le premier moment le roi et la reine se jetèrent dans les bras de Godoï en poussant des cris de joie et de bonheur.

Le cortége qui accompagnait LL. MM. Catholiques n'était pas nombreux en personnages de qualité; mais le nombre des fourgons chargés d'objets précieux était assez considérable. Les carrosses du roi, faits sur les mêmes modèles que ceux du temps de Louis XIV, qui avaient servi à l'entrée de Philippe V en Espagne, présentèrent un singulier contraste avec l'élégance et la légèreté des équipages français. On fut étonné de voir dans une nation si voisine combien les arts d'agrément avaient fait peu de progrès. Cette réflexion pourrait même s'étendre à tout ce qui tient aux usages, aux mœurs et aux douceurs de la vie. Pourrait-on croire, par exemple, que l'étiquette de cette cour condamnait quatre grands laquais, en grande livrée, à se tenir debout et flanqués l'un contre l'autre derrière le carrosse du roi, depuis Madrid jusqu'à Bayonne, exposés à toutes les températures et à la poussière des grandes routes. Ces bons rois voyageaient comme s'il n'était question que de faire une visite à peu de distance de leurs palais. Le lendemain matin, lorsque les équipages de Napoléon vinrent chercher LL. MM. Catholiques qui avaient témoigné le désir de rendre les premiers une visite à l'impératrice Joséphine, le roi, gêné d'ailleurs par un ressentiment de goutte, eut toutes les peines du monde à monter dans nos berlines, et à faire usage des doubles marchepieds modernes, accoutumé qu'il était à la *botte* et à la largeur de ses coches.

Napoléon descendit jusqu'à la portière de la voiture, et fut obligé d'attendre quelques minutes pour laisser au roi Charles le temps de se dépêtrer de son épée, qui le gênait autant que la goutte, et celui de se confier aux marchepieds, sur lesquels il hésitait de s'appuyer. Le roi fut le premier à rire de son embarras. L'impératrice Joséphine alla au-devant de ces nobles personnages, et les reçut avec cette grâce et cette amabilité qui ne l'abandonnaient jamais. Après les premiers complimens d'usage, il fut question de toilette : l'impératrice proposa à la reine de lui envoyer *Duplan*, son valet de chambre coiffeur, pour donner à ses femmes une leçon de cet art important; proposition qui fut acceptée avec empressement. LL. MM. se retirèrent et revinrent à l'heure du dîner. Elles amenaient avec elles le prince de la Paix, qui n'avait pas été invité. J'eus peine à reconnaître la reine dans sa nouvelle coiffure. Le grand talent de Duplan avait échoué, la reine ne parut pas plus belle, elle n'était que changée.

L'empereur, averti qu'il était servi, présenta la main à la reine d'Espagne. Je précédais immédiatement, et je m'apercevais que Napoléon pressait le pas un peu plus qu'à son ordinaire, soit préoccupation, soit machinalement; il s'en aperçut de lui-même, et dit à la reine : *V. M. trouve peut-être que je vais un peu vite?* Mais, sire, lui répondit en riant la reine, *c'est assez votre habitude.* Était-ce un compliment? Était-ce un léger reproche? je l'ignore, parce que je ne pouvais me retourner et lire dans les yeux de la reine le jeu de sa physionomie, qui m'aurait éclairé sur cette réponse à double sens. Napoléon ralentit son pas, et lui dit aussi en riant : *Que sa galanterie pour les dames lui faisait toujours un devoir de se conformer à leurs goûts.* La présence du prince de la Paix m'avait embarrassé. J'avais prévenu l'huissier de service que ce prince n'était pas sur la liste, et qu'il fallait lui en faire poliment l'observation quand il se présenterait pour entrer dans la salle à manger. Ce qui fut fait. Au moment de s'asseoir, le roi Charles s'aperçut de l'absence de son favori.... *Et Manuel, sire, et Godoï?....* L'empereur se tourna vers moi en souriant, et me donna l'ordre de faire entrer ce *Manuel*. Pendant le dîner il fut un peu question de la différence de l'étiquette des deux cours, et des habitudes. Le roi Charles parla beaucoup de sa passion pour la chasse, à laquelle il attribuait en partie la goutte et ses rhumatismes. *Tous les jours*, dit-il, *quelque temps qu'il fît, hiver et été, je partais après mon déjeuner, et après avoir entendu la messe, je chassais jusqu'à une heure et j'y revenais immédiatement après mon dîner jusqu'à la chute du jour. Le soir Manuel avait le soin de me dire que les affaires allaient bien ou mal, et j'allais me coucher pour recommencer le lendemain, à moins que quelque importante cérémonie me contraignît à rester.* Depuis son avènement à la couronne, ce bon roi n'avait pas autrement régné.

Une dépêche fut interceptée; elle venait de Madrid; elle était datée du 27 avril et adressée au prince Ferdinand par le conseil suprême du gouvernement [1].

---

[1] « Sire,

» Le conseil de votre gouvernement a reçu avec une res-
» pectueuse reconnaissance les messages que V. M. a fait
» adresser de Vittoria et d'Irun, par son secrétaire d'état
» D. Pedro Cevallos. Le conseil suprême répondra aux inten-
» tions de M., et regardera comme le premier de ses de-

Je vais insérer la traduction d'une lettre du grand-duc à l'infant don Antonio. Elle donnera une idée juste de ce qui se passait alors en Espagne et à Madrid ; c'étaient, pour ainsi dire, les funestes avant-coureurs du combat du 2 mai. Pour mieux les apprécier, je prie le lecteur de se rappeler la teneur des mémorables instructions de Napoléon que j'ai déjà fait connaître (page 151).

« Monsieur mon cousin,

» Je viens d'être informé qu'il y avait eu des trou-

» voirs d'assurer la tranquillité et l'union parmi tous vos
» sujets, qui jusqu'à ce jour n'ont pas d'autres sentimens
» que ceux d'une entière obéissance aux volontés royales
» de V. M.

» S. A. I. le grand-duc de Berg a demandé à S. A. R.
» l'infant D. Antonio, d'avoir à sa disposition une imprime-
» rie avec les caractères nécessaires pour l'impression des
» ordres du jour, des états et autres pièces dépendantes du
» service militaire. S. A. R., d'accord avec le conseil, a ré-
» pondu que l'imprimerie royale, la seule dont le gouver-
» nement pouvait disposer, serait aux ordres du grand-duc
» pour cet objet. Le grand-duc a fait connaître au président
» du conseil qu'il avait besoin de cette imprimerie chez lui,
» en attendant celle qu'il doit recevoir de France pour le ser-
» vice de l'armée ; qu'en conséquence il avait fait acheter
» une presse et des caractères à l'un des imprimeurs de cette
» capitale. Cet imprimeur a demandé au conseil de ratifier
» cette vente : ce que le conseil lui a accordé, dans l'espé-
» rance que l'usage de cette imprimerie ne sera employé
» qu'au service de l'armée française. »

» bles à Burgos et à Tolède. La populace, excitée
» par nos communs ennemis et par des intrigans
» qui ne veulent que le pillage, s'est livrée à des
» excès coupables : l'intendant général de Burgos,
» qui est Espagnol, a failli à être la victime de son
» zèle. Il a dû la vie à un officier français qui l'a ar-
» raché tout couvert de sang des mains de ces fu-
» rieux. Son crime était de remplir ses devoirs avec
» honneur et fidélité. Pour dissiper ces attroupe-
» mens, le général Merle a été obligé de faire tirer
» quelques coups de fusil. Ce moyen a rétabli l'ordre,
» contenu la populace, et a préservé du pillage les
» maisons des habitans.

» A Tolède le désordre continue. Plusieurs mai-
» sons ont été incendiées, et, pour la seconde fois,
» les troupes espagnoles sont restées spectatrices
» tranquilles de ces épouvantables scènes. L'annonce
» d'une gazette extraordinaire pour 10 heures du
» soir a causé un attroupement nombreux dans cette
» capitale. Les sages habitans de Madrid ont vigou-
» reusement blâmé l'annonce et l'heure indue qui
» était choisie. Si l'on ne connaissait pas aussi bien
» la pureté des intentions de tous les membres de la
» junte d'état, on serait autorisé à penser que son
» projet était de livrer cette ville au pillage.

» Je le déclare à V. A. R., l'Espagne ne peut rester
» plus long-temps dans cet état d'anarchie. L'armée
» que je commande ne peut, sans se déshonorer,
» laisser subsister de pareils désordres. Je dois sû-
» reté et protection à tous les bons Espagnols, prin-

» cipalement à la ville de Madrid, qui a acquis des
» droits éternels à notre reconnaissance pour le bon
» accueil qu'elle nous a fait à notre entrée dans ses
» murs. Il est temps que vous mettiez un terme aux
» inquiétudes et aux alarmes des riches habitans, des
» négocians et des particuliers de toute classe. Je
» dois enfin vous déclarer, pour la dernière fois, que
» je ne puis permettre aucun rassemblement; je ne
» verrai que des séditieux et des ennemis de la
» France et de l'Espagne dans ceux qui formeraient
» ces rassemblemens, ou qui sèmeraient des nou-
» velles fausses et alarmantes. Faites connaître, je
» vous prie, ma ferme résolution à la capitale et à
» toute l'Espagne, *et si vous n'êtes pas assez fort*
» *pour maintenir la tranquillité publique, je m'en*
» *chargerai moi-même.*

» Je me flatte que V. A. R., le gouvernement et
» toute la nation espagnole, approuveront tout ce que
» je viens de vous proposer, et qu'ils n'y verront
» qu'une nouvelle preuve de mon estime et du désir
» sincère que j'ai de contribuer au bonheur de ce
» royaume; que les agens de l'Angleterre, que nos
» communs ennemis perdent l'espérance d'armer
» l'une contre l'autre deux nations amies et essen-
» tiellement unies par des intérêts réciproques. Les
» bons Espagnols ont dû voir que je ne m'alarme
» pas facilement, je garderai constamment la même
» attitude; ils ont dû surtout s'apercevoir que mon
» armée, loin de se laisser entraîner par de perfides

» insinuations, n'a jamais confondu la partie saine de
» la nation avec de misérables et vils intrigans.

» Sur ce, je prie Dieu, monsieur mon cousin, qu'il
» vous ait en sa sainte et digne garde.

» Madrid, 28 avril 1808.

» Joachim. »

Le conseil publia un avis conforme aux lois existantes sur les rassemblemens séditieux. Il crut devoir toutefois inviter l'infant don Antonio à répondre au grand-duc que les troupes françaises étaient seules la cause des troubles qui avaient eu lieu à Burgos et à Tolède; qu'à Burgos ils n'avaient eu lieu contre l'intendant, que parce que cet employé avait souffert qu'un détachement de troupes françaises arrêtât un courrier espagnol, et qu'il ne fallait attribuer ceux de Tolède qu'à l'imprudence qu'avait commise l'officier français chargé de faire préparer des logemens pour douze mille hommes, qui s'était permis de dire que Charles IV était remonté sur le trône, et que l'empereur n'avait pas voulu reconnaître Ferdinand comme roi. Le conseil terminait par prier D. Antonio d'écrire au grand-duc pour l'engager à donner les ordres les plus sévères à son armée afin que de pareils bruits ne fussent plus répandus.

Le grand-duc de Berg écrivit à l'infant D. Antonio pour l'inviter, au nom de l'empereur, à envoyer à Bayonne les personnages les plus considérables, pour y composer une junte extraordinaire.

C'étaient les copies de ces deux lettres dont parlait Ferdinand dans celle qu'on a déjà lue, adressée à D. Antonio, et qui fut interceptée. (*Page* 230.)

Lettre de D. Antonio au grand-duc de Berg.

25 avril.

« Mon cher cousin,

» Malgré tout mon désir d'être agréable à V. A.
» I. et R., je suis obligé, en réponse à la lettre
» qu'elle m'a fait l'honneur de m'écrire, de l'assurer
» que ni moi, ni le conseil suprême, ne croyons
» pas avoir des pouvoirs suffisans pour ordonner aux
» personnes qu'elle a désignées de se mettre en
» route. Toutefois, pour nous conformer aux vo-
» lontés de l'empereur des Français et roi d'Italie,
» dans tout ce qui peut dépendre de nous, nous
» allons de suite communiquer votre demande au
» roi, notre maître, afin qu'il nous fasse connaître
» ses intentions royales, et, pour ne pas perdre de
» temps, nous allons avertir les personnes désignées
» de se tenir prêtes à partir sans aucun délai, aus-
» sitôt que le roi nous aura fait connaître sa vo-
» lonté.

» J'espère que V. M. I. et R. trouvera dans ma
» conduite la preuve du désir que j'ai de lui être
agréable dans tout ce qui peut dépendre de moi.

» Je suis, etc.

» D. ANTONIO. »

J'ai entre les mains la lettre originale par laquelle le grand-duc répondit à celle de D. Antonio.

« Monsieur mon cousin,

» J'ai reçu hier au soir la lettre de V. A. R.; par
» une seconde lettre que j'ai reçue ce matin de l'em-
» pereur, S. M. me réitère l'ordre de faire partir le
» plus promptement possible, pour Bayonne, les
» personnages que j'ai désignés par ma lettre d'hier
» matin à V. A. R.; je ne puis donc qu'insister de
» nouveau auprès de V. A. R., pour qu'elle leur fasse
» délivrer des passe-ports et qu'elle leur ordonne
» de se mettre en route dès aujourd'hui ou demain :
» V. A. R. trouvera sans doute dans cette détermi-
» nation de S. M. une preuve du désir qu'elle a de
» contribuer le plus promptement possible, et par
» toute espèce de moyens, au bonheur des Espa-
» gnols, et de faire cesser surtout les inquiétudes qui
» agitent ce royaume. Je saisis cette occasion de re-
» nouveler à V. A. R. les sentimens d'estime et
» d'attachement que je lui porte. Sur ce, monsieur
» mon cousin, je prie Dieu, etc...

» Votre affectionné cousin,

» JOACHIM. »

Madrid, 26 avril 1808.

Les lettres adressées de Madrid aux ministres et aux courtisans de Ferdinand, et qui portent la date des derniers jours du mois d'avril, prouvaient qu'il existait dans cette ville une agitation extrême, une vive impatience de connaître l'arrivée du prince à Bayonne, et l'accueil que lui avait fait l'empereur. L'interception des correspondances ne permettait pas que la vérité parvînt dans la capitale espagnole, et si elle parvenait, ce n'était qu'après de longs circuits qui retardaient ces correspondances échappées à l'active surveillance de la gendarmerie d'élite et des douaniers. De là, mille nouvelles diverses, furtivement répandues et toutes propres à exalter l'orgueil et l'enthousiasme national contre les Français. Les rapports secrets et confidentiels nous apprirent qu'à Madrid on avait répandu le bruit *que trente mille Biscayens étaient entrés à main armée dans Bayonne, qu'ils avaient enlevé Ferdinand, qu'il était même déjà dans son royaume*, et quoique le conseil suprême n'eût aucune nouvelle officielle de cet événement important, le peuple s'obstinait à le regarder comme certain, parce qu'il flattait son orgueil et son attachement pour Ferdinand. On *ajoutait que les provinces d'Aragon, de Catalogne et de Navarre s'étaient levées en masse pour couper la retraite à l'armée*; pour ce qui regarde l'Aragon, il y avait une espèce de fondement, car déjà Sarragosse était mise sur le pied de guerre, prenait des mesures pour résister à toute attaque, et préludait ainsi à sa glorieuse et inutile défense;

la Navarre ne pouvait rien, puisque les Français étaient maîtres de Pampelune. Les forteresses de Figuières et de Barcelone, occupées par les Français, ne permettaient pas davantage le développement de l'insurrection de la Catalogne.

Le même rapport secret assurait bien que ces nouvelles étaient fausses ; mais il prétendait qu'elles étaient répandues par les Français eux-mêmes, ou par des agens espagnols dont ils avaient acheté les services à prix d'or, afin de soulever le peuple, et d'être insultés pour avoir le prétexte d'une légitime défense, et établir leur domination militaire.

Lorsque les premières nouvelles de l'arrivée de Ferdinand à Bayonne commencèrent à circuler à Madrid, où elles parvinrent malgré toute la vigilance des gendarmes et des douaniers, la crédulité publique fut amusée par des détails exagérés de la première entrevue de Napoléon et de Ferdinand. On *assurait que le premier mot qu'avait prononcé Napoléon en voyant Ferdinand, était qu'il fallait abdiquer et renoncer à la couronne d'Espagne,* et l'on se communiquait avec une véhémente exaltation la réponse verbale que l'on disait avoir été faite par ce prince chéri :

« Je suis né en Espagne, je suis Espagnol de
» cœur ; les Espagnols m'aiment, et j'aime les Es-

» pagnols. Je préfère vivre en Espagne comme sim-
» ple particulier, à régner dans un autre pays. On
» me coupera plutôt en morceaux que de me faire
» renoncer à l'Espagne, d'où l'on ne m'a tiré que
» sous de faux prétextes et de fausses apparences
» d'amitié. Sire, ma vie est entre vos mains. Votre
» Majesté peut faire tomber ma tête ; mais les Espa-
» gnols sauront venger ma mort et tous les outrages
» faits à cette valeureuse nation. La tête de Murat
» et celle des généraux français répondront de la
» mienne. »

Jamais il n'y a eu de discussion personnelle entre Napoléon et Ferdinand. Elles se passèrent diplomatiquement entre les ministres respectifs. La facilité d'ailleurs avec laquelle Ferdinand signa son abdication, prouve sans réplique qu'il n'était pas homme à faire une telle réponse. *On ne peut se faire une idée*, continue le rapporteur, *de l'enthousiasme que cette réponse a excité parmi le peuple. Il n'y a qu'un cri pour déclarer la guerre à ces perfides alliés, à ces odieux protecteurs de Godoï, et pour commencer de suite les hostilités : l'opinion générale était qu'il fallait répandre avec profusion des proclamations pour soulever toutes les provinces ; qu'il fallait agir avec un secret impénétrable, attaquer pendant la nuit le palais de Murat et des autres généraux français, et s'assurer de leurs personnes, pour servir d'ôtage jusqu'à ce que le roi fût rendu à l'amour de ses sujets*, etc., etc. Le rapport est terminé par ces mots :

Je pense que le gouvernement fera un usage convenable de ces idées du peuple, dans le cas où les négociations de Bayonne ne prendraient pas une bonne couleur. Si on ne se décide pas promptement, je crois que le peuple n'attendra pas les ordres du gouvernement, et qu'il cédera à l'impatience qu'il a d'en venir aux mains avec les Français. Il serait mieux que le gouvernement dirigeât le mouvement, et qu'il y eût un peu d'ordre, pour épargner le sang. Tout ce qui me revient de toute part, c'est que si avant la fin de cette semaine nous ne recevons point de nouvelles satisfaisantes, il faudra perdre toute espérance et tomber sur les Français.

Une lettre écrite de Bayonne à cette époque, sans signature, adressée à M. Soter, écuyer du roi à Madrid, porte ce qui suit :

« Les hauts personnages qui ont assisté au conseil
» secret du roi, qui a eu lieu pendant la nuit du 28
» au 29 avril, nous ont assuré que notre roi Ferdinand VII avait *vigoureusement refusé* de signer l'acte d'abdication qui lui était présenté de la
» part de Napoléon, disant qu'il perdrait plutôt la
» vie, que de renoncer à ses sujets. » L'empereur n'ignorait pas que le prince Ferdinand tenait secrètement des conseils pendant la nuit. Il savait même tout ce qui s'y disait. Voici quelle fut l'opinion de M. le duc de l'Infantado sur la question de

l'abdication de Ferdinand, et de l'échange de l'Étrurie qui fut proposée d'abord [1].

A la suite du conseil secret dont il vient d'être

---

[1] « Je crois sur mon honneur et en conscience, que le roi notre seigneur Ferdinand VII (que Dieu garde), légitime successeur de S. M. le roi Charles IV, comme étant son fils aîné conformément aux lois établies par les trois ordres de la nation, reconnu et proclamé à la satisfaction générale de toutes les Espagnes, en vertu de l'abdication libre et volontaire de son auguste père, ne peut renoncer au pacte solennellement juré sans le concours des mêmes pouvoirs qui ont établi ces lois. Je crois encore que S. M. n'a pas le pouvoir de priver ses légitimes héritiers de leurs droits de succession à la couronne d'Espagne, et qu'en conséquence, il ne peut consentir à changer sa couronne d'Espagne contre toute autre, encore moins contre celle qui appartient légitimement à l'infant de Parme. Enfin, je crois que lors même que le roi voudrait renoncer à sa couronne et aux droits de sa famille, la renonciation serait toujours nulle et de nul effet à l'égard de ses héritiers légitimes et de toutes les puissances de l'Europe, soit pour ce moment, soit pour l'avenir, parce que sa volonté n'est pas libre!... Telle est mon opinion; en la prononçant, j'obéis aux ordres du roi.

» Bayonne, 29 avril 1808.

» Le duc de L'Infantado.

» Certifié conforme, signé de ma main et scellé du sceau royal.

» Bayonne, 30 avril 1808.

» Pedro Cevallos. »

question, il fut adressé au ministre de l'empereur une note signée par D. Pedro Cevallos, dans laquelle il était dit que « puisque l'empereur considérait
» l'abdication du roi père comme nulle, parce qu'elle
» avait été arrachée par la violence et par les me-
» naces, il s'ensuivait que celle qu'on demandait à
» Ferdinand VII serait également nulle, attendu
» qu'il était privé du libre exercice de sa volonté. »

M. de Cevallos du reste, ainsi que les autres grands d'Espagne et ministres, opinèrent tous comme le duc de l'Infantado, ce qui donna lieu à la note diplomatique dont je viens de citer une phrase. L'arrivée du roi Charles, qui eut lieu le 30, ainsi que nous l'avons déjà dit, et la catastrophe sanglante qui arriva le 2 mai à Madrid, changèrent toute la marche de ces négociations.

Le 1er. mai, un soldat français fut tué par un paysan espagnol dans les rues de Madrid; des provocations continuelles, la nouvelle du départ de la reine d'Étrurie, de son fils et de l'infant D. Antonio, un aide de camp du grand-duc qui faillit à être assassiné, un autre officier français qui fut blessé en voulant dissiper un attroupement, etc., tels furent les funestes antécédens du combat du 2 mai, journée si bien prévue, comme on l'a vu par le rapport secret, et si bien préparée, que les grands d'Espagne qui étaient à Bayonne écrivirent à leurs femmes plusieurs jours d'avance de s'éloigner de Madrid. Le duc d'Ijar, entre autres, engagea sa femme, par une lettre datée de Bayonne le 27 avril, de quitter *sur-*

le-champ la ville de Madrid, pour ne pas s'y trouver pendant la catastrophe qui devait avoir lieu (*se saliesse por que amenaza a esta capital une catastrofe*). Ainsi l'agression ne saurait être attribuée à l'armée française.

CHAPITRE XII.

Combat dans les rues de Madrid.—Lettre de Murat à Dupont. -Ordre du jour. — Départ de la reine d'Etrurie, de son fils et de don Antonio pour Bayonne. — Proclamation de la junte de Madrid. — Le grand-duc de Berg est nommé président du conseil suprême.—Proclamation du grand-duc de Berg sur les événemens du 2 mai, non insérée au Moniteur.—Ordre du jour proclamé.—Arrivée des nouvelles du 2 mai à Bayonne.—Napoléon communique ces nouvelles au roi Charles. — Le roi Charles nomme le grand-duc de Berg son lieutenant-général.—Ferdinand est appelé chez son père.—Détails de cette entrevue. — Réponses de Ferdinand. — Renonciation de Ferdinand insérée au Moniteur.—Renonciation non insérée.—Réflexions sur ces deux notes.

Le 2 mai au matin, les rassemblemens dans les rues de Madrid devinrent plus nombreux et plus menaçans, le grand-duc fit battre la générale, et plaça un fort détachement de la garde, avec deux pièces d'artillerie, sur la place du palais. Ces démonstrations de défense n'imposèrent point au peuple, qui continua à provoquer et à insulter les troupes françaises; les outrages augmentèrent à un tel point que l'ordre fut donné de se former en bataille, et de répondre par un feu des deux premiers rangs. La mitraille acheva de dissiper ces rassemblemens d'hommes égarés par une exaltation, innocente au fond, mais imprudente à cause de l'inégalité des moyens et des forces. Les mêmes ordres avaient été donnés à tous les postes occupés par l'armée française. La populace fut obligée de chercher un asile dans les maisons, d'où elle ne cessait de tirer des fenêtres et de tuer un grand nombre de Français. L'attaque et la défense furent si vives, qu'il périt des deux côtés beaucoup de monde; le combat dans les rues et dans les maisons dura toute la journée, parce que les Espagnols, malgré leur perte considérable, ne voulurent point cesser leur feu.

Le soir, le conseil du gouvernement, protégé par des forces militaires, française et espagnole (les troupes réglées espagnoles ne prirent aucune part à l'insurrection, et secondèrent les Français pour apaiser le tumulte), et par le capitaine général de la province, fit une proclamation que je traduirai tout à l'heure, et qui suspendit pendant quelques heures cette sanglante mêlée. La certitude que les révoltés acquirent que de nouvelles divisions françaises accouraient au secours de celles qui déjà étaient dans la ville, loin de les calmer, ne fit que les rendre plus furieux. La nuit fut horrible : les Français furent obligés d'enfoncer les portes des maisons d'où les coups de fusil étaient tirés; l'acharnement fut égal de part et d'autre; dans la rue Saint-Victor, la populace s'empara d'un canon chargé à mitraille, le pointa contre une colonne de cavalerie, fit tomber un grand nombre de Français. Le canon fut repris, parce que ces paysans n'avaient point de munitions propres à le charger de nouveau; cette portion de révoltés périt presque tout entière. La journée du 3 fut tranquille et silencieuse comme le tombeau : l'exaltation était tombée, les insurgés n'avaient plus de munitions, ils avaient fait des pertes immenses, et c'était par tombereaux qu'on portait aux hôpitaux le grand nombre des blessés [1].

---

[1] Le grand-duc de Berg, écrivant le 3 mai au général Dupont, s'exprime en ces termes [1] :

« Monsieur le général, la tranquillité publique a été
» troublée dans la capitale; depuis deux jours, tous les
» discours et le grand nombre de paysans, introduits dans
» Madrid, nous annonçaient une crise. En effet, hier dès
» huit heures du matin, la canaille de cette ville obstruait
» toutes les avenues du palais, ainsi que les cours. La reine
» d'Étrurie devait partir pour Bayonne : un aide de camp,
» que j'envoyai pour la complimenter, fut arrêté par la po-
» pulace et il aurait été assassiné, sans un piquet de ma
» garde que j'envoyai pour le délivrer. Un second aide de
» camp, qui portait des ordres au général Grouchy, fut as-
» sailli à coups de pierre. Alors on battit la générale, et
» les troupes coururent sur les points qu'elles avaient ordre
» d'occuper, en cas d'alarme; plusieurs colonnes marchèrent
» contre divers rassemblemens. Quelques coups de canon
» à mitraille les dispersèrent, et tout est rentré dans l'ordre.
» Cinquante paysans, pris les armes à la main, ont été
» fusillés hier soir, cinquante autres l'ont été ce matin, la
» ville sera désarmée; et une proclamation va annoncer
» que tout Espagnol à qui l'on trouvera quelque arme que
» ce soit, sera considéré comme séditieux et fusillé. Cette

[1] Manifeste de la nation espagnole, page 40, *id.* in-8.; par M. de Cevallos.

La reine d'Étrurie, l'infant, son fils, et D. Antonio partirent successivement pour Bayonne. Après

---

» proclamation sera envoyée par le gouvernement à tous
» les capitaines généraux et à tous les officiers commandant
» les différens corps d'armée espagnole, en les rendant
» responsables des événemens. L'ordre du jour ci-joint
» sera envoyé en même temps que la proclamation. Au
» moyen de la leçon que je viens de donner, la tranquillité
» publique ne sera plus troublée, etc., etc... »

Ordre du jour.

2 mai au soir.

« Soldats, la populace de Madrid égarée s'est portée à la
» révolte et à l'assassinat. Je sais que les bons Espagnols
» ont gémi de ces désordres, je suis loin de les confondre
» avec des misérables, avides de crimes et de pillage : mais
» le sang français a coulé ; il demande vengeance. En consé-
» quence j'ordonne ce qui suit.

Art. 1er.

» Le général Grouchy convoquera cette nuit la commission
» militaire.

Art. 2.

» Tous ceux qui dans le tumulte ont été arrêtés les armes
» à la main, seront fusillés.

Art. 3.

» La junte d'état va faire désarmer la ville de Madrid.
» Tous les habitans qui après l'exécution de cette mesure
» seront trouvés armés, ou conserveront des armes sans une
» permission spéciale, seront fusillés.

Art. 4.

» Toute réunion de plus de huit personnes sera regardée

le départ de ce dernier, la junte suprême choisit, pour la présider, le grand-duc de Berg, pour son secrétaire le colonel comte de Cazavalencia, chef de la première division de la secrétairerie d'état, et publia la proclamation suivante [1].

» comme un rassemblement séditieux et dispersée à coups de
» fusil.

Art. 5.

» Tout village où sera assassiné un Français sera brûlé.

Art. 6.

» Les maîtres seront responsables de leurs domestiques;
» les chefs d'ateliers, de leurs ouvriers; les pères, de leurs
» enfans; et les supérieurs de couvent, de leurs religieux.

Art. 7.

» Les auteurs, distributeurs, ou vendeurs de libelles im-
» primés, ou manuscrits provoquant à la sédition, seront
» regardés comme agens de l'Angleterre et fusillés.

» Donné en notre quartier-général de Madrid, le 2 mai
» 1808.

» *Signé* Joachim. »

[1] *Proclamation de la junte du gouvernement, relative aux événemens du 2 mai.*

« La fidélité et l'obéissance aux lois que nous avons jurées
» sont inséparables de la tranquillité publique; sans elle,
» aucune classe de l'état ne peut subsister, et presque tou-
» jours il arrive que ce sont les citoyens honnêtes et paisibles
» qui sont victimes de la violence et des troubles que pro-
» voquent des malveillans, sous le prétexte apparent du bien
» public.

» Peuple de cette grande monarchie, braves Espagnols, qui

Les autorités municipales firent de leur côté des

» regardez comme un bonheur véritable de vivre sous la pro
» tection des lois sages de ce royaume, et de jouir en paix,
» au sein de votre famille, des biens que vos honorables tra-
» vaux vous ont acquis, ou de ceux que vous avez reçus de
» vos nobles ancêtres; vous surtout, archevêques, évêques
» et tout le clergé de ce vaste royaume, écoutez avec bien-
» veillance la voix du conseil suprême dont vous connaissez
» l'infatigable dévouement aux grands intérêts de la patrie.

» Cette capitale renferme dans son sein les personnages les
» plus recommandables et les plus distingués ; avec quel sen-
» timent de douleur ne les verriez-vous pas exposés aux dan-
» gers les plus funestes! Cette idée fait frémir d'horreur.
» Dans un instant, tout le royaume serait dans le deuil. Cette
» épouvantable catastrophe aurait eu lieu cependant le 2 mai,
» si les infâmes projets d'un petit nombre de factieux se fus-
» sent réalisés. Grâce à Dieu, ces malheurs ne sont pas arrivés;
» vous ne sauriez vous dissimuler que c'est le courage et
» la sagesse du conseil suprême qui vous en a préservé! Ne
» l'avez-vous pas vu ce jour à jamais funeste, sortir de son
» palais, suivi des magistrats suprêmes, de leurs présidens,
» du capitaine général, des grands d'Espagne, parcourir à
» cheval les rues et les places publiques, bravant tous les
» dangers, étonner même les séditieux et les forcer eux-
» mêmes d'entendre la voix sévère des chefs du gouverne-
» ment qui les menaçaient des peines les plus graves s'ils
» continuaient à troubler la paix publique. Publication qui
» eut d'autant plus d'effet, qu'elle n'avait pour but que
» d'assurer le repos des bons citoyens, et l'exercice de la plus
» noble vertu pour un Espagnol, celle de l'hospitalité à l'é-
» gard des troupes françaises. Depuis lors, tout est tran-
» quille, et le peuple montre une obéissance complète aux
» décisions des autorités suprêmes.

proclamations très-fortes contre les agitateurs, et or-

» Disons-le pourtant, cette tranquillité dont nous jouis-
» sons, et ce courage qu'ont montré les autorités suprêmes
» le 2 mai, auraient été fortement compromis, si S. A. I. le
» grand-duc de Berg, au lieu d'écouter la juste indignation
» qu'il éprouvait de tant d'outrages faits à l'honneur de ses
» troupes, n'eût daigné protéger et seconder même par la
» présence de ses généraux et de ses gardes, les nobles ef-
» forts de la junte suprême pour rétablir l'ordre et l'union
» entre deux nations si bien faites pour s'aimer et s'estimer.

» Le peuple de Madrid est tranquille, et notre inquiète
» sollicitude doit s'étendre aussi à toutes les provinces qui
» nous sont confiées.

» Nous enjoignons à tous les chefs des différentes admi-
» nistrations d'user de toute leur prudence et d'employer
» tous les moyens possibles, pour maintenir la paix et la tran-
» quillité dans les provinces qu'ils sont chargés d'administrer.
» Ils doivent surtout engager les citoyens à vivre en bonne
» intelligence avec les Français, à ne pas écouter les absur-
» des calomnies que la malveillance ne cesse de verser sur
» eux ; et à se défendre de cette tendance à une exaltation
» fougueuse qui finirait par compromettre leurs propriétés et
» leur existence.

» Tous les prélats, les curés, la noblesse et la magistra-
» ture sont intéressés à l'exécution de ces dispositions. La
» junte suprême les en prie, et au besoin le leur ordonne,
» parce qu'elle n'a d'autre idée que celle de la félicité pu-
» blique.

» Si nonobstant cela (ce qui ne plaise à Dieu) il se trou-
» vait quelqu'un d'assez téméraire pour chercher à troubler
» la tranquillité publique en portant atteinte aux liens sacrés
» qui unissent les deux nations généreuses, le conseil su-
» prême ordonne qu'il soit puni avec la dernière rigueur,

donnèrent le désarmement des habitans qui n'étaient point militaires[1].

» que la punition soit proportionnée au délit, et qu'elle soit
» exécutée sans délai après en avoir donné avis au conseil
» suprême.
» Madrid, 5 mai 1808.
» *Signés*, tous les Membres de la junte suprême. »

A la suite de cette proclamation, la junte suprême publia l'avis officiel qui suit :

La junte suprême du gouvernement, composée en ce jour des seigneurs D. François-Gil de Lémos, D. Michel d'Azanza, D. Sébastien Pignuela, et D. Fr. Gonzalès Ofarill, secrétaire des dépêches et des ducs de Grenade, de Éga, président du conseil des affaires ordinaires; du marquis de Caballero, président du conseil des domaines; du marquis de las Amarillas, doyen du conseil de guerre; D. Ariasmon, président du conseil de Castille, et du comte de Montarco, conseillers d'état, réunie pour entendre la lecture d'une lettre de S. A. I. et R. le grand-duc de Berg, en date de ce jour, et délibérant sur son contenu et sur l'offre de se rendre à la junte exprimée par S. A. I. et R... et, en sa présence, a décidé, après une mûre discussion, qu'elle devait prendre en considération et déclarer :

Que les circonstances extraordinaires dont S. A. I. et R. parlait dans sa lettre, étaient réellement existantes;

Qu'il était urgent de ne point perdre un seul instant pour prévenir et pour empêcher les malheurs qui accableraient ce royaume, si les autorités civiles et militaires montraient de la faiblesse et de l'irrésolution;

Que la famille royale étant réunie à Bayonne, il serait

---

[1] Voyez la note, page 242.

La proclamation la plus remarquable fut celle du grand-duc de Berg[1].

---

bientôt permis de connaître les décisions qui seront prises sous la médiation de S. M. l'empereur des Français et roi d'Italie.

La junte, considérant enfin qu'il n'appartient à personne de préjuger, en ce moment, la nature des dispositions attendues de Bayonne,

A résolu de nommer, comme elle nomme, S. A. I. et R. le grand-duc de Berg, pour présider la junte suprême de gouvernement[2].

En conséquence de cette décision unanime, elle ordonne à tous les membres qui la composent de s'y conformer et de concourir de tous leurs moyens, avec franchise et sincérité, à l'expédition et à l'administration des différentes affaires qui intéressent le royaume.

A la suite de cette délibération, la junte suprême a nommé pour son secrétaire le colonel comte Casa Valencia, premier commis de la secrétairerie d'état, pour rédiger et conserver les minutes des décisions de chacune des séances, et tenir un registre de toutes les expéditions qui pourront être faites par ladite junte.

Fait au Palais royal le 4 mai 1808.

Signés, JOACHIM et les membres ci-dessus nommés.

[2] Le départ de D. Antonio pour Bayonne avait rendu vacante la place du président de la junte suprême.

Note de la page 241.

[1] Le conseil royal fit publier, le soir même du combat du 2 mai, l'ordonnance suivante :

Quoique par suite des mesures prises ce matin pour réprimer

[1] Voir la note, page 244.

Cette proclamation ne fut pas insérée dans les journaux français. Napoléon pensa peut-être qu'il y avait

---

les mouvemens séditieux du peuple, la tranquillité paraisse rétablie ce soir, il n'en est pas moins nécessaire de prescrire de nouvelles précautions pour prévenir de si funestes événemens.

En conséquence, on fait savoir à tous les habitans de Madrid qu'il leur est défendu de se réunir dans les places publiques sous quelque prétexte que ce soit : et si les personnes ainsi attroupées ne se rendent point aux injonctions qui leur seront faites de se séparer, par les alcades de cour u de quartier, par les chefs de patrouilles de quelque grade qu'ils soient, elles seront traitées comme des perturbateurs de la tranquillité publique, punies sévèrement et même de mort.

Il est ordonné aux alcades de la cour de retirer demain, dans leurs ressorts, toutes les armes blanches y compris les poignards, les armes à feu..., et de les déposer dans le lieu qui leur sera indiqué. Ces alcades seront tenus de dresser un état des armes dont l'usage est autorisé par les lois pour sa défense personnelle contre les voleurs, dans sa maison ou sur les grandes routes, et de prévenir en même temps les propriétaires de ces armes qu'ils s'exposeraient aux peines les plus graves s'ils les employaient à d'autres usages, ou s'ils les prêtaient à d'autres personnes.

Si, après la publication de cette ordonnance, des individus sont trouvés portant de ces armes blanches ou à feu, ils encourront la peine la plus sévère et même le dernier supplice.

Le conseil attend de la loyauté et de l'obéissance des habitans des lieux voisins de la capitale qu'ils emploieront tous leurs moyens pour maintenir la meilleure intelligence avec les

quelque chose de trop. Elle fut faite le soir même d'une journée sanglante qu'il n'avait pu prévoir

---

troupes françaises, afin de n'être plus exposés aux sanglans résultats dont ils viennent de faire l'épreuve.

Bartholomée MINA.

Madrid, 2 mai 1808.

Note de la page 242.

Le 2 mai au soir.

[1] « Braves Espagnols ! le 2 mai sera pour moi, comme pour
» vous, un jour de deuil. Nos ennemis communs m'ont provo-
» qué de manière à lasser ma patience, et ont excité une
» partie du peuple de Madrid et des communes environnantes
» à se porter à des excès qui m'ont obligé à recourir aux
» forces irrésistibles qui m'ont été confiées.

» Des informations multipliées m'apprenaient les efforts
» des hommes mal intentionnés ; mais j'essayais de me per-
» suader que rien ne troublerait le repos public ; j'étais pré-
» paré à tout événement ; mais j'espérais que mes précautions
» seraient inutiles.

» La mine a éclaté ce matin, annoncée depuis long-temps
» par des indices multipliés, préparée par des libelles incen-
» diaires répandus à profusion, grossie par tous les moyens
» possibles d'égarer l'opinion publique ; il ne lui manquait
» qu'un prétexte : l'annonce du départ de la reine d'Étrurie
» et de l'infant don Francisque, son fils, servit de signal à
» l'insurrection.

» Un de mes aides-de-camp, qui se trouvait alors au palais
» de la reine d'Étrurie, faillit être égorgé par les séditieux,
» et, dans le même instant, on assassinait dans les rues de
» Madrid les Français qui se trouvaient seuls.

» A la fin je donnai des ordres pour punir de pareils at-
» tentats.

ni empêcher, et dans une ville dont il était éloigné de plus de deux cents lieues. Ses généreuses instruc-

---

» Il m'a fallu peu de temps pour anéantir les coupables
» et rétablir la tranquillité.

» Avec quel horrible plaisir les ennemis de la France et
» de l'Espagne n'auront-ils pas vu un jour dans lequel
» des Français généreux ont été forcés de punir des Espa-
» gnols égarés !

» Nos communs ennemis continueront probablement leur
» trame criminelle sur d'autres partis de ce beau royaume.
» Qu'ils perdent des espérances si outrageantes pour ma
» loyauté et si injurieuses à votre gloire.

» Braves Espagnols ! je vais m'expliquer clairement sur un
» événement que vous n'apprendrez point avec plus d'intérêt
» qu'il n'en a excité dans moi, et je veux en même temps vous
» peindre votre situation.

» Charles IV et son fils sont à cette heure à Bayonne
» pour régler le sort de l'Espagne.

» L'empereur n'a pas voulu attendre une décision si im-
» portante sans vous faire connaître les sentimens qui l'ani-
» ment en faveur d'une nation si magnanime, qu'il veut
» préserver des crises révolutionnaires, et qu'il veut appeler
» à choisir des institutions politiques en harmonie avec son
» caractère.

» Il vous assure dans cet instant et il me charge de vous
» répéter qu'il veut maintenir et assurer l'intégrité de la
» monarchie espagnole; qu'elle conservera tout son terri-
» toire, qu'elle ne perdra aucun de ses villages, et qu'elle ne
» supportera aucune des contributions que les lois de la
» guerre autorisent à imposer sur un pays conquis, mais
» que des malveillans seuls peuvent supposer devoir être
» exigées d'un allié.

tions furent mal observées. J'ai quelques soupçons que le grand-duc croyait agir pour son propre

---

» Braves Espagnols ! ne vous réunirez-vous pas à moi pour
» empêcher que des scélérats fassent évanouir une si belle
» perspective !

» Je ne puis supposer que vous soyez assez aveugles pour
» vous laisser prendre aux amorces trompeuses de ces vils
» perturateurs, qui ont juré votre ruine.

» Quand je vous parle d'intérêt public, c'est vous parler
» de celui de mon armée qui est aussi respectable que celui
» des personnes qui ont des titres et des propriétés à conser-
» ver : l'un et l'autre ne sont-ils pas menacés par les agita-
» teurs d'une populace qui insulte à la majesté des lois ?

» Nobles, propriétaires, commerçans, fabricans, etc.,
» usez de l'influence que vous devez avoir acquise pour éviter
» toute espèce de sédition. Cette belle magistrature est un
» droit et un devoir que vous impose le rang que vous
» occupez dans la hiérarchie de l'ordre social.

» Ministres de la religion, vous êtes encore plus obligés
» à arrêter les égaremens du peuple, parce que vous connais-
» sez les secrets de son cœur, et que la douceur de vos con-
» seils pénètre mieux leurs âmes.

» Dépositaires du pouvoir militaire et de l'autorité civile,
» vous seriez personnellement responsables si vous négligiez
» d'employer les moyens puissans qui sont remis en vos
» mains, pour étouffer dès sa naissance la sédition, et si vous
» ne l'arrêtiez pas dans son premier élan.

» Si le sang français est encore versé, c'est vous qui en serez
» comptables à l'empereur, qui tout clément qu'il est ne
» s'est jamais laissé provoquer en vain. Votre faiblesse serait
» d'autant moins excusable que je me suis hâté de vous rap-
» peler à vos devoirs et à vos plus chers intérêts.

compte, et qu'il pensait que l'Espagne, *conquise* par lui, finirait par lui rester, parce qu'en effet il était le seul prince guerrier de la famille impériale capable de conserver une conquête si vaste. Si Napoléon avait pu compter sur le caractère politique du grand-duc, comme il pouvait compter sur sa bravoure éclatante, il est probable, en le laissant régner, que l'invasion aurait pris une autre marche. La grande-duchesse, jeune, belle, spirituelle, aimant les fêtes et la représentation, aurait gagné

» Mais je me promets un plus bel avenir, je me plais à
» croire que les ministres de la religion, que les magistrats,
» que les Espagnols d'une haute naissance, et tous les bons
» citoyens s'efforceront d'éviter ces troubles si nuisibles à l'a-
» mélioration du sort de l'Espagne.

» J'offre aux officiers-généraux et militaires, employés
» dans les provinces de la monarchie, l'exemple et la bonne
» conduite tenue, dans cette triste circonstance, par la garde
» royale de la maison du roi, celle de la garnison de Ma-
» drid, et des militaires de tout grade qui se trouvaient à la
» cour, comme des modèles à suivre.

» Si mes espérances étaient déçues..., la vengeance serait
» terrible; si au contraire elles se réalisent, je m'estimerai
» heureux de pouvoir annoncer à l'empereur qu'il ne s'est
» pas trompé dans le jugement qu'il a porté de la nation
» espagnole, à laquelle il accorde toute son estime et toute son
» affection.

» Donné en notre quartier-général de Madrid.
» 2 mai 1808.
» *Signé*, Joachim. »

plus de cœurs que Joseph, qui n'arriva à Madrid pour ainsi dire qu'*en garçon*.

Malgré toutes les belles promesses de la proclamation, une commission militaire fut établie dans la nuit, et quelques victimes, dont on a fort exagéré le nombre, trop considérable sans doute, augmentèrent les malheurs de cette funeste journée.

Cette commission militaire fut de peu de durée, parce que son établissement n'eut point l'approbation de Bayonne. Les individus qui étaient destinés à y passer furent mis en liberté [1]. Cette journée fatale

---

[1] *Le doyen du conseil, D. Arias-Mon, publia officiellement l'ordre du jour du grand-duc de Berg.*

Soldats, le 2 mai il a été nécessaire de prendre les armes pour repousser la force par la force.

Nous avez fait votre devoir. Je suis content de vous; j'en ai rendu compte à S. M. l'empereur.

Trois soldats se sont laissé désarmer. Ils ne doivent plus paraître dans les rangs de l'armée française, et je les ai déclarés indignes de paraître avec vous sous les mêmes drapeaux.

Tout est tranquille. Les coupables et ceux qui se sont laissé entraîner ont été punis ou vont reconnaître leur erreur. Que la confiance renaisse, et qu'un voile soit jeté sur le passé.

Soldats, je vous recommande de renouveler vos relations amicales avec le peuple espagnol.

Je dois beaucoup d'éloges à la conduite des troupes espagnoles qui forment la garnison de Madrid. L'union qui règne entre les deux armées ne peut que se cimenter davantage tous les jours.

et l'enlèvement de Manuel Godoï aliénèrent sans retour le cœur des Espagnols. Ce fut dans leur haine et dans leur désespoir qu'ils puisèrent ce courage héroïque qui les fit résister si long-temps à la puissance de nos armes, qui jusque-là avaient été partout triomphantes.

M. Daneucourt, officier d'ordonnance de l'empereur, qui avait été envoyé en mission à Madrid, fut expédié par le grand-duc, et ce fut lui qui apporta les dépêches qui rendaient compte des événemens du 2 mai. Après les avoir lues, l'empereur se rendit près du roi Charles. Il nous fut facile de remarquer

---

Habitans de Madrid, Espagnols de toute la péninsule, ouvrez vos cœurs à la confiance, n'écoutez plus des conseils perfides. Livrez-vous à vos occupations ordinaires. Suivez vos usages, et ne regardez les soldats du grand Napoléon que comme des amis et des alliés fidèles.

Les citoyens de toutes les classes peuvent continuer à porter le manteau, les bonnets de drap, le chapeau à l'esgnole et tous les vêtemens d'usage... ainsi que les petites épées courtes, les couteaux pour couper le tabac, etc., etc.; nul ne sera arrêté pour de semblables motifs.

Signé, Joachim.

Le général chef de l'état-major.

La junte suprême fit encore publier, par ordre de S. A. I. et R., qu'il avait été défendu aux patrouilles et aux sentinelles de crier *qui vive*, et que toutes les personnes qui avaient été *arrêtées allaient être mises en liberté.*

Arias-Mon.

Madrid, 6 mai 1808

sur les traits de Napoléon un sentiment profond de tristesse et d'indignation, et pourtant personne n'avait plus d'empire sur lui-même.

Lorsque le roi et la reine d'Espagne apprirent ces tristes nouvelles, ils éprouvèrent la douleur la plus vive. Le premier mouvement de Charles IV fut de nommer de suite le grand-duc de Berg son lieutenant-général du royaume.

Napoléon, qui avait encore besoin de ce prince, ne s'opposa point à cette nomination, quoique je sois persuadé qu'il trouvait qu'il *allait mal et trop vite*. Au moyen de cette dernière attribution, Joachim fut un moment le véritable roi d'Espagne, commandant en chef les armées française et espagnole, lieutenant-général du roi, et président de la junte suprême du gouvernement; il réunit entre ses mains toute la puissance royale. Dans la suite, lorsqu'il apprit que l'Espagne était destinée au roi de Naples, il en eut de l'humeur, ne fut pas content de ce qui lui était donné, fit une courte apparition à Bayonne pour y voir Napoléon, la grande-duchesse sa femme, qui s'y était rendue... Il partit ensuite pour Barèges, et de là pour aller prendre posssession du royaume de Naples, où il ne tarda pas à se consoler, lorsqu'il apprit la longue et opiniâtre résistance des Espagnols.

L'entretien de Napoléon et de LL. MM. espagnoles dura plus d'une heure. On a dit que, pendant cet entretien, le roi Charles passa deux fois dans l'intérieur de son appartement, sans doute pour communiquer à son favori, qui ne quittait plus ce palais, ce qu'il venait d'apprendre et pour lui demander conseil. Il fut résolu entre les souverains que le roi Charles ferait appeler son fils; on a dit encore que, lorsque ce prince entra dans le salon, les trois souverains restèrent assis, et que, pendant le temps de cette mémorable entrevue, ce prince resta debout. J'ai peine à le croire; Napoléon s'asseyait rarement, et aimait à causer en marchant dans ses appartemens. Le prince Ferdinand, qui n'avait rien de caché pour ses courtisans, n'aurait pas manqué de leur faire part d'une réception si bien faite pour le blesser. Je puis assurer qu'il n'en est point question dans les lettres écrites de la cour de ce prince, et qui me furent remises pour être traduites. Dans une affaire d'un si haut intérêt, les moindres détails sont importans. J'ai cru pouvoir hasarder de parler de ma répugnance à admettre un reproche de ce genre à l'égard de Napoléon, qui avait par-dessus tout le sens inné des convenances. Le roi Charles présentant le rapport à son fils d'un air menaçant : *Lisez*, lui dit-il, *lisez;* et lorsque le prince Ferdinand eut achevé cette pénible lecture : *Voilà*, dit le roi, *le résultat horrible des infâmes conseils qui vous ont été donnés par de perfides amis, et auxquels vous avez cédé vous-même avec un empressement coupable, en oubliant ainsi le respect que vous deviez à votre père, à votre roi : vous avez excité la révolte. Mais, s'il est facile d'allumer un incendie populaire, il faut un autre homme que vous pour l'éteindre.* Telle est l'allocution du roi Charles, insérée dans le Moniteur.

A présent, voici la réponse de Ferdinand, s'il faut en croire une lettre interceptée d'un des courtisans de ce prince.

« Mon père, je n'ai jamais conspiré contre V. M.
» Si je suis roi, c'est par vous que je l'ai été ; mais si
» votre bonheur et celui de la nation dépendent de
» mon abdication, je suis prêt à remplir vos désirs. »
— « *Allez donc!* » lui dit son père. Il sortit et se rendit ensuite auprès des personnages qui formaient sa cour et son conseil. « *Je vais abdiquer*, leur dit-il,
» *pour ne point exposer la vie de mes nobles com-*
» *pagnons d'infortune; croyez que, pour mon*
» *compte, je méprise la mort, et que c'est votre*
» *seul intérêt qui me guide dans cette circon-*
» *stance.* » La même lettre donne quelques détails sur les premiers momens de cette douloureuse entrevue. Il y est dit que le roi Charles, après avoir fait venir son fils, l'avait appelé *traître et perfide*, en lui reprochant *d'avoir conspiré toute sa vie contre lui ; ajoutant que, si demain à six heures du matin il n'avait pas signé la cession où l'abdication de la couronne qu'il avait usurpée, lui* (Ferdinand) *et tous ceux qui l'accompagnaient seraient regardés comme des traîtres, et traités comme tels.*

Ferdinand, en effet, signa son abdication le 6 mai, et en adressa une copie à D. Antonio, qui ne la reçut pas, attendu qu'il était déjà parti de Madrid pour venir à Bayonne, où il arriva le 8 mai.

« Aujourd'hui, 6 mai, j'ai adressé à mon bien-
» aimé père une lettre conçue en ces termes :

» Mon vénérable père et seigneur,

» Pour donner à V. M. une preuve de mon amour,
» de mon obéissance et de ma soumission, et pour
» céder aux désirs qu'elle m'a fait connaître plusieurs
» fois, je renonce à ma couronne en faveur de V. M.,
» désirant qu'elle en jouisse pendant de longues
» années.
» Je recommande à V. M. les personnes qui m'ont
» servi depuis le 19 mars. Je me confie dans les assu-
» rances qu'elle m'a données à cet égard.
» Je demande à Dieu de conserver à V. M. des
» jours longs et heureux.
» Je me mets aux pieds de V. M. R.
» Le plus humble de ses fils,
» Ferdinand.

» En vertu de la renonciation que je fais à mon
» père bien-aimé, je retire les pouvoirs que j'avais
» accordés avant mon départ de Madrid à la junte
» pour l'expédition des affaires importantes et ur-
» gentes qui pouvaient se présenter pendant mon
» absence. La junte suivra les ordres et les comman-
» demens de mon très-honoré père et souverain, et
» les fera exécuter dans le royaume.
» Je dois, en finissant, témoigner aux membres

» de la junte, aux autorités et à toute la nation ma
» reconnaissance de l'assistance qu'ils m'ont donnée.
» Je leur recommande de se réunir d'efforts et de
» cœur au roi Charles et à l'empereur Napoléon,
» dont la puissance et l'amitié peuvent plus que toute
» autre chose garantir les premiers biens des Espa-
» gnols, leur indépendance et l'intégrité de leur ter-
» ritoire. Je vous recommande de ne point donner
» dans les piéges de nos éternels ennemis, de vivre
» unis entre vous et vos alliés, d'épargner le sang et
» d'éviter les malheurs qui seraient le résultat des
» circonstances actuelles, si l'on se laissait aller à
» l'esprit de vertige et de désunion.

» FERDINAND.

« Bayonne, 6 mai 1808. »

Tel est l'acte d'abdication inséré dans le Moniteur, et voici la copie de celui qui me fut remis par l'empereur en présence du chanoine Escoïquiz, afin de vérifier si le texte espagnol était conforme au texte français. Je dus me placer à une petite table qui était dans le salon, et faire ce travail sous ses yeux : tout était parfaitement exact. L'empereur alors prit de mes mains l'acte espagnol, et me laissa celui qui était en français, et que je vais copier :

« Aujourd'hui j'ai adressé à mon père aimé une
» lettre ainsi conçue :

» Sire,

» Mon vénérable père et seigneur, pour donner

» à V. M. une preuve de mon amour, de mon obéis-
» sance et de ma soumission, et pour céder à ses
» désirs répétés, je renonce à ma couronne en fa-
» veur de V. M., désirant qu'elle en jouisse de lon-
» gues années, et que par cette fin les choses restent
» dans le même état où elles se trouvaient, avant l'ab-
» dication de la couronne faite par V. M. en ma faveur,
» le 19 mars dernier. Quant aux sujets qui m'ont
» suivi, il n'y a aucune difficulté, ni de mon côté,
» ni du leur, de reconnaître V. M. comme leur roi
» et leur seigneur naturel, ne doutant pas que V. M.
» ne garantisse leurs personnes, leurs propriétés, et
» la liberté de rentrer au sein de leur famille. J'es-
» père que V. M. accordera une protection égale à
» tous ceux qui m'ont reconnu pour roi, en consé-
» quence de son abdication du 19 mars. Je demande
» à Dieu de conserver à V. M. des jours longs et
» heureux.

» Fait à Bayonne, le 6 mai 1808.

» Je mets aux pieds de V. M.

» Le plus humble de ses fils,

» Ferdinand. »

» En vertu de la renonciation que je fais à mon
» père bien-aimé, les pouvoirs que j'avais accordés
» avant mon départ de Madrid à la junte (conseil
» de gouvernement), à l'effet de diriger les affaires
» importantes et urgentes qui pouvaient se présenter
» pendant mon absence, lui sont retirés; la junte

» se le tiendra pour dit, et cessera l'exercice de ses
» fonctions. »

Ces deux renonciations comparées ensemble, diffèrent entre elles, non par le fond, mais par un ton de solennité et d'expression presque testamentaire, qui n'est pas dans la dernière que je viens de citer. J'ai su depuis que les *conseils* du roi Charles trouvèrent trop de simplicité dans cet acte, et que ce fut d'après ses ordres que le prince fut obligé d'y faire ces changemens. Ce que je sais très-bien, c'est que les adulations que l'on peut y remarquer ne viennent point de Napoléon. Son amour-propre plus approprié aux lumières du siècle n'en admettait pas de pareilles. A mes yeux la deuxième renonciation est la seule officielle pour l'histoire. En la recevant de mes mains, l'empereur en parut satisfait et la remit en ma présence, sans aucune observation, à M. Escoïquiz, qui dut la faire signer au prince Ferdinand.

CHAPITRE XIII.

Arrivée de l'infant don Antonio à Bayonne. — Traité conclu entre l'empereur et le roi Charles. — Sur le roi Charles IV. — Sur la reine d'Espagne. — Anecdote sur la duchesse d'***. — Le roi Charles et sa cour partent pour Fontainebleau. — Départ de Bayonne de Ferdinand et des infans pour Valençay. — Proclamation des infans au peuple espagnol. — Arrivée de Joseph à Bayonne. — Hommages et représentations des grands d'Espagne. — Discours préparé du duc de l'Infantado au nom des grands d'Espagne ; il n'est pas prononcé. — Scène au sujet de ce discours. — Constitution espagnole adoptée par les Cortès. — Effet qu'elle produit. — Entrée du roi Joseph en Espagne.

L'infant don Antonio n'ayant plus de fonctions à exercer à Madrid, arriva bientôt à Bayonne. Les premiers mots qu'il prononça en descendant dans la cour du palais, furent *qu'il était impossible de voyager avec plus de rapidité qu'il ne l'avait fait.* Ce prince ne savait pas que les ordres étaient donnés sur la route pour presser son voyage. A peine lui laissa-t-on le temps de respirer.

Un traité conclu entre l'empereur et le roi Charles transféra à Napoléon tous ses droits à la couronne d'Espagne. Le prince Ferdinand et tous les autres infans adhérèrent à ce traité qui termina pour le moment toutes les difficultés qui existaient.

On aurait tort d'imaginer que le roi Charles n'ait

pas agi en toute liberté dans cette circonstance : en dépit de tous les sentimens de la nature, ce qui dominait le plus chez lui, c'était une haine violente contre son fils et contre ses partisans. Rien ne prouve mieux que son abdication du 19 mars avait été forcée. Les ressentimens qui partent du trône en pareil cas laissent des traces profondes, qui ne s'effacent jamais. On accoutume d'ailleurs les rois à ne considérer que leur postérité dans leurs enfans, et à n'être jamais pères. Une ligne de démarcation cérémonieuse et froide sépare toujours un roi de son héritier, dans lequel il ne voit souvent qu'un successeur impatient de régner... Ce fut donc avec empressement que Charles IV offrit le sacrifice de ce que tous les hommes estiment le plus. Ici Napoléon n'eut rien à désirer, rien à demander. Charles, dont les mœurs simples, je dirai presque bourgeoises, l'avaient toujours éloigné des affaires, même des détails les plus simples de l'administration, n'aimait dans le monde que le prince de la Paix. Et par le plus étrange des aveuglemens, sa femme, ses enfans et sa couronne n'étaient presque rien pour lui. Godoï, qui ne pouvait et ne voulait plus même rentrer en Espagne, en avait dégoûté le roi, que le souvenir récent des outrages qu'il y avait soufferts ne portait que trop déjà à renoncer pour toujours à un pays où son favori n'aurait pu se maintenir. Avant de quitter Bayonne, il adressa la proclamation suivante aux conseils de gouvernement de Castille et de l'inquisition :

« Dans ces circonstances extraordinaires, nous
» avons voulu donner une preuve de notre amour
» à nos fidèles sujets, dont le bonheur a été pendant
» tout notre règne le constant objet de nos sollici-
» tudes; nous avons donc cédé tous nos droits sur
» les Espagnes, à notre ami et allié l'empereur des
» Français, par un traité signé et ratifié, en stipu-
» lant l'intégrité et l'indépendance des Espagnes et
» la conservation de notre sainte religion, non-seu-
» lement comme dominante, mais encore comme
» seule tolérée en Espagne.

» Nous avons en conséquence jugé convenable de
» vous écrire la présente, pour que vous ayez à vous
» y conformer, à la faire connaître et à seconder de
» tous vos moyens l'empereur Napoléon. Soyez unis
» avec les Français, et surtout portez vos soins à
» garantir le royaume de toute rébellion.

» Dans la nouvelle position où nous allons nous
» trouver, nous fixerons souvent nos regards sur
» vous, et nous serons heureux de vous savoir tran-
» quilles et contens.

Charles.

Bayonne, 8 mars 1808.

Ici finit le rôle politique de Charles IV [1]. Ce

---

[1] Charles IV était né à Naples le 21 mai 1748; il monta sur le trône d'Espagne le 14 décembre 1788.

prince était d'une taille élevée, d'un port noble et assuré : la parfaite harmonie de son visage annonçait la bonté et le calme habituel de son âme : en le voyant on était certain d'avance que ses mœurs avaient été toujours pures. C'était un roi-bourgeois et sans caractère politique. Ses seules passions furent l'amitié pour Godoï et un asservissement sans mesure aux volontés de la reine. Je crois même que son amitié pour ce favori l'emportait sur tout autre sentiment. Il lui sacrifia tout sans regret et sans hésiter. Il avait mis la vie privée sur le trône, et il ne perdit aucune jouissance en résignant la monarchie d'une partie des deux mondes, pour entrer dans cette vie privée. Il s'y trouva naturellement placé dans un état approprié à ses goûts simples et faciles. Et lorsque sa santé, altérée par des accès fréquens de goutte ou par l'âge, ne lui permit plus de se livrer aux délassemens de la chasse, il sut remplacer ce plaisir par celui de la musique, et en rendant heureux le petit nombre de sujets fidèles qui s'étaient voués à sa personne. Non-seulement il aimait à entendre les artistes distingués qu'il s'était attachés, mais il exécutait lui-même sur le violon quelques morceaux de symphonie, tant bien que mal. C'était toutefois un amateur d'un genre nouveau. J'ai ouï raconter à l'un de mes amis [1] qui connaissait beaucoup M. Boucher,

---

[1] M. Émilien de Ginestet, conseiller à la cour royale de Montpellier, magistrat intègre, homme d'esprit, de bonne

son premier violon, que très-souvent Charles IV commençait *seul* un morceau d'ensemble, et que, sur l'observation de cet artiste célèbre, il lui répondait gravement, qu'*il n'était pas fait pour l'attendre !!!*

La reine Marie-Louise, sa femme, était petite [1]; à l'époque où j'eus l'honneur de la voir, il était difficile de juger si elle avait été jolie. Ses yeux étaient vifs et ardens; l'ensemble de ses traits, plutôt sérieux qu'agréables, disait qu'elle avait du caractère et de l'esprit, et sa physionomie prononcée annonçait une préoccupation d'habitude, qui semblait la rendre indifférente aux devoirs de son rang, quand ils se trouvaient en opposition avec son idée dominante. Cette espèce de monomanie fut, dit-on, l'affaire de toute sa vie : l'on disait que la causerie intime en tête-à-tête était plus de son goût que cette vie toute en dehors que l'on appelle cercle de cour. Il ne faudrait pas supposer cependant qu'elle fût indifférente aux soins de la toilette. Ce goût conservateur ou réparateur faisait une partie essentielle de cette concentration de toutes ses facultés. Elle

---

compagnie, et l'un des amateurs les plus habiles sur le violoncelle.

[1] Marie-Louise, née à Parme le 9 décembre 1751.

faisait venir de Paris tous les objets les plus à la mode. Cet hommage rendu au goût et aux modes françaises me rappelle une anecdote qui m'a été racontée par plusieurs grands seigneurs espagnols.

La duchesse D***, jeune, belle, spirituelle, et veuve immensément riche, eut le malheur, à la suite de quelques intrigues de cour, de perdre les bonnes grâces de la reine. L'aigreur et la haine suivirent une rupture éclatante. Le ressentiment qu'éprouva cette jolie duchesse se borna long-temps à une noble défense; mais enfin la gaieté de son caractère la porta souvent à des plaisanteries qui ne furent pas sans danger pour elle. Connaissant l'habitude de la reine, de faire venir de Paris presque toutes ses parures, elle employa un agent fidèle et adroit pour se procurer, à quelque prix que ce fût, les mêmes modes, les mêmes étoffes, les mêmes bijoux que les fournisseurs de la reine avaient ordre d'expédier à Madrid. Cet agent de la duchesse était sur les lieux, payait généreusement, et était servi promptement. Il faisait partir ses caisses plusieurs jours avant que les employés de la reine fussent en état de faire leurs expéditions. La duchesse n'avait rien de plus pressé que de parer ses femmes de chambre, et de leur ordonner de se montrer dans tous les lieux publics, au Prado, au spectacle, etc., etc., afin d'ôter à la reine le plaisir, si piquant pour une femme à prétention, de porter la première, et dans toute la fraîcheur de leur nouveauté, ces objets frivoles auxquels la vanité ou la coquetterie n'attache que trop de prix.

Suivant la marche ordinaire de ces niaiseries d'amour-propre, l'empire des grâces et des cœurs devint l'objet d'une rivalité plus sérieuse. La guerre fut d'autant plus animée, que la duchesse, jeune, jolie et parfaitement aimable, obtenait sur ce terrain tous les avantages et tous les succès qu'elle voulait. Deux fois une main inconnue incendia son palais, remarquable par l'élégance et le bon goût, et dans lequel elle réunissait tout ce qu'il y avait de gens distingués par leurs qualités, leur esprit, leur naissance et leurs talens : on y affluait avec d'autant plus d'empressement, qu'on était assuré d'y trouver des plaisirs sans gêne, un cercle sans étiquette, et tout ce que la magnificence des fêtes peut offrir de plus enchanteur et de moins ressemblant à la gravité uniforme des galas de la cour. La duchesse fit réparer les désastres causés par l'incendie; et, pour la troisième fois, lorsque son palais fut entièrement reconstruit et embelli, elle donna une grande fête qu'elle termina plus tôt qu'à son ordinaire. *Retirez-vous*, leur dit-elle; *je ne veux point laisser à d'autres le plaisir de brûler mon palais, je me charge moi-même de ce soin.* En effet, elle y fit mettre le feu. Quelque temps après, la jeune duchesse fut atteinte d'un mal dont les secours de la faculté ne purent diriger ni arrêter les progrès; elle succomba prématurément à l'âge de vingt-neuf à trente ans. Son palais n'était pas réparé le 4 décembre 1808; lorsqu'après la capitulation de Madrid, nous y entrâmes en vainqueurs, nous ne vîmes que des débris et des ruines, tristes monumens d'une lutte indiscréte et blâmable!!

———

Le roi Charles, la reine d'Espagne et l'infant don Francisco partirent le 10 mai pour Fontainebleau; le service d'honneur nommé par l'empereur pour les accompagner, fut composé des mêmes personnages qui avaient été placés près de ce prince pendant son séjour à Bayonne; du général comte Reille, aide de camp de l'empereur; du comte Dumanoir, chambellan, et du comte d'Audenarde, écuyer de l'impératrice. A leur arrivée à Fontainebleau, LL. MM. trouvèrent madame de La Rochefoucault, dame d'honneur; madame de Luçay, dame d'atours; madame Duchâtel, dame du palais; M. de Rémusat, premier chambellan; M. de Luçay, premier préfet du palais; M. de Caquerai, officier des chasses, et tous les services secondaires qui pouvaient concourir à l'agrément de leur séjour.

Quant au prince des Asturies, don Carlos son frère et don Antonio son oncle, ils partirent pour Valençay. Le voyage se fit sans bruit et sans éclat. La seule chose remarquable fut une proclamation datée de Bordeaux du 12 mai et adressée au peuple espagnol, dans laquelle ils confirmaient de plus fort la transmission des droits et souveraineté sur les Espagnes à l'empereur Napoléon, et dans laquelle ils stipulaient les mêmes réserves et conditions que celles qui sont mentionnées dans l'acte de cession du roi Charles, en exprimant les mêmes vœux pour le bonheur des Espagnols. J'ignore absolument tout ce qui est relatif à cette dernière concession. Ces augustes personnages, en arrivant à Valençay, furent reçus par le prince de Bénévent, propriétaire de ce beau château, et par MM. d'Arberg et de Tournon, chambellans de l'empereur.

Il est à remarquer que, dans le même temps que Napoléon ajoutait l'Espagne à ses vastes royaumes, l'Empereur Alexandre enlevait la Finlande à la Suède, qui n'en garda aucun ressentiment contre la Russie, puisque, sans y être provoquée, elle se lia plus tard à cette puissance contre la France.

Les événemens qui suivirent ces abdications, ces renonciations et ces cessions, n'exigent plus que je leur donne une attention aussi minutieuse. Ce qui se passa au château de Marrac le 7 juin, jour de l'arrivée du roi Joseph Napoléon, que l'empereur avait proclamé roi d'Espagne, mérite seul de nous occuper un moment.

———

Napoléon, pressé de montrer à son frère ses nouveaux sujets, improvisa pour le soir même une audience de présentation. Les députations des grands d'Espagne, du conseil de Castille, de l'inquisition, des Indes, des finances et de l'armée, furent averties de se rendre de suite au château de Marrac pour y complimenter le nouveau roi. A peine eurent-elles le temps de s'entendre et de régler entre elles le choix de l'orateur qui devait parler en leur nom. Cette brusque réception devint orageuse, parce que le discours préparé par le duc de l'Infantado, au nom des grands d'Espagne, n'exprimait pas une reconnaissance formelle du nouveau roi. Voici ce discours, qui n'a jamais été publié en France, du moins à ma connaissance. C'est au roi Joseph qu'il devait être adressé :

« Sire,

» Les grands d'Espagne qui sont en ce moment à
» Bayonne s'empressent d'offrir à V. M. leurs res-
» pects et leurs vœux pour son bonheur. Les gran-
» des qualités qui sont le partage de V. M. sont
» au-dessus de nos louanges, et se recommandent
» d'elles-mêmes. Nous sommes heureux de pouvoir
» mettre aux pieds de V. M. l'hommage de notre
» dévouement en présence de son auguste frère, le
» héros de notre siècle. Voilà, sire, *tout ce que les*
» *lois qui régissent l'Espagne nous permettent en*
» *ce moment d'offrir à V. M. Nous attendons que*

» *la nation s'explique et nous autorise à donner
» plus d'essor à nos sentimens.* »

Signé, le duc de l'Infantado, de Medina-Cœli, le marquis de Santa-Crux, le duc d'Osuna, le comte Mayorga, le comte de Santa-Coloma, le comte Fernand Nunès, le duc de Montellano et d'Arco, le duc d'Hijar, le comte d'Aranda, le comte d'Orgas, le prince de Castel-Franco.

Ce discours ajournait la reconnaissance : il ne fut point prononcé. Celui qu'on va lire le fut par M. d'Azanza.

« Nous éprouvons, sire, une vive joie en nous
» présentant devant V. M. Les Espagnes espèrent
» tout de son règne. La présence de V. M. y est vi-
» vement désirée, surtout pour fixer les idées, con-
» cilier les intérêts et rétablir l'ordre, si nécessaire
» pour la patrie espagnole. Sire, les grands d'Espa-
» gne ont été célèbres dans tous les temps pour leur
» fidélité envers leurs souverains. V. M. trouvera en
» eux la même fidélité et le même dévouement.
» Qu'elle reçoive nos hommages avec cette bonté
» dont elle a donné tant de preuves à ses peuples de
» Naples, et dont la renommée est venue jusqu'à
» nous... »

(*Suivent les mêmes signatures.*)

Moniteur, du 7 juin 1808.

Les détails que raconte M. l'ancien archevêque de Malines, de la scène qui suivit le projet de discours de M. l'Infantado, sont exacts; mais je ne partage point son opinion sur la violence et sur l'emportement qu'il attribue à Napoléon. Il se posséda, parce que ce qu'il disait était déjà assez fort par lui-même... « *Vous êtes gentilhomme, monsieur*, dit-il au duc de l'Infantado, *conduisez-vous en gentilhomme; et, au lieu de batailler sur les termes d'un serment que votre intention est de violer au premier moment, allez vous mettre à la tête de votre parti en Espagne, battez-vous franchement et loyalement. Je vais vous faire délivrer un passe-port, et je vous donne ma parole d'honneur que les avant-postes de mon armée vous laisseront passer librement et sans vous inquiéter : voilà ce qui convient à un homme d'honneur.* » Le duc se confondit en protestations et en assurances de fidélité. « *Vous avez tort*, répondit l'empereur; *ceci est plus sérieux que vous ne pensez. Vous oublierez votre serment, et vous vous mettrez dans le cas d'être fusillé... peut-être d'ici à huit jours.* »

Les députations sortirent de l'audience, la plupart avec un air satisfait, les autres avec un air grave et silencieux. Les événemens sont connus; je n'ai rien de particulier à dire sur ce qui s'est passé. La junte s'assembla, discuta peu, délibéra beaucoup et promptement; l'acte constitutionnel fut voté et signé à l'unanimité, même par le duc de l'Infantado¹. Le roi Joseph composa son ministère, parmi lequel on vit

---

¹ *Résumé des opérations des cortès de Bayonne.*

Le 6 juin 1808. — Proclamation de l'empereur au peuple espagnol, pour lui faire connaître qu'il a transmis tous ses droits sur la couronne d'Espagne au prince Joseph son frère, roi de Naples. Cette publication est accompagnée de tous les traités signés à Bayonne par Charles IV et par les infans d'Espagne.

L'empereur avait reçu des adresses des conseils du gouvernement de Madrid et de l'archevêque de Tolède (cardinal de Bourbon), qui exprimait la demande du prince Joseph pour leur roi.

La proclamation de l'empereur fut envoyée et publiée officiellement par les conseils de Madrid.

Les membres des cortès réunis à Bayonne s'empressent de s'unir à ces manifestations : leur communication officielle est signée par les ducs de *l'Infantado*, de Santa-Crux, d'Hijar, par les comtes d'Orgas, de Fernand Nuñès, *Cevallos*, etc.

Le 7. — Le prince Joseph arrive à Bayonne : les grands d'Espagne, les conseils de Castille, des Indes, des finances, de l'inquisition, etc., etc., lui sont présentés à Marrac.

Le 10. — Proclamation du nouveau roi au peuple espagnol.

Le 15. — Ouverture des séances des cortès, dans le vieux palais épiscopal de Bayonne, sous la présidence de don Michel d'Azanza, conseiller d'état, ministre des finances et des domaines ; secrétaire, MM. Urquijo, conseiller d'état honoraire, et don Romanillos, président du conseil des finances. Discours du président, qui propose de procéder à la vérification des pouvoirs... L'assemblée y procède et entend la

figurer M. de Cevallos comme ministre des affaires étrangères, et le duc de l'Infantado comme colonel-

lecture des proclamations relatives à l'accession du prince Joseph à la couronne d'Espagne.

Le 17. — Sur la proposition du président, l'assemblée décide qu'elle se rendra en corps au palais du roi Joseph pour lui présenter ses hommages; et elle donne son assentiment au discours que devra prononcer, en son nom, le président.

Le 18. — La junte est reçue par le roi Joseph : échange de discours.

Le 20. — La junte reçoit le projet d'une nouvelle constitution pour l'Espagne proposé par l'empereur. Discours du président; quelques membres proposent de demander au roi la suppression de quelques impôts onéreux, notamment de ceux sur les vins; cette proposition est accueillie, et l'assemblée nomme pour cet objet une députation de quatre membres présidée par le duc de l'Infantado. La junte ordonne l'impression de l'acte constitutionnel, décide que les votes ne seront recueillis que trois jours après la distribution des feuilles imprimées; mais elle déclare que l'accès de la tribune sera toujours libre pour ceux de ses membres qui se croiront assez éclairés pour émettre de suite leur opinion, pendant les séances intermédiaires nécessitées par l'impression, et pendant les trois jours de délai fixés après la distribution des impressions; elle donne pour motif de cette mesure facultative l'avantage que pourront retirer de ces conférences préalables, ceux de ses membres qui ne se croiraient pas assez éclairés pour aborder et discuter des points si élevés de l'administration publique.

Le 21. — Le duc de l'Infantado, qui avait été chargé de présenter au roi la demande de la suppression de quelques impôts, rend compte de l'accueil favorable qui a été fait à

général des gardes, et partit le 10 juillet pour se rendre à Madrid. Les ministres, les grands d'Espa-

---

la députation qu'il présidait, et de la promesse faite par le roi de concourir de tous ses moyens au bonheur de la nation. Après ce rapport, le président fait observer que la parole appartient aux orateurs qui voudront discuter, par anticipation, le projet de constitution. Plusieurs membres parlent en faveur du projet.

Le 22. — Distribution de la première partie imprimée de ce projet. Le président explique les motifs de cette distribution incomplète, faite seulement pour diminuer les lenteurs nécessitées pour l'impression et la perte d'un temps précieux. Plusieurs membres parlent en faveur du projet de loi. Dans cette séance, don Ignace Sanchès de Texada, député du nouveau royaume de Grenade, prononce un discours remarquable, et exprime le désir que l'on emploie les moyens les plus efficaces pour fortifier l'union des colonies avec la métropole.

Le 23. — Nouvelles et dernières distributions imprimées du projet de loi constitutionnelle; le président propose de nommer une commission de trois membres pour recueillir les opinions prononcées par divers orateurs avant le délai fixé pour l'émission des votes. Cette proposition est adoptée. Nouveaux discours en faveur de la loi présentée.

Le 24. — L'assemblée entend de nouveaux orateurs en faveur du projet. Des améliorations, des augmentations sont proposées dans la vue de rendre plus parfaite et mieux appropriée au caractère espagnol cette loi fondamentale.

Le 25. — Discours en faveur du projet.

Le 26. — Une grande députation des principaux habitans de Valladolid est présentée au roi Joseph.

Les 27, 28, 29 et 30 *juin*. — La junte réunie dans le lieu

gne, la junte entière, formaient son cortége. Lorsque ce prince entra en Espagne, presque toutes les

---

ordinaire de ses séances recueille tous les votes prononcés et écrits. Le résultat prononce à l'unanimité l'adoption de la constitution proposée par l'empereur. Le procès verbal de cette adoption est signé par le duc de l'Infantado, par don Pedro Cevallos, et par *tous* les membres composant les cortès réunies à Bayonne [1].

[1] Cet acte constitutionnel présentait des garanties pour la religion catholique, pour les priviléges de la noblesse, et contre les abus du pouvoir absolu, en conservant les assemblées nationales connues sous le nom de *cortès*; mais comme je me suis imposé la loi de n'entrer dans aucune considération, et d'exposer ce qui est venu à ma connaissance avec l'impartialité la plus fidèle et la plus scrupuleuse, je dirai que cette nouvelle constitution présentée aux Espagnols, fut reçue avec une silencieuse et équivoque indifférence dans toutes les provinces occupées par l'armée française, et avec le mépris le plus violent dans toutes les autres parties de la Péninsule. On aura une juste idée de ces sentimens de haine, en lisant, parmi les innombrables décisions des différentes juntes de gouvernement, celle de la ville de Téruel. Le secrétaire-général du conseil de Castille, nouvellement composé, avait adressé l'acte constitutionnel à toutes les villes du royaume, et par des courriers extraordinaires, qui s'éloignaient promptement des villes insurgées après avoir remis le paquet aux différentes juntes des villes. Celle de Téruel, ayant pris lecture de cet acte constitutionnel, ordonna qu'il serait copié littéralement, et que cette copie dûment collationnée, certifié conforme et signé par tous ses membres, serait renfermée sous enveloppe, scellée et cachetée aux armoiries de la ville, et déposée dans ses archives avec l'inscription suivante;

« Copie de la constitution du barbare Joseph Bonaparte, atrocement
» imaginée pour le gouvernement d'Espagne et des Indes, et dont
» l'original a été publiquement et solennellement lacéré et jeté au
» feu par ordre de la junte du gouvernement de Téruel. »

Il fut enjoint au président des alcades supérieurs, après les plus

provinces étaient en pleine révolte; les ports étaient ouverts aux flottes anglaises, la Biscaye, la Catalogne, la Navarre, Valence, Murcie, l'Andalousie, l'Estramadure, la Galice, le royaume de Léon, les Asturies, une partie des deux Castilles, pleines

---

Le 5 juillet. Le prince Joseph, roi d'Espagne, suivi d'un brillant cortége, se rend à midi à l'assemblée des cortès, fait donner lecture de l'acte constitutionnel, prête le serment prescrit entre les mains de l'archevêque de Burgos, et reçoit celui d'obéissance et de fidélité de tous les membres de la junte. Avant de se séparer, l'assemblée décide qu'elle se rendra en corps au palais de Marrac pour présenter à l'empereur les hommages de sa reconnaissance et de sa fidélité.

Le 5. — L'empereur reçoit l'assemblée des cortès.

Le 10. — Le roi Joseph part pour Madrid. Il y arrive le 20, et est obligé de l'abandonner huit jours après pour se replier sur Vittoria, à cause des suites de la capitulation de Baylen. La bataille de Medina del Rio Seco, remportée par le maréchal Bessières le 14 du même mois, donne à cette retraite par Vittoria l'appui et les garanties les plus convenables.

---

minutieuses cérémonies, de lire, sur la place publique, en le faisant répéter à grande voix par des précons, l'ordre suivant :

« Le roi, notre seigneur, don Ferdinand VII, que Dieu garde, et
» en son nom la junte du gouvernement de la ville de Téruel, or
» donne que l'écrit imprimé, insolemment intitulé, *Constitution de*
» *l'Espagne et des Indes*, et atrocement inventé par un monstre connu
» sous le nom de Joseph Bonaparte, soit ignominieusement lacéré en
» petits morceaux et livré au feu, comme il en serait fait autant de
» son auteur s'il était en notre pouvoir : et pour que les cendres de
» cette œuvre odieuse ne laissent aucune trace capable de souiller le
» sol fidèle et généreux de cette ville, la junte ordonne que ses cen-
» dres soient jetées à tous les vents, etc. »

d'enthousiasme et de fureur, étaient sous les armes ; et Saragosse, déjà assiégée, était fermement résolue de s'ensevelir sous ses ruines plutôt que d'ouvrir ses portes à l'armée française. Dès le commencement du mois de juin, le siége de cette place avait été formé par le maréchal L....; des attaques vives et importantes avaient eu lieu ; les combats des 15 et 16 furent si graves, que ce général crut devoir proposer des conditions honorables et quelques jours d'armistice au général Palafox, qui commandait Saragosse.....

Voici quelle fut la réponse de ce dernier :

Les différentes copies qu'on a publiées ne sont point conformes à celle dont j'ai mis la traduction sous les yeux de l'empereur.

« Monsieur,

» Si votre maître vous envoie pour rétablir la
» tranquillité que ce pays n'a jamais perdue, il est
» inutile qu'il prenne ce soin. Si je dois répondre à
» la confiance que ce peuple vaillant m'a témoignée,
» en me tirant du repos dans lequel j'étais, pour
» mettre entre mes mains ses intérêts et sa gloire,
» il est clair que je manquerais à mon devoir en l'a-
» bandonnant sur la seule apparence d'une amitié, à
» laquelle je ne crois point.

» Mon épée garde les portes de la capitale, et mon
» honneur répond de sa sûreté. Les troupes doivent
» se reposer, parce qu'elles ont été fatiguées le 15 et

» le 16, quoique d'ailleurs elles soient infatigables,
» comme je le serai moi-même.

» Loin que l'incendie causé par l'indignation des
» Espagnols à la vue de tant d'injustices soit apai-
» sé, il n'en est que plus vif. Il est facile de voir
» que les espions que vous payez vous font des rap-
» ports infidèles. Une grande partie de la Catalogne
» a reconnu mon commandement, ainsi qu'une
» portion de la Castille. Les capitaines-généraux de
» Valence et de Murcie sont unis avec moi. La Ga-
» lice, l'Estramadure, les Asturies et les quatre
» royaumes d'Andalousie sont résolus à venger nos
» injures. Les troupes se livrent à de violens excès;
» elles saccagent, insultent, et assassinent impuné-
» ment des hommes paisibles qui ne leur avaient
» fait aucun mal...

» Ni cela, ni le ton que votre excellence observe
» depuis le 15 et le 16, ne sont point propres à satis-
» faire un peuple vaillant.

» Que votre excellence fasse ce qu'elle voudra ; je
» serai ce que je dois.

» Le général des troupes d'Aragon,

» *Signé*, Palafox.

» En mon quartier général de Saragosse, le 18 juin 1808.

Ces phrases, sans doute, sont fort belles, mais elles n'empêchèrent pas cette orgueilleuse cité d'être prise par l'armée française.

Il paraît que le duc de l'Infantado avait désiré d'accompagner en France le prince Ferdinand; mais il lui fut permis seulement d'accompagner ce prince jusqu'à Dax. Ferdinand l'autorisa à rentrer en Espagne.

Après avoir visité quelques départemens du midi, nous reprîmes la route de Paris en passant par Bordeaux. Ce fut dans cette ville que Napoléon apprit l'affaire malheureuse d'Andujar. Le général Savary, qui avait succédé au commandement de l'armée, lorsque le grand-duc de Berg avait quitté Madrid, après avoir donné tous les détails de ce triste événement, annonçait à l'empereur qu'il faudrait incessamment évacuer Madrid et se replier sur Vittoria. Ainsi le roi Joseph, à peine arrivé dans la capitale de ses nouveaux états, fut obligé de l'abandonner. Dans ce moment, il éprouva combien peu il fallait compter sur les sermens des hommes. Il ne resta autour de lui qu'un petit nombre d'Espagnols fidèles, qui le suivirent dans sa retraite, qui fut assez précipitée... On laissa dans le palais plusieurs objets importans, entre autres le portrait de Napoléon franchissant le Saint-Bernard, peint par David, etc., etc.

Le 12 août 1808, le conseil royal du gouvernement d'Espagne fit publier une loi de l'état, qui déclarait comme nuls et sans valeur les actes d'abdication et de Charles IV, soit à l'égard de l'empereur des Français, soit à l'égard de son frère Joseph, ainsi que l'acte constitutionnel pour l'Espagne, envoyé de Bayonne. Cette loi frappait de nullité les traités qui avaient été signés en France par le roi Charles IV, Ferdinand VII, l'infant don Carlos, et l'infant don Antonio.

CHAPITRE XIX.

Histoire d'Ali-Bey (Badia-Castillo). — Correspondance secrète et officielle du prince de la Paix pour opérer une révolution dans l'empire de Maroc. — Réflexions.

Je n'ai point voulu interrompre le récit des événemens d'Espagne, afin de ne point en affaiblir l'intérêt.

Je vais parler d'une circonstance aussi curieuse que peu connue.

Le 11 juin 1808, pendant notre séjour à Bayonne, l'empereur me fit demander. J'avais été sur un petit canot me promener dans le port, avec le projet d'aller jusqu'à la mer. Le comte de Bondi, toujours bon et aimable, envoya courir après moi. Je virai de bord, et arrivai promptement au palais de Marrac; je fus introduit.

« *Je viens de causer*, me dit l'empereur, *avec un Espagnol que vous avez dû voir dans le salon; je n'ai pas assez de temps à moi pour donner une attention suivie à son histoire, qui d'ailleurs me paraît fort longue. Voyez-le, causez avec lui, et prenez connaissance des manuscrits dont il m'a parlé : vous m'en rendrez compte.* » En me disant ces mots, il me congédia.

Rentré dans le salon dont l'empereur m'avait parlé, je vis un homme jeune encore, d'une taille haute et élégante. Il portait un uniforme bleu de roi, sans paremens, sans revers ni épaulettes; un magnifique cimeterre, attaché à la manière des Orientaux, pendait à son côté, suspendu par un cordon de soie verte. Les traits de son visage étaient réguliers; l'ensemble de sa figure était bien, mais un peu sévère. Ses belles moustaches noires, ses grands yeux vifs et perçans, donnaient à sa physionomie et à son regard une expression particulière; ses cheveux étaient noirs et épais. Je m'approchai de lui, et lui dis que j'étais autorisé par l'empereur à faire connaissance avec lui. Il me répondit obligeamment, et alors sa physionomie exprima une telle douceur et en même temps une telle vivacité, que je me sentis tout-à-fait disposé à le prévenir dans tout ce qui pouvait dépendre de moi. Je lui proposai de passer dans le jardin du palais; nous y causâmes long-temps; je me nommai, et lui fis part de la contrariété que j'éprouvais d'être obligé de lui demander son nom : *Ici et en Espagne, je m'appelle Badia Castillo y Leblich ; mais en Orient, je suis connu sous le nom d'Aly-Bey, prince de la famille des Abassides.* Il dut remarquer mon étonnement, car il entra de suite dans les plus grands détails sur les principaux événemens de sa vie. Le voyage précieux et intéressant qu'il fit imprimer en

3 vol., 1814, suivi d'un atlas d'une centaine de planches, me dispense de parler de tout ce qu'il a fait connaître. Je me bornerai à publier la partie secrète et politique qui n'est point connue. Il est mort en Asie en 1819; je puis donc, sans indiscrétion, révéler ici ses confidences, et imprimer la traduction que j'ai faite, sous ses yeux, de plusieurs documens authentiques qui viennent à l'appui de ce qu'on va lire.

Badia Castillo y Leblich, né en Espagne en 1767, annonça de bonne heure les plus heureuses dispositions; elles furent cultivées avec soin; il acquit de vastes connaissances dans les hautes sciences, dans les mathématiques, l'astronomie, l'histoire naturelle, la physique, la chimie, dans le dessein, et surtout dans les langues de l'Orient : il réunissait en lui seul toutes les qualités nécessaires pour étudier et interroger la nature, observer les astres, déterminer leur situation, lever des plans, et dessiner les aspects divers qu'il pouvait rencontrer. Encouragé et protégé par le prince de la Paix, il se rendit à Londres pour y perfectionner ses études; il y laissa croitre sa barbe, se fit circoncire, s'habilla comme les Arabes, se composa une généalogie, bien authentique et de la plus haute extraction, et, sous le nom d'Aly-Bey, prince des Abassides, famille célèbre par ses nombreux califes, il vint débarquer en France, se rendit à Paris, communiqua au bureau des longitudes le but scientifique de son voyage, prit des notes sur les points géographiques et nautiques sur lesquels la classe des hautes sciences de l'institut désirait avoir des éclaircissemens précis; il traversa la France et l'Espagne, reçut à Madrid ses dernières instructions, de grands secours, de grands crédits, et des lettres de recommandation pour tous les consuls d'Espagne, d'Afrique et d'Asie, auxquels ce voyage ne fut annoncé que sous le point de vue qui pouvait se rattacher aux sciences et aux progrès des lumières.

Le véritable but politique était de chercher à opérer une révolution dans l'empire de Maroc, à renverser l'empereur régnant, et à faire de ce vaste pays une riche et belle colonie espagnole, plus importante peut-être que celles d'Amérique, puisque deux heures seulement de navigation donnaient la facilité d'y parvenir sans danger. L'idée était grande en elle-même.

La Hollande, la France, l'Angleterre, et même la Russie, commençaient déjà à porter leur attention sur ce continent d'Afrique, qui renferme tant de richesses. Ces colonies, non moins fécondes que celles d'Amérique, auraient coûté moins de temps et moins de sang pour les conquérir. Il y a lieu de s'étonner que l'idée de leur conquête se soit présentée si tard au gouvernement espagnol, qui aurait trouvé sur les côtes de Barbarie des ressources immenses. Toutes sortes de raisons auraient dû faire préférer ce climat à celui de l'Amérique : le grand nombre des habitans, la variété du sol, une situation admirable pour le commerce de l'univers, devaient offrir à la politique, à la philosophie, même à la religion, des conquêtes dignes de la nation espagnole. Les mines de Bambouk, jointes aux productions abondantes du sol, aux ivoires, aux gommes et aux esclaves pour les colonies, devaient faire considérer la côte d'Afrique comme le pays le plus précieux que la nature pouvait placer près de l'Espagne.

On a peine à concevoir comment les Portugais, les Français et les Anglais ont pu se faire si longtemps la guerre pour les côtes du Sénégal, dont le climat brûlant dévore tous ceux qui ont le malheureux courage d'aller y tenter la fortune, tandis qu'ils avaient des sources de richesses plus rapprochées, et dont l'invasion aurait été si facile.

Le roi d'Espagne est le seul souverain de l'Europe qui possède sur cette côte quelques établissemens proprement militaires, situés, il vrai, dans la partie la plus pauvre et la moins habitée de la Barbarie.

Toutes ces importantes considérations frappèrent à la fin le gouvernement espagnol, et Badia Castillo, sous le nom d'Aly-Bey, fut envoyé en 1802 à Maroc, pour observer, préparer et disposer toutes choses, dans l'idée de s'emparer de vive force, ou par adresse, de ce vaste empire. Les commencemens de son établissement furent heureux. Il parvint même au plus haut degré de faveur auprès de l'empereur et des grands personnages de l'état. Ces premiers succès encouragèrent le prince de la Paix, qui composait à lui seul tout le gouvernement espagnol; il laissa Aly-Bey maître de diriger tous les plans, et de combiner tous les moyens de commencer cette grande révolution. Les états de Maroc se composent de cinq millions de Maures, qui sont autant d'esclaves sans propriétés, parce que tout le territoire forme le domaine de l'empereur. Tout le monde sait au reste que le trône appartient à un souverain qui n'a d'autre droit pour y monter que la force et la violence. Ce souverain, tout méprisable qu'il est, dont le gouvernement n'a d'autre loi que le caprice, l'arbitraire et l'injustice, voit chaque année grossir ses trésors par les honteux tributs que les puissances de l'Europe lui apportent pour obtenir la permission de faire quelque commerce avec ses sujets, et solder l'humiliante protection qu'il accorde aux bâtimens qu'elles y emploient : scandaleux servage, qui lui seul constituerait le droit de tenter l'invasion d'un voisin si injurieusement exigeant... A ces considérations, Aly-Bey ajoutait et disait que les tribus libres du mont Atlas, voisines de l'empire de Maroc, avaient toujours les armes à la main pour se défendre contre l'empereur, et maintenir leur indépendance; que cet état de guerre perpétuelle les mettait dans l'impossibilité de faire aucun commerce avec l'Europe; qu'elles accueilleraient avec transport tous ceux qui attaqueraient le tyran qui voulait les opprimer, et deviendraient des alliés fidèles.

Mais la plus importante des considérations était celle de la faiblesse des moyens militaires de l'empereur de Maroc. Six à huit mille nègres forment sa garde, et suffisent seuls pour opprimer les malheureux habitans de ce royaume : Aly-Bey assurait que le mécontentement des principaux habitans était à son comble, et qu'ils appelaient de tous leurs vœux un gouvernement juste et éclairé; que les tribus de l'Atlas, qui plus d'une fois s'étaient emparées des plus riches provinces de l'empire, qu'elles n'avaient jamais su conserver. sentiraient renaître leur courage si elles se voyaient secondées par l'Espagne, plus intéressée que toute autre puissance à y établir sa domination.

C'était sur ces motifs qu'Aly-Bey fondait le succès de l'expédition. Ses liaisons et son intimité avec les chefs principaux du gouvernement, et même de la garde du roi de Maroc, lui faisaient regarder son projet comme le plus sûr qu'on pût tenter.

L'affaire, comme on le voit, était assez bien préparée. Voici les documens officiels et secrets du gouvernement espagnol au mois de mai 1804. La première lettre qu'on va lire est la traduction d'une réponse du marquis de la Solana, capitaine-général de l'Andalousie et de Cadix, auquel le prince de la Paix avait fait connaître le secret de l'entreprise.

Lettre du marquis de la Solana, capitaine-général, au prince de la Paix.

« Très-excellent seigneur [1],

» Lorsque Christophe Colomb parcourait tous les
» états de l'Europe, pour leur démontrer l'existence
» d'un nouveau monde, il fut repoussé de toutes
» parts. La seule Isabelle adopta son idée et favorisa
» son projet. C'est ce qui nous rendit possesseurs de
» ces immenses trésors, qui depuis nous ont été si
» enviés.

» Les âmes fortes et privilégiées s'entendent en-
» tre elles. Véritable Mécène de notre jeune voya-
» geur, V. E. ne se borne pas à une froide admira-
» tion pour ce grand projet, et elle veut le seconder
» de tout son pouvoir.

» Colomb ne fit que des découvertes... La con-
» quête de si belles colonies fut réservée aux Cortez,
» aux Sandoval, aux Alvarès, aux Pizarre... Le sang
» de quelques-uns de ces héros coule dans les veines [2]

---

[1] Cette lettre portait en marge la note suivante de la main du prince de la Paix.

« Aranjuès, 31 mai 1804.

» Il mérite toute ma confiance, je n'hésiterai point à lui en donner toutes les preuves qui pourront dépendre de moi.

» Lui donner cette assurance et lui répéter que je compte sur son expérience et son zèle lorsque le moment d'agir sera venu. »

[2] Godoï avait la prétention de descendre de Fernand

» de V. E., tout est digne d'elle dans cette belle
» entreprise. Depuis qu'elle m'a fait l'insigne hon-
» neur de me mettre dans sa confidence, j'y ai ré-
» fléchi avec la plus scrupuleuse attention, et je reste
» parfaitement convaincu que le succès est proba-
» ble et certain.

» L'homme mécontent de son sort adopte sans
» choix tous les changemens qu'on lui propose, et
» dans les mains d'un génie actif et courageux il de-
» vient un instrument facile à diriger, et pour ainsi
» dire positif. Étonné, réveillé comme en sursaut,
» il croit aveuglément comme une vérité positive
» tout ce qu'on lui dit avec assurance. Un simple
» conducteur de chameaux se fit prophète : le glaive
» d'une main et l'Alcoran dans l'autre, il fit la con-
» quête de l'Orient, lui donna des lois et un culte
» nouveau. Fernand Cortez, moins puissant sans
» doute, mais secondé par la confiance et l'audace
» des aventuriers qui marchaient à sa suite, chargea
» de fers un empereur dans son palais; et Pizarre,
» simple jardinier de Truxillo, petite ville de l'Es-
» tramadure, fut s'asseoir sur le trône des Incas.

» A présent que je connais l'importance des pro-
» jets de V. E., j'éprouve le plus ardent désir de
» les voir s'accomplir; mais je pense que, dans l'in-
» térêt même d'une entreprise si glorieuse pour le

Cortez. Pendant son règne, il fit connaître une fort belle généalogie, pour justifier cette prétention.

» roi, il serait utile et même nécessaire que je fusse
» en communication directe avec notre voyageur,
» afin de mieux connaître ses besoins et les secours
» que je puis lui donner, sans m'écarter de la ré-
» serve et du secret que me recommande V. E. La
» felouque destinée pour son service est déjà prête
» et arrangée comme le sont celles des négocians
» qui vont et viennent sur la côte d'Afrique pour
» leur commerce de grains.

» Mon esprit est convaincu, et mon cœur m'as-
» sure que cette entreprise, digne du génie de V. E.,
» aura tout le succès qu'elle en attend, et rien ne
» pourrait me rendre plus heureux que d'avoir été
» jugé digne par elle de contribuer à sa gloire.

» Que Dieu conserve la vie précieuse de V. E.

» Cadix, 25 mai.

» Le marquis de la Solana. »

Du prince de la Paix au marquis de la Solana.

« J'ai reçu la lettre que V. E. m'a écrite sous la
» date du 25 du mois dernier. J'ai été très-satisfait
» de vos observations, et de la résolution que vous
» avez prise de concourir de tous vos moyens au
» succès des affaires d'Afrique. En retour des senti-
» mens que V. E. veut bien m'exprimer, je puis
» l'assurer que mon plus vif désir est de trouver une
» occasion pour lui témoigner toute ma sensibilité;
» V. E. doit être bien certaine que j'ai une extrême
» confiance dans sa prudence et dans son dévoue-

» ment. Lorsque le moment d'agir sera arrivé, je la
» préviendrai.

» Le premier courrier que j'enverrai à V. E. lui
» donnera de plus grands détails sur cette affaire.
» Il est nécessaire qu'elle connaisse bien l'état des
» choses passées, et tout ce qu'il convient de faire
» en ce moment, ainsi que les dispositions néces-
» saires pour ne point perdre le fruit d'une si belle
» entreprise, faute d'avoir pris toutes les précautions
» et mis toute l'activité convenable. J'ai chargé mon
» agent de porter à V. E. les chiffres et les instruc-
» tions préalables pour votre correspondance directe
» avec le voyageur, dans les cas urgens et indispen-
» sables.

» Que Dieu garde d'heureux jours à V. E.
» Madrid, 4 juin 1804.

» Le prince DE LA PAIX. »

Le prince de la Paix au commandant de l'île de Léon.

« Le roi ordonne à V. E. de mettre à la disposi-
» tion du marquis de la Solana, capitaine-général
» de votre province, tout ce qu'il vous demandera,
» soit en armes, munitions et objets d'artillerie, soit
» en soldats et officiers de l'armée royale, ou des
» dépôts divers qui sont sous votre commandement.
» S. M. connaît votre dévouement à son service, et
» elle se plaît à croire que vous remplirez ses inten-
» tions avec autant de promptitude que de discré-
» tion. En transmettant à V. E. les ordres du roi et

» les miens pour cet objet, je suis assuré que son em-
» pressement et le zèle qu'elle a toujours fait parai-
» tre, procureront au marquis de la Solana toutes
» les facilités qui pourront dépendre d'elle.

» Que Dieu garde des jours longs et heureux
» à V. E.

» Aranjuès, 11 juin 1804.

» Le prince DE LA PAIX. »

Le marquis de la Solana au prince de la Paix [1].

« Excellentissime seigneur,

» Je puis assurer V. E. que j'emploierai toutes
» mes facultés à me rendre de plus en plus digne de
» l'honneur et de la confiance qu'elle veut bien me
» témoigner par sa lettre du 4 de ce mois. Si mon
» intelligence est faible, mon cœur ne l'est point,
» et il sent vivement tout le prix des bontés dont
» V. E. daigne m'honorer.

» Dès que j'aurai reçu les instructions que V. E.
» m'annonce, je ferai toutes les dispositions qui me
» seront prescrites.

» Votre agent m'a remis les chiffres et la mé-
» thode nécessaire pour en user. Je suis parvenu à

---

[1] Cette lettre est sans date ; elle doit être placée ici.

» bien comprendre ce procédé, et je crois pouvoir
» assurer V. E. que je suis déjà en état de m'en
» servir utilement. C'est ce que votre agent pourra
» vous confirmer.

» Je prie Dieu d'égaler mes lumières à mon zèle
» pour la gloire de V. E. et pour le bien de la mo-
» narchie.

» Le marquis DE LA SOLANA. »

Le prince de la Paix au marquis de la Solana.

» J'ai dit à V. E., dans ma dernière lettre, que
» je lui ferais incessamment connaître tout ce qu'il
» convenait de préparer pour l'heureuse issue de
» l'entreprise d'Afrique, et pour en assurer le suc-
» cès par l'exactitude et la précision la plus vigou-
» reuse.

» Les nouvelles que je reçois de notre voyageur
» exigent que nous nous mettions promptement en
» mesure de lui envoyer secrètement tous les se-
» cours qu'il juge nécessaires pour parvenir à rem-
» plir heureusement la mission dont il est chargé.
» Au premier avis qu'il donnera, il faut que tout
» soit prêt à être débarqué sur la côte d'Afrique et
» sur le point qu'il désignera.

» Avant que cette expédition parte pour sa desti-
» nation, je crois utile et convenable de donner à
» V. E. une juste idée des circonstances dans les-
» quelles nous allons entrer, et généralement

» de tous les efforts qu'il faut faire pour réussir.

» Muley Soliman, empereur actuel de Maroc, » est un être si stupide, si superstitieux, qu'il faut » s'étonner qu'il soit encore sur le trône, tant il est » abhorré de ses sujets, qui n'ont d'autres désirs que » d'en être débarrassés : lâche autant que cruel, » souillé de tous les vices, il n'a aucune de ces no- » bles qualités que l'on remarque dans notre jeune » voyageur. Ce Muley Soliman ressemble à l'indo- » lent monarque du Mexique, tandis que notre » jeune Espagnol a toute l'énergie et tout le courage » de Cortez. Il apprécie si bien lui-même sa position » et celle de Soliman, qu'il me mande avec toute la » confiance possible, *qu'il tient entre ses mains un* » *autre Montézuma.*

» Les enfans ressemblent au père, et aucun d'eux » n'a les qualités nécessaires pour régner à la satis- » faction des habitans de Maroc. L'aîné est proscrit » et exilé, le second est un poltron, méprisé et dé- » testé par toute la nation, quoiqu'il soit l'objet des » préférences de son père ; les autres sont en hor- » reur ou exilés. Le seul compétiteur d'un peu d'im- » portance, et qui a annoncé des prétentions à la » couronne, est le pacha de Mogador, Muley Ab- » delmelek. Quelques circonstances heureuses pour » lui sembleraient favoriser son ambition, et devoir » nuire à mes projets. Il aurait été à désirer que le » gouvernement de Mogador, qui compte de grands » établissemens maritimes, se fût trouvé placé entre » les mains d'un homme moins recommandable,

» et qui eût des prétentions moins élevées ; toute-
» fois, notre *nouveau Cortez* ne paraît point le re-
» douter.

» A présent que V. E. connaît la situation de
» toute cette famille, elle doit voir que tout con-
» court à favoriser notre plan. Il lui paraîtra, comme
» à moi, naturel et dans l'ordre des choses, que l'es-
» prit, l'adresse, l'intelligence et le caractère de notre
» voyageur lui ait acquis un tel ascendant sur ces âmes
» vulgaires, et une telle prépondérance, qu'il serait
» peut-être possible qu'il parvînt à opérer une grande
» révolution, même sans le secours d'un appareil
» de force militaire, sans coup férir, et sans éclat.
» Toutefois, il se tiendra prêt à repousser la force
» par la force, si les circonstances l'exigent.

» Quant aux ministres et aux premiers person-
» nages de l'état, il est inutile d'en parler. C'est une
» classe remplie d'ambition, d'ignorance, d'avarice,
» de bassesse et de poltronnerie.

» Le vice-consul du roi à Mogador, D. Antonio
» Rodriguès Sanchès, a été averti de favoriser de
» tout son pouvoir *les excursions scientifiques* de
» notre jeune savant, et on lui a donné à entendre
» qu'il serait possible que ces excursions changeas-
» sent d'objet ; on lui a promis de l'avancement et
» une forte récompense s'il contribuait à faire réus-
» sir les projets du voyageur. Ce vice-consul est
» jeune, actif, dissimulé et discret, d'une figure
» agréable ; et n'est point marié. Les Maures et les
» Indiens l'aiment beaucoup, et il ne pouvait se ren-

» contrer, pour concourir avec nous, un homme
» d'un caractère plus approprié et plus conve-
» nable pour l'exécution des ordres dont il sera
» chargé.

» Le consul de S. M., D.-N. Salmon, a fort bien
» dirigé l'introduction du voyageur ainsi que sa cor-
» respondance; il a également bien aplani tous les
» embarras de ce premier moment. Il a fait preuve
» de prudence et de sagesse. Il pourrait cependant
» ne plus être le même, s'il venait à savoir que les
» opérations scientifiques peuvent devenir mili-
» taires. Il a beaucoup de femmes dans sa maison ;
» il est dominé par elles : leur commerce habituel
» a singulièrement amolli son caractère, et le ren-
» drait peu propre à nous seconder. Ce consul a
» d'ailleurs de grandes relations avec tous les négo-
» cians de l'empire de Maroc, et s'il avait la moin-
» dre crainte de voir sa fortune compromise, il n'y
» a aucun doute qu'il ne commençât par faire ren-
» trer ses capitaux, et sauver ce qu'il possède; ce
» qui nécessairement donnerait l'éveil aux Maures
» et aux autres consuls étrangers. Il n'en faudrait
» pas davantage pour renverser tout notre plan :
» la maxime la plus vraie, en politique, est qu'il ne
» faut pas accorder à quelqu'un plus de confiance
» qu'il n'en peut mériter : il faut toujours la pro-
» portionner aux qualités reconnues et avérées :
» aussi lui a-t-on fait un mystère de ce qui se pré-
» pare; nous continuerons à agir ainsi avec lui, jus-
» qu'au moment où des circonstances imprévues exi-

» geraient qu'il soit mis dans le secret, et que l'on
» eût besoin de ses services.

» De toute façon, il sera prudent d'assurer la re-
» traite, et de ne point abandonner les Espagnols
» qui pourraient se trouver à *Maroc* ou à *Tanger*,
» dans le cas où V. E. serait avertie, avant moi, d'un
» danger imminent. A cet effet, j'engage V. E. à
» préparer secrètement toutes les embarcations con-
» venables, et à tenir dans la baie de Tanger des
» bâtimens d'Algésiras, de San-Lucar et de Cadix,
» comme aussi quelques-unes de ces felouques que
» l'on emploie pour le commerce de Tanger et de
» Gibraltar.

» Après avoir fait connaitre le caractère des per-
» sonnes qui doivent paraître sur cette grande scène,
» il faut que je donne à V. E. une idée de quelques
» autres points qui sont assez importans.

» V. E. partagera l'opinion du *voyageur* que la
» garnison de *Ceuta* doit être progressivement aug-
» mentée, de manière à y réunir une force dispo-
» nible de neuf à dix mille hommes, que l'on
» pourrait faire camper sous les murailles de la
» ville lorsque le moment d'agir serait arrivé, sous
» prétexte de les exercer et de les faire manœuvrer
» dans leurs lignes seulement. Cette démonstration
» suffirait seule pour attirer sur ce point l'attention
» des Maures et opérerait une forte diversion. Ces
» troupes ne devront agir hostilement que lorsque
» leur commandant en aura reçu l'avis d'Aly-Bey.

» V. E. ne manquera pas de bonnes raisons pour

» colorer et expliquer cette grande augmentation de
» troupes dans *Ceuta*. Elle peut dire que ces troupes
» ne sont envoyées que pour contenir le grand
» nombre de condamnés aux travaux forcés qui
» abondent dans cette ville.

» V. E. pourra dire encore, pour empêcher les
» observations des puissances étrangères, des habi-
» tans de Maroc, et même des Espagnols, que la
» connaissance que vous avez des troubles intérieurs
» qui existent dans cet empire voisin, vous inspirent
» des craintes pour la forteresse de *Ceuta*, l'une
» des plus importantes de votre commandement, et
» que c'est pour la préserver de toute atteinte que
» vous renforcez la garnison pour la mettre en état
» de soutenir un siége.

» Venons aux demandes d'Aly-Bey :

» 1°. Vingt-quatre artilleurs et deux officiers.
» 2°. Trois ingénieurs et deux mineurs. 3°. Quelques
» chirurgiens avec leurs instrumens, et une petite
» pharmacie. 4°. Quelques pièces de campagne de
» différens calibres avec leurs affûts. 5°. Deux mille
» fusils et des munitions. 6°. Quatre mille baïon-
» nettes. 7°. Mille paires de pistolets.

» Les quatre derniers articles sont ceux qui pres-
» sent le plus; il faut les disposer le plus promp-
» tement et le plus secrètement possible. A cet
» effet, V. E. trouvera dans les arsenaux de Cadix,
» ou dans les magasins de la marine, le nombre
» demandé de fusils, de baïonnettes et de pistolets,
» soit de nos fabriques, soit de celles de l'étranger.

» Il faut choisir ce qu'il y a de meilleur, pour que
» l'humidité ne les altère pas, dans le cas où l'on
» serait obligé de les enterrer sur quelque plage au
» moment du débarquement.

» Quant aux projectiles, aux pièces de campa-
» gne et aux affûts, dont le nombre n'est pas dé-
» terminé, non plus que leur calibre, je m'en remets
» entièrement à la décision de V. E., soit pour leur
» transport, soit pour les précautions à prendre
» pour les déguiser et leur donner l'apparence des
» armemens de commerce. Les ordres que j'adresse
» au commandant de l'île de *Léon*, et dont je vous
» envoie copie, vous donneront toutes les facilités
» convenables, et vous mettront en état d'opérer
» avec réserve, et au moment favorable, le trans-
» port de tout ce matériel.

» A l'égard des officiers, des ingénieurs, mineurs
» et artilleurs qui sont demandés, je ne pense pas
» qu'un grand nombre soit nécessaire. Des officiers
» de cette espèce ne se déplacent pas en si grande
» quantité sans éveiller le soupçon. La nature de
» leur service exige d'ailleurs qu'ils soient un peu
» initiés dans le secret des travaux qu'on leur impo-
» se; mais plus un secret est répandu, et moins il
» est gardé. Nous aurons, au reste, le temps d'y
» songer, ainsi qu'aux chirurgiens.

» Attachons-nous en ce moment à établir une
» correspondance sûre et suivie avec *Mogador*, et
» à ménager la retraite, en cas de malheur, du vice-
» consul et des autres Espagnols qui pourraient s'y

» trouver. Ces sages précautions, d'ordinaire, dou-
» blent le courage des gens que l'on emploie. Un
» seul bâtiment ne suffit point pour cet objet, ni
» pour la correspondance. Il ne faut pas penser à
» envoyer une flotte, parce qu'une infinité de raisons
» s'y opposent en ce moment. V. E. a très-bien fait
» d'avoir remis ses dernières dépêches à un pilote de
» confiance, en lui prescrivant de ne les remettre
» qu'entre les mains de la personne à qui elles sont
» adressées... L'armée royale a, dans votre dépar-
» tement, deux petits bâtimens qui pourront être
» utilisés pour la correspondance; mais comme leur
» armement est tout militaire, ainsi que les autres
» bâtimens du roi, il faut en user sobrement, et ne
» les employer qu'à la dernière extrémité et dans le
» cas où les bateaux chargés des dépêches tarderaient
» trop à venir, ou bien dans le cas où il y aurait des
» objets dont l'envoi serait pressé par le voyageur.
» Il faudra le prévenir de toutes ces dispositions
» pour sa gouverne particulière.

» Je renouvelle à V. E. les assurances que je lui ai
» déjà données de toute ma confiance dans sa per-
» sonne, et de la satisfaction que j'éprouve de le
» voir en si bonnes dispositions pour le succès de
» notre entreprise. J'adresse à V. E. la copie d'un
» avis que le voyageur m'a fait passer depuis quelque
» temps, afin qu'elle puisse en user convenablement
» dans le cas où cela deviendrait nécessaire.

» Le prince DE LA PAIX.

» Aranjuès, 11 juin 1804. »

Le marquis de la Solana au prince de la Paix [1].

« Très-excellent seigneur,

» J'ai reçu ce matin, à six heures, la lettre confi-
» dentielle que V. E. m'a fait l'honneur de m'écrire
» le 17 de ce mois, et qu'elle a bien voulu me faire
» parvenir par un courrier extraordinaire. J'ai adressé
» au vice-consul de Mogador celle qui était renfer-
» mée dans votre paquet. Je lui écris en même
» temps, et je lui expédie le tout par l'entremise
» de François Atayala, patron du bateau le *Saint-
» Louis*. Je lui ai donné des instructions très-détail-

---

[1] Cette lettre portait en marge, de la main du prince de la Paix :

Très-confidentielle.

Cette expédition doit être considérée comme m'étant personnelle. Ce fut sur mon rapport que le roi donna son approbation. C'est à moi seul qu'en appartient l'idée, quoique dans l'avenir on ne puisse m'attribuer les conséquences qui auraient pu en résulter. Les documens seront communiqués à la secrétairerie de la guerre et me seront ensuite rapportés chez moi.

Je continuerai moi-même à suivre cette affaire; selon les diverses modifications qu'elle pourrait éprouver, et jusqu'à ce que notre voyageur soit sorti du mauvais pas dans lequel sa vivacité naturelle, son esprit ardent et sa courageuse imprudence l'ont entraîné.

Répondre au marquis de la Solana, et accuser réception de sa lettre.

» lées, et j'ai toute espèce de raisons de compter
» sur sa fidélité et sur son intelligence : il vient de
» partir à l'instant avec un vent favorable.

» V. E. trouvera ci-jointe la lettre qu'elle me fit
» l'honneur de m'écrire le 11 juin et qui renferme
» ses instructions, ainsi que la copie de l'ordre qu'elle
» avait adressé au commandant de l'île de Léon, et
» qu'elle voulut bien me confier. J'obéis à ses ordres
» en lui renvoyant ces deux documens.

» Quant aux dépenses que j'ai été dans le cas de
» faire, je ne puis en donner une note exacte dans
» ce moment. J'attendrai le retour de l'aviso que je
» viens d'expédier à Mogador, car je n'ai aucune idée
» de ce qu'il aura pu dépenser.

» Je ne puis dire à V. E. combien je suis affligé
» d'un événement qui la force de renoncer à une
» entreprise qui aurait rendu immortel son nom,
» déjà si glorieusement lié au bonheur de cette mo-
» narchie. Le grand coup que V. E. allait frapper
» aurait étonné l'Europe. La politique et la position
» de l'Espagne, le souvenir ineffaçable des horreurs
» exercées pendant sept siècles d'esclavage et d'as-
» servissement sur nos ancêtres par ces détestables
» Africains; le dommage continuel que nous cause
» leur fatal voisinage, soit que leur caractère féroce
» les y porte naturellement, soit qu'ils ne fassent
» que céder aux suggestions perfides de nos rivaux
» en Europe; les établissemens nombreux qu'ils ont
» sur leurs côtes, au grand préjudice de notre com-
» merce et de notre navigation... Toutes ces graves

» considérations auraient dû faire mieux sentir la
» nécessité d'assurer notre indépendance, en met-
» tant ces Barbaresques dans l'impossibilité de nous
» nuire. Les rois catholiques, prédécesseurs de notre
» auguste monarque, seraient peut-être parvenus à
» anéantir ces odieux forbans; mais le manque
» d'énergie dans la nation, la cupidité, qui n'atta-
» chait de prix qu'aux trésors du Nouveau-Monde,
» les traités qui suivirent les nombreuses alliances
» de notre maison royale avec les autres puissances
» de l'Europe, apportèrent tant d'obstacles à la
» destruction de ces barbares, qu'ils ont toujours
» continué à nous inquiéter à un tel point, que, de-
» puis Charles V jusqu'à nos jours, il a été plus
» d'une fois nécessaire de déployer un appareil de
» forces considérables, sans pouvoir jamais les anéan-
» tir. Pour forcer cette vile canaille de rentrer dans
» ses tanières, l'admirable projet qu'avait conçu
» V. E. aurait certainement atteint ce but, et doté
» en même temps la nation des plus belles colonies.

» Mais puisque le roi, dont vous êtes le digne or-
» gane, ordonne qu'il en soit autrement, ses fidèles
» sujets doivent se conformer à sa royale décision.

» Dans toutes les circonstances de ma vie, je serai
» aussi dévoué serviteur du roi que reconnaissant et
» empressé d'exécuter les ordres que V. E. voudra
» bien me donner.

» Dieu garde, etc., etc.

» Le marquis de LA SOLANA.

» Cadix, le 22 juin 1804. »

Cette *affaire d'Afrique* fut brusquement terminée. Elle en resta là. Je présume que le prince de la Paix, en y réfléchissant un peu plus, sentit qu'il s'était trop mis en avant. Le système généralement adopté par les puissances de l'Europe aurait fait considérer comme une infraction réelle à la balance politique, un accroissement aussi important de pouvoir et de richesses. Ce qui aurait paru tout simple de la part d'un parti d'aventuriers, prenait une couleur bien différente lorsqu'une semblable tentative émanait d'un gouvernement tel que l'Espagne. D'ailleurs l'accession de Napoléon à la couronne impériale que venait de lui déférer le sénat, dut nécessairement inspirer des craintes, des réflexions, et refroidir cet enthousiasme qu'avait fait naître la création improvisée d'une grande colonie. L'issue était d'ailleurs au moins douteuse à raison de la faiblesse des moyens indiqués. L'on est doublement à blâmer quand un succès éclatant ne vient pas colorer jusqu'à un certain point la témérité de l'entreprise. Il parut plus simple au prince de la Paix de rejeter sa faute et sa légèreté sur Ali-Bey. Peut-être encore, l'interruption subite de ce rêve séduisant doit-elle être attribuée aux discussions qui s'élevèrent à cette époque entre l'Angleterre et l'Espagne, et qui finirent par constituer ces deux puissances en état de guerre, avant la fin de l'année.

Ce que je sais de positif, c'est qu'Ali-Bey m'assura que l'embarras où le jeta l'hésitation du cabinet de Madrid, les délais continuels qu'on mit à lui envoyer les hommes et le matériel qu'il avait demandés, le contraignirent à renoncer à cette singulière tentative. Alors, et d'après les avis qui lui furent donnés, il se décida à voyager *scientifiquement* dans l'Orient.

A son retour, Aly-Bey reprit son véritable nom, s'attacha à la fortune du roi Joseph, et fut nommé préfet de Cordoue. A la seconde sortie de ce prince il vint à Paris, pour s'occuper de l'impression de son voyage, qui fut dans le commencement imprimé aux frais du gouvernement impérial, achevé et dédié au roi Louis XVIII. Sa passion pour l'Orient l'entraîna malheureusement en Asie, où il avait déposé des objets d'arts et de sciences des plus intéressans. Il y trouva la mort en 1819; elle fut attribuée au pacha de Damas ou d'Alep. La publicité de son voyage rend très-probables toutes les conjectures qu'on a faites à cette époque.

CHAPITRE XV.

Entrevue d'Erfurt. — Personnages qui y assistent.

Entrevue d'Erfurt.

Je vais copier en partie la relation de la célèbre entrevue d'Erfurt que je fus chargé de rédiger.

LL. MM. impériales de France et de Russie, jalouses de resserrer les liens d'amitié qu'elles s'étaient promis à Tilsit, décidèrent qu'elles se réuniraient, le 27 septembre 1808, dans la ville française d'Erfurt.

Au moyen de ce choix, l'empereur reçut chez lui l'empereur de Russie, et les principaux souverains de la confédération du Rhin, qui avaient été invités à se rendre dans cette ville.

Cette relation n'avait point pour objet de chercher à soulever le voile sacré de la politique : elle fut seulement destinée à consigner les détails même les plus minutieux du cérémonial et de l'étiquette qui furent observés dans cette mémorable entrevue.

D'après les ordres de l'empereur, toutes les dispositions avaient été prises pour donner à cette grande circonstance toute la solennité et toute la magnificence dont elle pouvait s'environner.

Le duc de Frioul, grand-maréchal du palais, envoya M. de Canouville, maréchal des logis du palais et deux fourriers, avec les instructions nécessaires pour préparer à Erfurt les logemens de LL. MM. et des autres souverains.

Je fus également envoyé d'avance pour établir le service du grand-maréchal.

Le palais du gouvernement fut choisi pour être celui de l'empereur, comme étant le plus vaste et le plus convenable à l'intention que S. M. avait annoncée d'y tenir sa cour.

L'hôtel de M. Triebel, le plus élégant et le plus moderne, fut destiné à devenir le palais de l'empereur Alexandre, et celui du sénateur Remann fut réservé pour S. A. I. le grand-duc Constantin.

Des logemens convenables furent aussi réservés pour les princes de la confédération du Rhin, et un détachement de tous les différens services de la maison de l'empereur fut établi dans chacun de ces palais.

Les ministres, les officiers de la suite de l'empereur Alexandre et ceux de l'empereur furent logés dans le voisinage de leurs souverains respectifs.

Le Garde-Meuble de la couronne envoya de Paris des lits, des tentures des Gobelins, des bronzes, des lustres, des porcelaines, et tout ce qui pouvait contribuer à l'embellissement des deux palais impériaux, etc., etc...

DU PALAIS IMPÉRIAL. 305

Le major-général désigna le premier régiment de hussards, le sixième de cuirassiers et le dix-septième d'infanterie légère, pour former la garnison de la ville d'Erfurt.

Un bataillon des plus beaux grenadiers de la garde impériale et vingt gendarmes d'élite y furent envoyés pour faire le service au palais de LL. MM. II.

Napoléon, en recevant l'empereur Alexandre dans une ville frontière de ses états, désira profiter de cette heureuse circonstance pour faire jouir l'empereur Alexandre de la représentation de nos chefs-d'œuvre dramatiques. En conséquence, la salle de spectacle fut réparée, et les comédiens ordinaires du Théâtre-Français de S. M. furent envoyés et arrivèrent à Erfurt avant LL. MM. : ce furent MM. Saint-Prix, Talma, Damas, Lafond, Després, Lacave, Varennes; mesdames Raucourt, Duchesnois, Talma, Bourgouing, Rose Dupuis, Gros et Patrat.

M. Dazincourt fut nommé directeur.

L'empereur avait donné à S. Exc. le maréchal duc de Montebello l'honorable mission d'aller recevoir l'empereur de Russie aux frontières de la confédération du Rhin. Le maréchal se rendit, en conséquence, à *Bromberg*, sur les bords de la Vistule.

M. le général Oudinot, aujourd'hui maréchal, duc de Reggio, fut nommé gouverneur d'Erfurt.

Le roi de Saxe fut le premier qui arriva à Erfurt; sa suite se composait du comte de Boze, du comte de Marcolini et du come de Haag, son aide de camp. S. M. fut reçue dans le palais qui lui avait été préparé par les officiers de l'empereur qui avaient été envoyés d'avance.

Je ne parlerai point des honneurs qui furent rendus à Napoléon depuis Saint-Cloud jusqu'à Erfurt, où il arriva le 27 septembre dans la matinée, parce que je n'apprendrais rien à personne.

L'empereur Alexandre partit de Saint-Pétersbourg le 14 septembre; il eut une entrevue le 18 avec le roi et la reine de Prusse, qui l'attendaient à *Kœnigsberg*. Il fut reçu à *Bromberg* par le duc de Montebello; son arrivée dans cette ville fut annoncée par vingt-un coups de canon. A peine descendu de voiture, l'empereur Alexandre monta à cheval, accompagné du duc de Montebello et du maréchal duc de Dalmatie, et se rendit à la division du général Nansouty, composée de quatre régimens de cuirassiers et de deux de carabiniers, qui l'attendaient dans le plus bel ordre de bataille. S. M. y fut accueillie par une salve de vingt-un coups de canon tirés par l'artillerie légère. L'empereur Alexandre parcourut les rangs avec la plus grande attention, et laissa échapper plus d'une fois des signes d'admiration. Dans chaque régiment l'empereur Alexandre fut accueilli par des cris répétés de *vive l'empereur Alexandre!* ces acclamations devinrent générales lorsque la division défila devant lui par escadron. Rentré dans son palais, il daigna recevoir les officiers supérieurs qui lui furent présentés par M. le général de division Saint-Germain. Après avoir renouvelé ses éloges, l'empereur Alexandre leur dit *qu'il tenait à honneur de se trouver parmi d'aussi braves gens et de si beaux militaires.*

S. M. daigna admettre à sa table les généraux et les colonels de la division. L'empereur de Russie monta dans sa voiture et y fit placer à sa droite le duc de Montebello; le maréchal racontait avec le plus grand attendrissement toutes les bontés particulières dont S. M. l'avait comblé pendant tout le temps de son voyage (l'empereur voyage habituellement dans une calèche à deux places). S. M. s'apercevant que le mouvement de la voiture déplaçait le manteau du maréchal, avait soin de le relever et de le replacer lui-même sur les épaules du duc, que le sommeil surprenait quelquefois lorsqu'il fallait passer les nuits en voyage.

M. le maréchal Soult, son état major, les généraux et officiers supérieurs de la division Nansouty escortèrent S. M. sur la route de Francfort-sur-l'Oder. Elle arriva à Weimar le 26 au soir, après avoir traversé Leipsick sans s'y arrêter.

Des relais de poste avaient été préparés sur la route de l'empereur Alexandre, pour lui et pour sa suite, avec défense d'en recevoir le paiement.

M. le maréchal Soult, d'après les ordres de l'empereur, avait disposé des escortes de cavalerie légère ou de dragons à chaque relais par où l'empereur Alexandre devait passer, dans les pays occupés par l'armée française, et partout où il y avait des corps de troupes, elles se mirent en bataille et rendirent tous les honneurs à l'empereur de Russie.

Napoléon, en arrivant à Erfurt dans la matinée du 27, y fut reçu aux acclamations les plus vives. En arrivant à son palais, il y trouva le roi de Saxe qui l'attendait au bas de l'escalier. (Il faut observer ici, à l'égard du roi de Saxe et des autres souverains qui vinrent à Erfurt, qu'il ne leur fut rendu aucun honneur militaire, soit à leur entrée, soit à leur départ d'Erfurt.)

L'empereur, après avoir reçu la régence des états et la municipalité d'Erfurt, monta à cheval pour aller rendre visite au roi de Saxe; en quittant ce souverain, il sortit de la ville par la porte de Weimar. A peu de distance, il trouva en bataille les grenadiers de la garde, commandés par M. d'Arquies; le dix-septième d'infanterie, commandé par M. de Cabannes-Puymisson; le premier de hussards, commandé par M. de Juniac, et le colonel d'Haugeranville à la tête du sixième de cuirassiers. Après avoir parcouru les rangs de ces différens corps, S. M. fit rapprocher la ligne d'infanterie et déployer la cavalerie plus avant sur la route de Weimar, et alla ensuite à la rencontre de l'empereur Alexandre.

Ce fut à une lieue et demie de la ville que les deux souverains se rencontrèrent.

Aussitôt que l'empereur Alexandre aperçut Napoléon, il descendit de voiture et l'empereur de cheval. Ces deux souverains s'embrassèrent cordialement. LL. MM. montèrent ensuite à cheval ainsi que le grand-duc Constantin, et passèrent au galop devant les troupes qui présentèrent les armes. Les tambours battaient aux champs. De nombreuses salves d'artillerie se mêlaient au son des cloches et aux acclamations d'une immense population qu'un événement aussi remarquable avait attirée de toutes parts.

L'empereur Alexandre portait sur son habit la grande décoration de la Légion-d'Honneur, et l'empereur celle de Saint-André de Russie. Cette déférence réciproque dura tout le temps du voyage.

Napoléon, étant chez lui, donna constamment la droite à l'empereur de Russie.

Les deux empereurs se rendirent au palais de Russie, et restèrent une heure ensemble.

A trois heures et demie, l'empereur Alexandre vint rendre visite à l'empereur qui descendit jusqu'au bas de l'escalier pour le recevoir; et lorsque Alexandre se retira, il le reconduisit jusqu'à la porte d'entrée de la salle des gardes. Les postes bordaient la haie, présentaient les armes, et les tambours battaient aux champs.

A six heures, l'empereur de Russie vint dîner chez S. M. Il en fit de même tous les jours pendant son séjour à Erfurt.

A l'égard de la préséance des autres souverains entre eux, leurs rangs furent établis d'après l'époque de leur adhésion à la confédération du Rhin.

Le roi de Saxe et le grand-duc Constantin dînèrent avec LL. MM.

A neuf heures du soir, l'empereur ramena l'empereur de Russie à son palais. Les deux souverains restèrent ensemble tête à tête une heure et demie.

L'empereur Alexandre accompagna Napoléon jusqu'au haut de l'escalier.

Toute la ville fut illuminée.

Les princes de Weimar, de Reuss, la princesse de La Tour et Taxis, arrivèrent dans la soirée.

L'empereur Alexandre, d'après l'invitation de S. M., donna ce soir-là au grand-maréchal le mot d'ordre de la place. Les deux souverains le donnèrent alternativement pendant tout le temps du voyage [1].

---

[1] *Suite de l'empereur des Français.*

Le prince de Neufchâtel.
Le grand-maréchal duc de Frioul.
Le grand-chambellan, prince de Bénévent.
Le ministre secrétaire d'état, duc de Bassano.
Le ministre des relations extérieures, duc de Cadore.
Le général Nansouty, premier écuyer.
M. de Rémusat, premier chambellan.
Le général Savary, duc de Rovigo, aide de camp de S. M.
Le général Lauriston, aide de camp de S. M.
M. de Canouville, maréchal des logis du palais.
M. Eugène de Montesquiou, chambellan.
M. Cavaletti, écuyer de S. M.
M. de Menneval, secrétaire du cabinet de S. M.
M. Fain, *idem.*
M. Yvan, chirurgien de S. M.
Huit pages et un menin.

Le 28.

Le lever de l'empereur eut lieu à neuf heures, selon l'usage établi de tout temps. Les officiers de la

---

M. de Bausset, préfet du palais.

M. le général Caulaincourt, duc de Vicence, grand-écuyer, ambassadeur de France à Pétersbourg (arrivé deux jours avant LL. MM.).

M. le comte Daru, intendant de la liste civile et intendant général de l'armée d'Allemagne, s'y était également rendu.

Suite de l'empereur Alexandre.

Le comte Tolstoy, grand-maréchal du palais.
Le prince Galitzin, secrétaire de Sa Majesté.
Le comte Speranki,
Le prince Wolkonski,
Le prince Gagarin,
Le prince Trubetzkoï, } aides de camp généraux de S. M.
Le comte Schouvaloff,
Le comte Oggeroski,
Le comte Oraklscheff, colonel, aide de camp.
Le général Kitroff aide de camp du grand-duc Constantin.
M. Alkoukieff.
M. Balabin, colonel des chevaliers gardes.
M. Apraxin, aide de camp du ministre de la guerre.
Le prince d'Olgorouki, officier aux gardes.
Le comte Romantzoff, ministre des affaires étrangères.
Le comte Ozauski, chambellan attaché aux relations extérieures.
M. Gervais,
M. Sculpoff, } conseillers d'état attachés aux relations extérieures.
M. Creidmann,

maison de l'empereur Alexandre eurent l'honneur d'être présentés à S. M. Les grandes entrées leur furent accordées pour toute la durée du séjour. LL. MM. se firent réciproquement complimenter par leurs officiers. Ceux de la cour de France eurent l'honneur d'être présentés à l'empereur Alexandre.

Le général Oudinot, aujourd'hui maréchal duc de Réggio, les généraux et colonels de la garnison eurent le même honneur. Les deux empereurs déjeunèrent tous les jours chez eux, se visitèrent réciproquement pendant la matinée, et restèrent plusieurs heures enfermés ensemble.

L'empereur Alexandre se rendit au palais impérial à six heures. Le roi de Saxe, le duc de Weimar, dînèrent avec LL. MM. et le grand-duc Constantin. Elles se rendirent ensuite au théâtre, où la tragédie de *Cinna* fut représentée.

Après le spectacle, LL. MM. se rendirent au

Venus de Paris.
{ M. le général comte Tolstoy, ambassadeur de Russie en France.
M. le comte Nesselrode, secrétaire d'ambassade.
M. Bouhagin, *idem*.
M. de Labenski, consul de Russie en France. }

Venus de Dresde.
{ M. le général Kanikoff, ministre de Russie en Saxe.
M. Schoodes, secrétaire de légation, *idem*. }

Venu de Francfort.
M. de Bethmann, consul de Russie à Francfort.

palais de Russie, où elles restèrent ensemble jusqu'à minuit.

Le 29.

Le roi de Saxe, le prince de Meklembourg-Schwerin, le prince de Neufchâtel et le comte de Romanzoff, dinèrent avec LL. MM. Elles se rendirent ensuite dans le même carrosse au théâtre, pour voir jouer *Andromaque*. L'empereur de Russie, et tous les illustres étrangers qui assistèrent au spectacle, parurent admirer de plus en plus les chefs-d'œuvre de la scène française, et bien apprécier surtout l'admirable talent de Talma, et des autres acteurs.

A la représentation de *Cinna*, la loge de LL. MM. était située au centre des premières, en face de la scène. L'empereur Napoléon crut s'apercevoir qu'à cette distance l'empereur Alexandre n'entendait pas assez bien, à cause de la faiblesse de son ouïe. D'après les ordres qu'il donna à M. le comte Rémusat, son premier chambellan et surintendant du Théâtre-Français, il fut élevé une estrade sur l'emplacement occupé ordinairement par l'orchestre. Des fauteuils y furent placés au milieu pour les deux empereurs, et des chaises garnies, à droite et à gauche, pour le roi de Saxe et les autres souverains. La loge que délaissaient LL. MM. fut réservée pour les princesses, etc., etc.

30 septembre.

Après leur dîner, LL. MM. se rendirent au

théâtre, où les comédiens ordinaires de l'empereur représentèrent *Britannicus*; elles se retirèrent au palais de Russie, etc., etc.

Ce jour-là arrivèrent à Erfurt, le prince Guillaume de Prusse, le duc Guillaume de Bavière, le prince Léopold de Cobourg [1] et M. de Vincent, ambassadeur d'Autriche.

1er. octobre.

Tous les princes de la confédération, qui continuaient à se rendre à Erfurt, furent admis au lever de S. M., et furent, chacun à leur tour, invités à la table de LL. MM.

Il devait y avoir ce jour-là une grande parade, mais le mauvais temps ne le permit pas; M. le baron Vincent eut une audience de l'empereur; elle dura quatre heures et demie.

Le maréchal duc de Montebello eut l'honneur de dîner avec LL. MM. *Zaïre* fut représentée devant LL. MM.

---

[1] Les bontés dont m'a honoré en plusieurs circonstances ce jeune prince si digne d'être aimé, si remarquable par tant d'heureuses qualités et par tant d'avantages personnels, ont rempli mon âme de la reconnaissance la plus respectueuse et la plus vraie. Lorsque j'eus l'honneur de le voir à Paris pendant l'hiver de 1826, il portait à son doigt l'anneau nuptial de la princesse royale d'Angleterre, sa jeune et belle épouse, que l'impitoyable destinée venait d'entraîner dans la tombe avec son enfant, trois couronnes et le sceptre maritime de l'univers!!!!

2 octobre.

S. M. reçut, pendant son déjeuner, M. de Goëthe, auteur de *Werther*, et d'autres ouvrages célèbres en Allemagne et en France. Elle daigna s'entretenir long-temps avec lui:

Après leur dîner, LL. MM. se rendirent au théâtre, et virent représenter *Mithridate*.

3 octobre.

LL. MM. montèrent à cheval à trois heures après-midi, et furent voir manœuvrer le premier régiment de hussards. *Œdipe* fut représenté devant elles.

Comme je l'ai déjà dit, la place de LL. MM. avait été établie dans l'enceinte réservée aux musiciens qui avaient été renvoyés dans les coulisses. Les fauteuils des deux empereurs étaient élevés au-dessus du sol du parterre de la hauteur d'un pied. Les rois et souverains étaient placés un peu plus bas, à droite et à gauche des empereurs. La démarcation qui d'ordinaire sépare l'orchestre du parterre n'existait plus. La première banquette de ce parterre était occupée par le service de LL. MM., et toutes les autres étaient occupées par les princes, les altesses et les plus hauts personnages. J'ai besoin de faire connaître les localités, et de bien établir que les deux empereurs étaient tellement en évidence, qu'ils ne pouvaient faire un seul mouvement, un seul geste sans que tout le monde s'en aperçût.

Dans la première scène d'*OEdipe*, *Philoctète* dit à *Dimas*, son ami et son confident :

L'amitié d'un grand homme est un bienfait des Dieux.

A ce vers, devenu célèbre pour toujours, nous vîmes l'empereur Alexandre se tourner vers Napoléon, et lui présenter la main avec toute la grâce possible, et ayant l'air de lui dire : *Je compte sur la vôtre.* Tous les spectateurs furent initiés dans cette flatteuse application, à laquelle nous vîmes Napoléon s'incliner, et ayant l'air de se refuser à un compliment aussi embarrassant. J'étais empressé de connaître ce qui réellement avait été dit : j'allai au coucher, et m'approchant du prince de Talleyrand, je lui demandai s'il avait remarqué ce qui s'était passé pendant la première scène d'*OEdipe*. *Je l'ai si bien remarqué* me dit le prince, *que je viens ici pour demander à l'empereur de vouloir bien m'apprendre comment et en quels termes l'application de ce vers lui a été faite par l'empereur Alexandre*..... M. de Talleyrand resta avec S. M. ; j'attendis la sortie de ce prince qui eut la bonté de ne me laisser aucun doute sur l'interprétation que j'avais donnée à cette expression des sentimens de l'empereur Alexandre.

Le roi de Wurtemberg arriva pendant le spectacle.

4 octobre.

S. M. travailla avec ses ministres, et reçut ensuite la régence du plat pays d'Erfurt.

Le roi de Wurtemberg vint à midi faire sa visite

à S. M. qui alla au-devant de lui jusqu'à la salle des gardes, et le reconduisit ensuite jusqu'à la porte d'entrée du deuxième salon.

S. M. fit remettre ce jour-là une tabatière enrichie de diamans à M. de Marshal, ministre du duché de Nassau, comme un témoignage de la satisfaction qu'elle avait éprouvée en apprenant la promptitude avec laquelle le contingent du duc de Nassau s'était mis en marche, ainsi que la belle tenue de ses troupes.

L'empereur donna le grand cordon de la légion-d'honneur à M. le comte de Romanzoff, ministre des affaires étrangères de Russie.

M. le duc de Montebello, et M. de Champagny, ministre des relations extérieures, furent autorisés par l'empereur à accepter et à porter le grand cordon de Saint-André de Russie.

A quatre heures, les deux empereurs montèrent à cheval et allèrent passer en revue le 17e. d'infanterie légère, et lui firent exécuter plusieurs manœuvres.

Le roi de Wurtemberg, le roi de Saxe, etc., etc., dînèrent avec LL. MM.

Pour ne pas redire toujours les mêmes choses, il sera dit une fois pour toutes que les rois et les princes souverains dînaient tous les jours avec les deux empereurs.

Iphigénie en Aulide fut représentée.

Pendant le spectacle le roi et la reine de Westphalie arrivent à Erfurt.

L'empereur, satisfait de la belle tenue du 1er. régiment de hussards, qu'il avait passé en revue le 3, fit différentes promotions, soit dans les grades, soit dans la Légion-d'honneur. M. de Juniac, colonel de ce régiment, fut nommé chevalier de la couronne de fer.

5 octobre.

Le roi de Bavière et le prince Primat arrivèrent dans la matinée, et vinrent faire visite à l'empereur, ainsi que le roi et la reine de Westphalie.

S. M. les reçut avec le même cérémonial qu'elle avait observé avec le roi de Saxe, et peu d'heures après elle leur rendit leur visite.

Phèdre fut représentée.

La soirée se termina comme de coutume au palais de Russie, où les deux empereurs restèrent seuls deux heures.

6 octobre.

LL. MM. ayant accepté l'invitation qui leur avait été faite par le duc régnant de Weimar, montèrent dans le même carrosse et partirent à midi.

Elles arrivèrent à une heure dans la forêt d'Ettersburg où le duc de Weimar avait fait construire un pavillon de chasse élégamment décoré et divisé par des colonnes à jour, en trois pièces; celle du centre, plus élevée que les deux autres, fut réservée pour les souverains.

L'arrivée des deux monarques fut annoncée par les acclamations d'une immense population, et par les fanfares des orchestres qui étaient disposés auprès de ces pavillons.

Le duc de Weimar et le prince héréditaire son fils reçurent LL. MM. à la descente de leur carrosse. Elles trouvèrent à l'entrée du salon, le roi de Bavière, le roi de Wurtemberg, le roi de Saxe, le prince Primat, le duc d'Oldembourg, le prince Guillaume de Prusse, et les princes de Mecklembourg qui s'y étaient rendus séparément.

LL. MM. étaient accompagnées de S. A. I. le grand-duc Constantin;

Du prince de Neufchâtel;

Du prince de Bénévent;

Du comte de Tolstoy, grand-maréchal de Russie;

Du duc de Frioul, grand-maréchal du palais;

Des ducs de Vicence et de Rovigo;

Du général Lauriston, aide de camp de S. M.;

Du comte Oggeroski, aide de camp général de l'empereur Alexandre;

Du général Nansouty, premier écuyer de S. M.;

De M. Eugène de Montesquiou, chambellan;

De M. Cavaletti, écuyer de S. M.;

Et de moi.

LL. MM., après avoir accepté quelques rafraîchissemens qui leur furent présentés par le duc de Weimar, s'amusèrent à tirer de leur pavillon, pendant près de deux heures, sur des cerfs et sur des chevreuils, qui, resserrés dans des toiles, étaient obligés de passer à quelques pas d'elles.

L'empereur de Russie, à cause de la faiblesse de sa vue, n'avait jamais aimé le délassement de la chasse. Le désir lui vint ce jour-là : le duc de Montebello lui présenta un fusil et M. de Beauterne eut l'honneur de lui donner la première leçon.

Le premier coup de fusil qu'ait tiré l'empereur Alexandre mit à bas un cerf de belle taille : il est vrai de dire que l'animal passa à huit pas.

Il fut tué pendant ces deux heures cinquante-sept cerfs ou chevreuils. LL. M. se rendirent ensuite au palais de Weimar où elles furent reçues à la descente de leur carrosse par madame la duchesse régnante, suivie de toute sa cour.

LL. MM., après une heure de repos dans leurs appartemens, se rendirent dans le salon de la duchesse de Weimar, où déjà s'était rendue la reine de Westphalie.

A la table de LL. MM. furent admis :

La reine de Westphalie ;
La duchesse de Weimar ;
Le roi de Bavière ;
Le roi de Wurtemberg ;
Le roi de Saxe ;
Le grand-duc Constantin ;
Le prince Primat ;
Le prince Guillaume de Prusse ;
Le duc d'Oldembourg ;
Le prince de Mecklembourg Schwerin ;
Le duc de Weimar ;
Le prince héréditaire de Weimar ;
Le prince de Neufchâtel ;
Le prince de Talleyrand.

Le grand-duc de Weimar avait eu l'attention de demander au grand-maréchal, duc de Frioul, le nombre d'employés nécessaires de la bouche, pour faire le dîner particulier de l'empereur ; mais S. M. préféra le dîner allemand du duc de Weimar.

Après leur dîner, LL. MM. se rendirent au théâtre au milieu d'un double haie formée par les gardes du duc de Weimar, et par la garde bourgeoise de cette ville.

LL. MM. virent représenter *la Mort de César* par les comédiens ordinaires de S. M., qui avaient reçu l'ordre de se rendre à Weimar pour cette représentation.

Après le spectacle, LL. MM. retournèrent au palais du duc, et la soirée se termina par un bal qui fut ouvert par l'empereur Alexandre et par la reine de Westphalie. Ce bal n'était pas, à proprement parler, un bal dansant, c'était une promenade deux à deux, pendant que l'orchestre jouait une marche polonaise. L'empereur Alexandre ne dansait jamais : cette réserve est louable dans un souverain.

Pendant le bal, l'empereur Napoléon s'entretint long-temps avec deux hommes de lettres célèbres, à juste titre, dans toute l'Allemagne et même en Europe, M. Wiéland et M. de Goëthe. LL. MM. se retirèrent à minuit dans leurs appartemens.

7 octobre.

Après leur lever, LL. MM. firent une visite à madame la duchesse de Weimar. L'empereur Napoléon avait une grande considération pour cette princesse, si distinguée par tant de vertus et de qualités précieuses : ce sentiment datait de la campagne de 1806. Après la bataille d'Iéna, l'armée française entra de vive force dans Weimar, et cette ville allait être pillée, ainsi que le palais, sans le noble dévouement de cette princesse qui vint en appeler au cœur et à la générosité du vainqueur. L'empereur fut si touché de tout ce que lui disait alors cette princesse, que depuis ce moment il ne cessa de lui donner des marques d'un véritable respect.

Les deux empereurs montèrent en carrosse à neuf heures et demie pour se rendre sur le *Mont-Napoléon*, près d'*Iéna*; ils déjeunèrent sous une tente que le duc de Weimar avait fait dresser sur la place même où l'empereur avait bivouaqué la veille de cette célèbre bataille.

Un pavillon de mille pieds carrés, et décoré des plans de la bataille d'*Iéna*, était élevé sur le *Windknollen*, point le plus élevé du *Mont-Napoléon*.

Ce fut sous ce pavillon que LL. MM. reçurent une députation de la ville et de l'université d'Iéna. L'empereur Napoléon entra avec ces députés dans le plus grand détail sur la situation de cette ville et de l'église catholique; il voulut bien se charger de faire réparer tous les dommages que l'incendie et le long séjour d'un hôpital militaire avaient causés. Il promit de doter à perpétuité la cure catholique de cette ville; il accorda 300,000 francs pour remplir ces différens objets, et il fit distribuer beaucoup de gratifications aux habitans d'Iéna, en considération des pertes qu'ils avaient éprouvées pendant la guerre.

LL. MM. montèrent ensuite à cheval, et parcoururent successivement toutes les positions que les deux armées avaient occupées la veille et le jour de la bataille d'Iéna, et se rendirent ensuite dans la plaine d'*Aspolda*, où le duc de Weimar avait fait préparer une enceinte très-étendue pour la chasse à tir.

Les deux empereurs montèrent en voiture, et revinrent à Erfurt vers les cinq heures du soir ; la table qui servait au dîner de LL. MM. était semi-ovale ; LL. MM. se plaçaient au centre de la partie arrondie, les autres souverains à droite et à gauche, selon leur rang ; mais jamais aucun couvert n'était placé sur le côté qui faisait face ; ce côté restait toujours libre ; je me tenais debout en face des illustres convives, et pouvais entendre tout ce qu'ils disaient.

Ce jour-là il fut question de la bulle d'or qui, jusqu'à l'établissement de la confédération du Rhin, avait servi de constitution et de règlement pour l'élection des empereurs, le nombre et la qualité des électeurs, etc. Le prince primat entra dans quelques détails sur cette bulle d'or qu'il disait avoir été faite en 1409..... L'empereur Napoléon lui fit observer que la date qu'il assignait à la bulle d'or n'était pas exacte, et qu'elle fut proclamée en 1336, sous le règne de l'empereur Charles IV. « C'est vrai, sire, répondit le prince primat, je me trompais ; mais comment se fait-il que votre majesté sache si bien ces choses-là ? — *Quand j'étais simple lieutenant en second d'artillerie,* » dit Napoléon ; à ce début il y eut, de la part des augustes convives, un mouvement d'intérêt très-marqué. Il reprit en souriant.... « Quand j'avais l'honneur d'être simple
» lieutenant en second d'artillerie, je restai trois

» années en garnison à Valence. J'aimais peu le
» monde et vivais très-retiré. Un hasard heureux
» m'avait logé près d'un libraire instruit et des plus
» complaisans....... J'ai lu et relu sa bibliothèque
» pendant ces trois années de garnison, et n'ai rien
» oublié, même des matières qui n'avaient aucun
» rapport avec mon état. La nature d'ailleurs m'a
» doué de la mémoire des chiffres : il m'arrive, très-
» souvent, avec mes ministres, de leur citer le dé-
» tail et l'ensemble numérique de leurs comptes les
» plus anciens. »

Il y avait un orgueil bien placé à parler ainsi de soi-même, en présence de toute l'Europe représentée pour ainsi dire à ce banquet de rois.

Le grand-duc héréditaire de Bade, et la princesse Stéphanie, son épouse, arrivèrent dans la soirée à Erfurt.

Il n'y eut point de représentation au théâtre français, messieurs les acteurs ayant à peine eu le temps de revenir de Weimar.

8 octobre.

Le prince et la princesse de Bade firent les visites d'usage.

S. M. voulut bien m'autoriser à accepter et à porter la grande décoration de l'ordre royal du Mérite civil, dont S. M. le roi de Wurtemberg avait daigné m'honorer.

LL. MM. montèrent à cheval à quatre heures et allèrent visiter la citadelle et les fortifications d'Erfurt.

Au moment de passer dans la salle à manger, l'empereur Alexandre voulant ôter son épée, s'aperçut qu'il n'en portait point, et qu'il l'avait oubliée chez lui..... L'empereur Napoléon qui venait d'ôter la sienne, s'approcha de lui, et le pria d'accepter la sienne, avec toute la grâce possible. L'empereur de Russie la reçut avec empressement, et comme je le précédais, je l'entendis dire ces mots : *Je l'accepte comme une marque de votre amitié : V. M. est bien certaine que je ne la tirerai jamais contre elle !!!!!*

L'empereur fit plusieurs promotions dans le sixième régiment de cuirassiers.

Rodogune fut représentée.

La duchesse d'Hisburghausen arriva le soir, et le prince Guillaume de Prusse prit congé de LL. MM.

La soirée se termina au palais de Russie comme de coutume.

9 octobre.

LL. MM. restèrent séparément dans leurs palais jusqu'à trois heures, elles montèrent alors à cheval et allèrent voir manœuvrer le sixième régiment de cuirassiers. L'empereur Alexandre témoigna ouvertement sa satisfaction sur la promptitude et la précision des évolutions.

Après le dîner, le roi et la reine de Westphalie, et le prince primat, prirent congé de LL. MM. pour retourner dans leurs états.

La tragédie de *Mahomet* fut représentée.

La soirée finit au palais de Russie. L'entretien particulier de LL. MM. dura trois heures.

10 octobre.

M. de Bigi, commandant d'armes de la place d'Erfurt, fut décoré de la croix de la Légion d'honneur.

Rhadamiste fut donnée au Théâtre français. La soirée finit au palais de Russie.

11 octobre.

Le prince héréditaire de Hesse-Hombourg et le prince de Waldeck arrivèrent à Erfurt. A quatre heures après-midi, LL. MM. se promenèrent à cheval et firent le tour de la ville; elles rentrèrent ensemble au palais Napoléon. L'empereur Alexandre voulant réparer quelque désordre dans sa toilette, sur l'invitation de l'empereur, passa dans l'intérieur des appartemens, où il fut servi par les valets de chambre de Napoléon. L'empereur de Russie ayant examiné avec attention, et admiré les différentes pièces qui composaient deux beaux nécessaires en vermeil à l'usage de l'empereur, S. M. s'empressa de les faire porter le soir même chez l'empereur Alexandre. Ces deux nécessaires étaient neufs et d'un travail précieux.

Les comédiens de l'empereur eurent l'honneur de représenter *le Cid* devant LL. MM., qui se séparèrent à une heure après minuit.

12 octobre.

Par un décret de ce jour, S. M. accorde la croix

de la Légion d'honneur à MM. de Goëthe, conseiller intime du duc de Weimar;

Wiéland, *id.*

Starlk, médecin major à Iéna;

Wogel, bourgmestre d'Iéna.

Manlius fut représenté. La soirée au palais de Russie se prolongea jusqu'à minuit trois quarts.

13 octobre.

Le professeur Erhard de Leipsick eut l'honneur d'être admis au lever de S. M., et de lui présenter une traduction en allemand du Code Napoléon.

Immédiatement après, S. M. reçut dans son cabinet les lettres de récréance que lui présenta le général comte de Tolstoy, ambassadeur de Russie, rappelé de ce poste pour être employé à l'armée.

Trois voitures de S. M., attelées de six chevaux chacune, avaient été chercher M. l'ambassadeur à son logement et l'y ramenèrent. M. le comte de Rémusat, premier chambellan, remplit les fonctions de grand-maître des cérémonies dans cette circonstance. L'ambassadeur fut présenté à S. M. par le prince de Talleyrand, vice-grand-électeur, faisant les fonctions d'archichancelier d'état. Au sortir de l'audience, M. le comte de Tolstoy reçut la grande décoration de la Légion d'honneur.

Les ordres pour le prochain départ de LL. MM. furent donnés ce jour-là.

De riches et magnifiques présens furent distribués, de la part des deux empereurs, aux ministres, grands-officiers et officiers de leur suite.

L'empereur de Russie, en témoignage de sa satisfaction, fit remettre de très-beaux présens à tous les comédiens ordinaires de S. M., et à M. Dazincourt, directeur des spectacles de la cour.

L'empereur fit remettre à M. le doyen Meimung, qui avait rempli deux fois les fonctions d'aumônier au palais, une bague à son chiffre enrichie de brillans, et cinquante napoléons d'or à chacun des deux ecclésiastiques qui l'avaient assisté.

L'empereur Alexandre donna à S. E. le duc de Vicence le grand ordre de Saint-André, et au prince de Neufchâtel et de Bénévent la plaque de cet ordre en diamans.

S. A. le prince héréditaire de Hesse-Hombourg obtint l'agrément de l'empereur pour entrer au service d'Autriche.

L'empereur fit présent au comte Tolstoy, grand-maréchal de Russie, des belles tentures des Gobelins et des porcelaines de Sèvres qui avaient été envoyées à Erfurt par le Garde-Meuble de la couronne.

Bajazet fut la dernière tragédie représentée devant LL. MM., qui se retirèrent ensuite au palais de Russie, où elles restèrent ensemble jusqu'à une heure du matin.

14 octobre.

L'empereur, après son lever, donna audience à M. le baron de Vincent, envoyé d'Autriche, et lui remit une lettre en réponse à celle de l'empereur d'Autriche.

A onze heures, l'empereur Alexandre se rendit chez l'empereur, qui le reçut et le reconduisit avec toutes les cérémonies observées jusqu'à ce jour.

Le grand-duc Constantin, en prenant congé de l'empereur Napoléon, reçut de lui en présent une épée dont la poignée, en or, était d'un travail admirable. Ce vaillant prince, qui n'avait cessé, pendant son séjour à Erfurt, de m'honorer de ses bontés, me fit l'honneur de m'embrasser, en me disant : *Qu'il n'était pas aussi puissant que son frère, et qu'il était dispensé de faire des présens; mais que si jamais je venais en Russie, il me traiterait bien et me ferait faire bonne chère.* Ces douces paroles valaient bien pour moi le plus riche présent. Très-certainement, dans notre fatale retraite de Moscou, si j'avais eu le malheur d'être fait prisonnier, je n'aurais pas manqué de réclamer la promesse du grand-duc Constantin, et très-certainement encore je n'aurais eu qu'à me louer de ses bontés. J'eus l'honneur de le revoir en 1814, à Vienne, pendant le congrès; il voulut bien m'en renouveler l'assurance.

L'empereur se rendit au palais de Russie avec toute sa cour. Les deux souverains montèrent en voiture, et se séparèrent au même endroit où avait eu lieu leur première entrevue sur la route de Weimar, après s'être embrassés et s'être donné de nouveaux témoignages des sentimens qui les unissaient.

L'empereur Alexandre suivit la route de Weimar, où il passa deux jours. Il retourna dans ses états. Le duc de Vicence fut chargé de l'honorable mission de l'accompagner, et les mêmes honneurs qui lui avaient été rendus à son arrivée lui furent également rendus jusqu'aux frontières de la Pologne [1].

---

[1] *Listes des grands personnages qui se rendirent à Erfurt.*

Le roi de Bavière.
——— de Wurtemberg.
——— de Saxe.
——— de Wesphalie et la reine.
Le prince primat.
Le grand-duc de Bade et la duchesse.
——— de Hesse-Darmstadt.
Le duc de Weimar.
Le prince héréditaire de Weimar.
Le duc de Saxe-Gotha.
Le prince Léopold de Cobourg.
Le duc d'Oldenbourg.
Le prince de Mecklenbourg-Strélitz.
——— de Mecklenbourg-Schwerin.
——— Guillaume de Prusse.
——— d'Anhalt-Dessau.
Les princes de Reuss, Schleitz, Gera, Eberdsdorff.
Le prince de Laleyen.
——— de Waldeck.
Le duc Guillaume de Bavière.
Le prince de Schaumbourg.
——— de Bernbourg.
——— de Hohenzollern-Sigmaringen.
——— de Rudolstadt.
——— d'Isembourg.
La princesse de La Tour et Taxis (Prusse).

Le 14 était l'un des anniversaires de la bataille d'Iéna. Napoléon partit le même jour, voyagea incognito, et arriva à Saint-Cloud le 18 octobre, à neuf heures et demie du soir.

Les deux grands potentats qui, réunis à Erfurt, s'y partagèrent l'Europe, ne se retrouvèrent plus ici-bas que les armes à la main, combattant l'un contre l'autre. Tous les deux sont morts, l'un sur l'homicide rocher de Sainte-Hélène, et l'autre sur les bords arides de la mer d'Azof!!!

La duchesse d'Hilbourghausen (Prusse).
Le baron de Vincent (Autriche).
Le duc de Mondragone.
——— de Birkenfeld.
Le comte de Gœrliz, grand-écuyer de Wurtemberg
——— de Taube, premier ministre. *Idem.*
——— de Dille, aide de camp du roi.
Le prince de Salm-Dick, *idem,*
——— Hohenlohe-Kirhhberg, *idem.*
La comtesse de Truxès (Westphalie).
Le comte et la comtesse de Bochols, *idem.*
Le prince de Salm-Salm.
Le comte de Montgelas (Bavière).
——— de Reuss.
——— de Wurtemberg.

Et une infinité d'autres princes, leurs ministres et leurs officiers.

CHAPITRE XVI.

Le marquis de la Romana s'échappe du Danemarck avec quatre mille Espagnols. — Départ de Napoléon pour l'Espagne. — Son arrivée à Vittoria. — Combat devant Burgos. — Prise de cette ville. — Décret rendu a Burgos contre le duc de l'Infantado. — Séjour à Aranda de Duero. — Affaire glorieuse de Sommo-Sierra ; le comte Philippe de Ségur y est grièvement blessé. — Le 2 décembre l'empereur arrive devant Madrid. — Le 3 attaque du Retiro. — Porte fuen Carral. Traductions. — Le 4, capitulation de Madrid. — Défense obstinée dans la caserne des gardes du corps. — Le 6, ordre d'aller visiter le palais royal de Madrid. — Respect religieux des Espagnols pour les propriétés royales. — Le marquis de Saint-Simon, grand d'Espagne, condamné à mort. — L'empereur, touché des prières de mademoiselle de Saint-Simon, accorde la grâce de son père. — Napoléon visite Madrid et le palais royal, incognito. — Le fandango. — Capitulation de Rosas.

Quelques jours avant le départ de Napoléon pour Erfurt, il avait appris la défection du marquis de la Romana qui commandait en chef les divisions espagnoles que le cabinet de Madrid avait mises à la disposition de l'empereur à la fin de la campagne de Tilsit. Ce corps auxiliaire avait été rangé dans l'armée sous les ordres du prince de Ponte-Corvo, aujourd'hui roi de Suède. Les troupes aux ordres du prince occupaient une grande partie du Danemarck... Après quelques démonstrations hostiles, le marquis de la Romana parvint à s'embarquer avec 3 ou 4000 Espagnols, sur des vaisseaux anglais. Ce général espagnol avait pourtant reconnu le roi Joseph pour son souverain, avait prêté et fait prêter à ses troupes le serment de fidélité à ce nouveau monarque. Mais ses liaisons avec l'Angleterre et l'appui qu'il trouva dans les agens de ce gouvernement, toujours prêt à saisir tous les moyens de nuire à la France, entraînèrent M. de la Romana; il fut remorqué avec ses gens à la suite des convois anglais, et jeté par eux sur les rivages de la Corogne. Mais les troupes espagnoles, qu'il n'avait pu emmener avec lui du Danemarck, à cause de leurs cantonnemens éloignés, furent sur-le-champ constituées prisonnières de guerre.

18 octobre 1808.

A peine arrivés d'Erfurt, il fallut s'occuper des préparatifs pour un voyage en Espagne. Cette fois, les préparatifs furent militaires, et il ne fut pas question de l'impératrice *Joséphine* qui resta à Paris. Napoléon partit le 29 et arriva à Bayonne le 3 novembre. Les personnes désignées suivirent comme elles purent. Le comte Philippe de Ségur et moi, chacun dans notre calèche, nous voyageâmes de conserve jusqu'à Bayonne. J'étais fort souffrant de la goutte qui s'était fixée à l'un de mes pieds, et que je calmais avec un liniment d'opium.

Napoléon s'arrêta peu de jours à Bayonne : le 7 novembre il était rendu à Vittoria, au centre de son armée. Il y trouva son frère et quelques Espagnols fidèles qui ne l'avaient point abandonné. La victoire décisive que le maréchal Bessière, duc d'Istrie, avait remportée à *Medina-del-Rio-Seco* sur l'armée d'Estramadure, commandée par le capitaine-général *Cuesta* (victoire qui fut en grande partie attribuée au brillant courage et aux audacieuses dispositions du général d'Armagnac), avait permis à l'armée française de s'établir avantageusement à Vittoria pour y attendre les nouveaux renforts que la capitulation de *Baylen* rendait nécessaires.

L'armée se mit en mouvement et culbuta l'ennemi qui avait eu l'imprudence de l'attendre devant Burgos. Cette ville fut maltraitée, parce que nous y entrâmes de vive force en poursuivant l'ennemi; elle fut même livrée au pillage pendant plusieurs heures, parce que les habitans avaient entièrement abandonné la ville. On trouva dans Burgos une immense quantité de balles de laine, qui furent vendues publiquement à Bayonne [1].

---

[1] Je n'ai jamais vu de spectacle plus étrange et plus bizarre que celui que présentait le feu de bivouac des grenadiers de la garde impériale, sur la grande place de l'archevêché où logeait l'empereur. Une flamme claire et brillante, alimentée par des guitares, des mandolines..., etc., d'un côté, faisait bouillir d'immenses chaudières enlevées des couvens, et dans lesquelles étaient entassés le gibier, la volaille et la viande de boucherie; et de l'autre, rôtir d'énormes gigots de mérinos, suspendus à des bâtons par des

Ce fut à Burgos que Napoléon rendit le 12 novembre un décret qui mettait hors de la loi, et ordonnait le séquestre des propriétés des ducs de l'Infantado, d'Hijar de Medina-Celi, du marquis de Santa-Crux, des comtes de Fernand-Nuñes, d'Altamira, du prince de Castel-Franco, de Cevallos, qui avaient faussé le serment qu'ils avaient prêté au roi Joseph. L'évêque de Santander, qui s'était montré l'un de nos ennemis les plus violens, fut traité avec la même rigueur.

L'armée espagnole avait rassemblé ses débris, et nous attendait au col de Sommo-Sierra, position

---

ficelles. Les soldats assis sur des fauteuils de damas cramoisi, dont les bois étaient dorés, fumaient gaiement leurs pipes, faisaient pirouetter les gigots et écumaient gravement les marmites, en causant des événemens de la guerre.

Cette prise d'assaut de Burgos amena des désordres d'un genre plus sérieux... La tourière d'un couvent eut le malheur de tomber entre les mains d'une vingtaine de soldats qui tous s'éprirent d'admiration pour sa fraîcheur et son embonpoint. En causant avec elle, parce que j'avais ordre de lui demander des renseignemens qui pussent servir à faire punir les coupables, elle me répondit avec douceur : *Je tenais les yeux fermés ! et j'espère que Dieu ne me punira point des fautes auxquelles je n'ai point donné mon consentement.* En tout, elle me parut parfaitement résignée sur le chapitre de tant d'accidens fâcheux... Sur le compte que je rendis à l'empereur, il lui fit donner des secours, de la protection et du repos.

fortifiée par la nature, et la seule qui pût protéger Madrid. Les papiers publics espagnols, et les lettres interceptées nous faisaient connaître toute l'importance que l'ennemi attachait à ce point, regardé jusqu'alors comme inexpugnable. Napoléon aurait pu de Burgos se porter sur Valladolid, et arriver sans obstacle à Madrid; mais il voulut désenchanter les Espagnols, et les frapper de terreur en leur enlevant cette position de Sommo-Sierra, sur laquelle ils se reposaient avec tant de confiance. C'était une redoute formidable, située entre deux montagnes arides et escarpées, qui se resserraient et qui formaient dans leur jonction, au point culminant, une plate-forme qui barrait et dominait le passage. Les Espagnols y avaient établi une batterie de douze pièces d'artillerie, soutenue par douze mille hommes, sous le commandement du général *D. Benito San Juan*.

Le quartier général quitta Burgos le 22 pour aller à Lerma, le 23 à Aranda, où il y eut séjour. Pendant que nous y étions, je traduisis pour l'empereur l'acte officiel de la déclaration de guerre de l'Espagne contre la France, ses états et ses habitans, etc. Cette cédule royale de la junte centrale du gouvernement de la Péninsule espagnole était publiée au nom du roi Ferdinand VII, qui était en France, expédiée en forme de circulaire, avec quarante-cinq exemplaires, par le ministre de la guerre et adressée au capitaine-général de l'Aragon, qui lui-même était assiégé dans Sarragosse. Cependant les hostilités étaient flagrantes depuis huit mois, et, sept jours après, nous entrâmes en vainqueurs dans Madrid. Le 29 nous arrivâmes à Bosceguillas, à trois lieues de Somma-Sierra. La nuit était froide et humide; Philippe de Ségur et moi nous nous étions blottis dans un grenier qui renfermait de la paille hachée, selon l'usage du pays. Ne pouvant, malgré cette précaution, nous réchauffer, nous approchâmes du bivouac le plus voisin de la tente de Napoléon qui, se voyant à la veille d'une affaire sérieuse, ne pouvait dormir. A trois heures de la nuit, il vint se chauffer à notre feu; il portait une superbe fourrure dont l'empereur Alexandre lui avait fait présent. Les ordres furent bientôt donnés pour la marche de l'armée : cette marche fut assez lente, parce qu'il fallait à tout moment réparer les chemins que les Espagnols avaient rompus en plusieurs endroits. Il était huit heures quand la garde arriva au pied de cette fameuse position qui fut enlevée après trois charges brillantes des chevau-légers polonais, et des chasseurs de la garde. Ce fut dans l'une de ces attaques que Philippe de Ségur, mon noble et vaillant ami, fut atteint de trois balles qui lui firent de graves blessures; son cheval et ses vêtemens furent criblés. Le comte de Turenne, alors officier d'ordonnance de l'empereur, lui donna les premiers secours, et le soutint au milieu de la mitraille à laquelle Napoléon était lui-même exposé. L'effroi des Espagnols, en voyant enlever leur batterie par la cavalerie légère de la garde, fut tel, qu'en moins d'un instant les douze mille ennemis disparurent comme par enchantement. Ségur fut transporté à Buitrago; l'empereur plaça auprès de lui l'un de ses chirurgiens. Nous arrivâmes devant Madrid le 1er. décembre sans avoir rencontré un seul Espagnol.

Le quartier général fut établi à Champ-Martin, petite maison de campagne appartenant à la mère du duc de l'Infantado, et distante de Madrid d'un quart de lieue.

Le prince Murat, pendant son séjour dans cette ville, avait fait faire au palais du Retiro des fortifications qui en rendirent l'abord difficile. Les Espagnols en usèrent et s'y défendirent vaillamment. Ce fut le point d'attaque le plus important. Cette capitale n'avait pour enceinte qu'une simple muraille, assez semblable à celle qui entoure Paris.

Napoléon, placé sur une petite hauteur qui dominait Madrid, en face de la porte de *Fuencarral*, se bornait de ce côté à une attaque modérée, attendant l'exécution des ordres qu'il avait donnés pour l'attaque du Retiro, ne voulant pas d'ailleurs remettre à son frère une ville en cendres.... Une fois maître du Retiro, l'entrée était libre dans l'intérieur. Les Espagnols eurent un moment l'intention de s'y défendre jusqu'à la dernière extrémité. Quelques rues principales, celle d'Alcala entre autres, furent dépavées pour amortir l'effet des bombes.

La journée du 2 se passa en échange de boulets

et à resserrer les lignes d'attaque. La cavalerie légère, aux ordres du maréchal Bessière, avait déjà tourné la ville à trois lieues de rayon, et ramassait une foule d'individus qui fuyaient loin d'une ville non fortifiée, que ses habitans trop exaltés avaient l'intention de défendre contre une armée nombreuse et victorieuse.

Dans la matinée du 3, Napoléon venait de se placer sur le même plateau qu'il avait occupé la veille, lorsqu'un aide de camp du maréchal Bessière lui apporta une liasse de papiers espagnols, saisis par la cavalerie de la garde, dans un fourgon du général Coupigni (ou Bouligni), qui s'était échappé de Madrid. Ce général avait été l'un des officiers-généraux de Castaños à l'affaire qui amena la capitulation de Baylen. Son nom était connu de l'empereur, qui trouvant dans ces papiers le journal particulier de cet officier-général, m'appela et m'ordonna de lui lire, en traduisant des yeux les articles de ce journal qui avaient quelques rapports à cette capitulation. Je me vois encore d'ici, le chapeau sous le bras, tenant à la main le manuscrit espagnol, marchant avec ma goutte à côté de Napoléon, qui se promenait lentement, sans faire trop d'attention aux projectiles qui nous étaient envoyés des points les plus élevés de Madrid. Il prêta la plus grande attention à la lecture que je lui faisais, et m'ordonna d'en envoyer la traduction au ministre de la guerre.

Une fois maîtres du Retiro, nous le fûmes de la

ville. Elle capitula le 4, à six heures du matin, après divers pourparlers. Les postes occupés par le peuple et la caserne neuve des gardes du corps, dont cette populace s'était emparée, furent les derniers endroits où la défense fut continuée. Cette caserne des gardes du corps était un bâtiment construit récemment sur les proportions les plus massives; les murs avaient plus de six pieds d'épaisseur, et les portes étaient en fer. Les plus exaltés s'étaient enfermés dans l'intérieur, avec des armes et des munitions; ils y avaient même transporté des canons qu'ils avaient braqués à toutes les fenêtres du premier étage. Toutes les autres fenêtres de ce grand bâtiment étaient garnies d'une population armée, qui fit tomber sur les premiers soldats français qui se présentèrent, une pluie de balles. Les détonations des pièces d'artillerie se succédèrent en même temps avec un bruit épouvantable. Cette redoute isolée au milieu d'une grande cour fut inabordable, elle vomissait la mort de tout côté. Ce ne fut qu'au bout de deux heures que le corrégidor et les alcades purent s'avancer et leur intimer l'ordre de cesser leur feu, attendu la capitulation de la ville. Dans leur désespoir, ils brisèrent leurs fusils, enclouèrent les canons, et sortirent avec une rage concentrée. Si les choses ne s'étaient pas terminées de cette manière, il aurait fallu les prendre par famine, et faire le siége en règle de cette caserne située dans un des beaux quartiers de la ville.

Avant notre arrivée devant Madrid, il s'était

formé une junte centrale du gouvernement, sous la présidence du comte de Florida-Blanca : elle avait établi sa résidence à Aranjuès. A peine était-elle installée et reconnue, qu'elle se trouva dissoute par la prise de la capitale. C'était la destinée de tous les chefs du gouvernement espagnol d'être renversés peu de jours après leur installation. Pendant l'année 1808, Godoï, Charles IV, Ferdinand, Joseph, la junte centrale, Joseph encore, y régnèrent tour à tour, sans compter Napoléon.

Le 6, deux jours après la capitulation, je reçus l'ordre d'aller visiter le palais du roi. Je le trouvai dans le meilleur état. Les Espagnols, quelles que soient les circonstances, conservent un respect admirable pour tout ce qui appartient au roi. Après la retraite forcée de Joseph, le palais royal fut fermé, les conseils et les ministres s'établirent dans le bâtiment des postes, l'un des plus beaux de Madrid. Cette religieuse conservation des propriétés royales était telle, que le portrait de Napoléon franchissant à cheval le Saint-Bernard, peint par David, et celui de la reine d'Espagne, épouse du roi Joseph [1], qui décoraient le grand salon de réception, étaient placés encore au

---

[1] Ce portrait, après avoir été long-temps dans les palais de Paris, de Naples et de Madrid, fut porté à Mortfontaine, où il fut déchiré par les Prussiens, restauré ensuite par M. Gérard, et enfin envoyé à New-York, où il est en ce moment.

même endroit où le roi Joseph les avait fait mettre pendant son court séjour dans ce palais. Il y trouva également tous les objets qu'il avait laissés, jusqu'aux vins précieux,... etc... Les appartemens du roi Charles renfermaient la plus belle collection de montres que j'aie vue de ma vie. Je doute que trois boutiques d'horlogers de Paris, le mieux assorties, pussent en présenter une plus nombreuse et plus variée. Elles étaient placées sous verre, dans des cadres attachés aux tentures. Cette collection de montres était d'autant plus curieuse que l'on y voyait les premières qui furent inventées, et les perfectionnemens que le génie de l'homme avait pu y ajouter successivement. Lorsque je rendis compte à Napoléon de l'état dans lequel j'avais trouvé le palais royal, rien n'égala son étonnement quand je lui parlai de son portrait. En lui expliquant ce respect national pour la propriété du roi, je lui citai l'exemple des *bandoleros*, ou voleurs de grands chemins, qui laissaient passer, sans les arrêter ni les fouiller, les courriers du roi. *Soy correo del rey*... Cela suffisait, du moins autrefois.

———

Le 12, le marquis de Saint-Simon, grand d'Espagne, né Français, et au service de l'Espagne depuis le commencement de l'émigration, avait, dans l'arrondissement de son commandement, la porte de Fuencarral, qui faisait face à la position qu'occupait Napoléon devant Madrid. Le Retiro était déjà conquis, ainsi que les jardins immenses d'*Atocha*, le *Prado*, les portes d'*Alcala*, des *Récollets*, etc., et cependant on tirait toujours sur nous de la porte Fuencarral, ce qui ne laissa pas que de donner beaucoup d'humeur. M. de Saint-Simon ayant eu le malheur d'être fait prisonnier, Napoléon ordonna son renvoi devant une commission militaire, qui le condamna à être fusillé. Il allait périr, lorsque sa fille, encouragée par le grand-maréchal et par les aides de camp de l'empereur qui lui donnèrent toute facilité, vint implorer la grâce de son père. Napoléon ne put résister à l'expression des plus nobles sentimens, et le marquis de Saint-Simon dut la vie aux vertus et au courage de sa fille.

Napoléon résida toujours à Champ-Martin, l'armée campa tout autour. Il vint une seule fois, incognito, visiter Madrid et le palais royal. Peu de personnes purent être logées à Champ-Martin; les autres furent établies à Madrid dans les meilleures maisons. Je me rappellerai toujours avec reconnaissance le bon accueil qui me fut fait par madame la comtesse *de Villalopès*, *Calle del Principe*. Cette dame, âgée et respectable, n'avait pas voulu s'éloigner de Madrid.

Les théâtres furent ouverts, et l'opéra italien fut, comme avant notre arrivée, représenté sur le grand théâtre. Nous admirâmes la constance des Espagnols, qui voient éternellement exécuter entre les deux pièces le *fandango* sur le même air, les mêmes figures de danse, et avec le même costume. J'en marquai mon étonnement à madame de Villalopès, qui m'assura que cette danse, d'origine arabe, était devenue tellement nationale, qu'il était impossible qu'un Espagnol pût l'entendre et la voir de sang-froid. Un gentilhomme qui était chez cette dame en même temps que moi, m'assura que le *fandango*, exécuté dans un salon par les mêmes danseuses du théâtre, arrivait à un degré de perfection que la décence théâtrale ne pouvait point admettre. Quelques jours après, j'en parlai au duc de Rovigo, qui commandait dans Madrid, et qui avait sous son influence tous les théâtres. Nous nous réunîmes un soir dans le palais de *Medina-Cœli*, qu'il occupait, le maréchal Bessières, le duc de Bassano, le grand-maréchal, d'Hervas, son beau-frère et moi. Les danseurs et les danseuses arrivèrent à dix heures, costumés, avec leur petite guitare et leurs castagnettes. Nous prîmes un grand plaisir à l'exécution vive et animée de ces danses espagnoles. Ces danseurs s'échauffèrent tellement eux-mêmes, qu'ils nous demandèrent la permission de ne pas se contraindre, et de se laisser aller à toute la chaleur de leur imagination. Le *fandango* me parut être le tableau allégorique des passions, des agaceries, des refus, des bouderies et des raccommodemens de l'amour. Il est à présumer que l'imagination du spectateur supplée à tout ce qui manque aux tableaux chorégraphiques qui sont représentés sur le théâtre. C'est cette intelligence invisible qui s'identifie et se modifie selon le caractère de chaque spectateur, qui sert à expliquer cette jubilation bruyante qu'il éprouve au premier coup d'archet qui annonce le *fandango*.

De six que nous étions, il ne reste plus que les ducs de Bassano, de Rovigo et moi ; le maréchal Bessières et le duc de Frioul (Duroc), trouvèrent une mort glorieuse sur le champ de bataille, et d'Hervas, si rempli d'esprit et de nobles sentimens, périt par un accident funeste, en Espagne. Ce que nous appelons vivre n'est autre chose que le calcul des pertes que nous faisons sur nous et autour de nous.

———

Peu de jours avant mon départ de Madrid, Napoléon reçut la nouvelle de la capitulation de *Rosas*, dont le siége et la prise firent le plus grand honneur au général Reille, qui commandait sous les ordres du général Gouvion-Saint-Cyr (aujourd'hui maréchal de France); la prise de cette place assurait les communications de la France par la Catalogne, et favorisait les arrivages à Barcelone.

CHAPITRE XVII.

Philippe de Ségur vient à Madrid. — L'empereur le charge de présenter les drapeaux conquis au Corps législatif. — Débarquement de troupes anglaises en Portugal et à la Corogne. — Départ de Madrid. — Le Guadarrama. — Quartier-général à Valderas. — Lefebvre-Desnouettes à Benavente. — Le général Durosnel. — Passage de l'Exla. — Benavente et Astorga. — L'empereur quitte l'armée et vient à Valladolid. — Premiers indices de la guerre contre l'Autriche. — Audience accordée aux religieux des divers ordres qui sont à Valladolid.

Philippe de Ségur arriva convalescent à Madrid : ses blessures étaient à peine fermées. Napoléon le condamna au repos et à des soins que sa jeune ardeur lui faisait trop négliger. Il fut chargé de présenter au Corps législatif les nombreux drapeaux qui avaient été conquis depuis l'entrée de Napoléon en Espagne. Ce choix et cette honorable distinction eurent l'approbation de toute l'armée, comme elle eut celle de toute la France.

Les papiers publics espagnols et les correspondances privées qui étaient interceptés de tous les points, nous apprirent les nombreux débarquemens des troupes anglaises, soit en Portugal, soit à la

Corogne. La marche de ces auxiliaires était si positivement précisée, que Napoléon éprouva une vive joie en apprenant qu'enfin il pourrait se mesurer avec ces ennemis sur un *terrain ferme*. Réunis aux débris des armées espagnoles, ils s'avançaient sous le commandement de sir John Moore et de sir David Baird. Leur quartier-général était à *Villa Franca*, à quelques lieues d'*Astorga*; l'on sut qu'ils continuaient d'avancer. Les ordres furent donnés et l'armée se mit en mouvement le 22 décembre. Nous arrivâmes le soir au pied du *Guadarrama*, montagne élevée, d'une longue traversée et couverte de verglas. L'artillerie et la cavalerie étaient presque rebutées par la difficulté de franchir un pas aussi glissant. Napoléon se mit à pied à la tête des différentes colonnes, et par son exemple entraîna tout après lui. Pour mon compte; excédé de fatigue et de froid, en descendant de cheval au pied du *Guadarrama*, je tombai sans force et sans mouvement à la porte d'une écurie qui venait d'être évacuée : je n'avais avec moi aucun de mes gens, ils étaient en avant, leur ayant donné l'ordre de suivre le quartier-général avec ma calèche. J'aurais, je crois, succombé aux souffrances que j'éprouvais, sans le hasard qui amena dans le même lieu le général Lauriston, qui me donna les soins que ma triste position réclamait [1].

---

[1] Il faut me pardonner de parler de moi ; je ne le fais que lorsque ma reconnaissance se trouve engagée, et toujours pour parler d'un service qui m'a été rendu.

Grâce à l'amitié du général Lauriston et à une forte dose d'opium, je me trouvai en état de continuer ma route le lendemain matin. Le soleil avait un peu amolli la glace, je n'eus pas beaucoup de peine à franchir le *Guadarrama*. En arrivant au point le plus élevé, je trouvai ma calèche et deux de mes gens; ne voyant pas le troisième, je m'informai de ce qu'il était devenu; ils m'apprirent que, forcés de passer la nuit à moitié chemin de cette montagne, ils avaient fait du feu; que le palefrenier dont je m'informais, après avoir bu immodérément de l'eau-de-vie, s'était écarté du feu pour aller se livrer au sommeil, et qu'au point du jour ils s'étaient aperçus que le froid l'avait saisi et tué. Je m'enfermai dans ma calèche en faisant les plus tristes réflexions sur la perte que je venais de faire; je rejoignis le quartier-général à *Valderas*; Napoléon y était de la veille. En arrivant, j'appris la mésaventure du général *Lefèvre-Desnouettes*, écuyer de l'empereur et colonel des chasseurs de la garde. Il avait été détaché pour observer et reconnaître les mouvemens de l'armée anglaise, qui s'était avancée jusqu'à *Benavente* : ayant trouvé le pont de l'*Ezla* rompu, il traversa à la nage avec cinq à six cents de ses chasseurs, cette rivière assez large, éloignée de *Benavente* d'une demi-lieue. N'apercevant aucun mouvement autour de cette ville, il se persuada que les Anglais l'avaient abandonnée, mais en approchant, il trouva toute leur arrière-garde en bataille, qui s'ébranla et se mit en mouvement pour l'attaquer. Il revint au grand galop avec ses gens, et comme il commençait de traverser la rivière, son cheval fut tué sous lui; obligé de revenir au bord qu'il venait de quitter, il fut fait prisonnier et avec lui trois ou quatre cents chasseurs de son régiment. Les Anglais, fiers d'un succès qu'ils ne devaient attribuer qu'à l'imprudente valeur du général Lefèvre, se hâtèrent de le faire conduire à la Corogne, sans lui laisser un instant de repos. Il fut embarqué de suite avec ses officiers et transporté en Angleterre. Les Anglais, avertis de l'approche de Napoléon, par la qualité des prisonniers qu'ils venaient de faire et qu. faisaient partie de sa garde personnelle, se replièrent sur *Villa Franca*.

Plus heureux que le général Lefèvre, le général Durosnel, aide-de-camp de l'empereur, commandant une division de deux mille chevaux, rencontra une colonne d'infanterie anglaise, la culbuta et lui fit de nombreux prisonniers.

Le 30 décembre, Napoléon quitta *Valderas*, et se rendit sur les bords de l'Ezla, à quelque distance du pont qui avait été détruit par les Anglais. Impatient de les joindre, et ne voulant pas attendre que ce pont fût réparé, il ordonna de sonder pour trouver un gué favorable au passage de la cavalerie commandée par le maréchal Bessières. Ce ne fut pas sans peine que l'on parvint à en trouver un. Pour diriger lui-même ce passage, Napoléon s'établit sur la grève, et comme le temps était froid et rigoureux, on alluma de grands feux. J'arrivai comme les autres, monté sur une belle mule que j'avais ôtée de ma calèche, parce que mes chevaux de selle étaient tous estropiés. Je me faisais un grand plaisir de me réchauffer à la flamme brillante que j'apercevais..... Mais je fus trompé dans mon attente; car à peine étais-je descendu de ma mule que Napoléon me dit : *Allons, Bausset, passez le gué, et allez faire mon logement à Benavente.* Je remontai aussi lestement que je le pus, et allai me mettre à la suite de la cavalerie de la garde qui filait sur deux rangs, tant le passage était étroit..... A peu près au milieu de cette rivière, ma mule quitta son rang, et se lança à la nage sur la gauche. Je n'étais certainement pas à mon aise, mais j'eus la prudence de ne pas la contrarier, je m'abandonnai à mon destin, ou plutôt à l'instinct de cet animal. Je sentais déjà l'eau qui arrivait jusques au-dessus de mes genoux, lorsque heureusement ma mule trouva un terrain ferme, par lequel elle me mena jusques au bord sans autre accident. Cette rivière est presque aussi large que la Seine, au-dessous du pont Royal, et elle est beaucoup plus rapide. Rafraîchie par ce bain, ma mule galopa jusques à Benavente sans s'arrêter. Je connus le soir même toute l'étendue du danger que j'avais couru, sans m'en douter. L'empereur, en me voyant quitter la file qui traversait le gué, crut que j'allais périr. J'étais tellement engourdi par l'eau glacée qui m'avait pénétré, qu'en arrivant à Benavente, et en quittant la selle, je sentis mes jambes se dérober sous moi. Quelques valets de pied, qui avaient passé le gué en même temps que moi, me relevèrent, me portèrent auprès d'un bon feu qui me ranima, et me donna les moyens de remplir les ordres que j'avais reçus. Mais ce qu'il y eut de plus extraordinaire, c'est que la goutte qui m'avait fatigué depuis quelques mois, cessa tout à coup de me tourmenter.

1ᵉʳ. janvier 1809.

Les Anglais se retiraient et semblaient peu jaloux d'attendre Napoléon. Après un jour de repos à *Benavente*, nous partîmes pour *Astorga*. Nous étions au premier janvier; la neige tombait par flocons larges et continus.

Après deux jours de repos dans cette dernière ville, Napoléon pensa qu'il n'était pas de sa dignité de poursuivre un ennemi qui fuyait en désordre devant lui. Nous revînmes sur nos pas, et allâmes nous reposer à Valladolid.

Cette course après les Anglais eut lieu par une route de traverse épouvantable, où nous perdîmes beaucoup de temps et de chevaux. On s'était imaginé, d'après les cartes espagnoles, que ce sentier devait être le plus beau, puisqu'il était désigné comme chemin royal, *Camino real*. Mais ce misérable chemin, soi-disant royal, n'était ainsi appelé que parce qu'il servait aux passages des courriers du cabinet, à franc étrier. Les Espagnols, que nous rencontrâmes dans les villes que nous traversions, se donnèrent bien de garde de nous avertir qu'à quelques lieues sur notre droite, était la belle route de *Madrid* à *Léon*.

———

Nous arrivâmes à *Valladolid* le 6 janvier. L'empereur paraissait plus occupé de ce qui se préparait en Allemagne, que des événemens de la Péninsule. Je savais que l'Autriche avait été mécontente de n'avoir pas été admise à l'entrevue d'Erfurt, et qu'elle refusait de reconnaître officiellement Joseph pour roi d'Espagne, quoiqu'elle n'eût fait aucune difficulté dans le temps de le reconnaître comme roi de Naples. Voilà, je pense, les premières causes de la guerre en 1809, et le motif du retour en France, avant l'entière conquête de l'Espagne.

Nous séjournâmes dix jours à *Valladolid* : ce temps était nécessaire pour les nouvelles combinaisons qu'allait entraîner l'absence du chef.

Pendant le peu de temps que nous passâmes à *Valladolid*, Napoléon supprima le couvent des Dominicains, parce qu'ils avaient assassiné un officier français, dont on trouva le cadavre dans le puits intérieur de ce couvent. Il manda tous les moines des autres couvens à son audience, et leur parla avec tant de véhémence que, dans la chaleur de son discours, il lui arriva de s'expliquer un peu militairement et de prononcer en toutes lettres un assez gros mot. Je me rappelle que le comte d'Hédouville lui servait d'interprète en ce moment, et qu'en traduisant verbalement les paroles de Napoléon, il passa sous silence ce mot technique, qui ne peut être traduit en aucune langue, parce qu'il appartient, je crois, à toutes. Il était impossible que Napoléon ne s'en aperçût pas : il se tourna vivement vers M. d'Hédouville, et lui ordonna de prononcer fermement et du même ton que lui le vilain mot en question. Ce jeune diplomate avait la voix naturellement douce et flûtée; cette répétition manqua son effet. Pendant cette explication, les moines étaient tous prosternés aux genoux de Napoléon... Nous n'étions que quatre ou cinq officiers près de lui : il nous laissa au fond du salon, et se mêla seul parmi ces quarante moines, dont quelques-uns baisaient le bas de son habit. Si, parmi ce grand nombre, il se fût trouvé un scélérat audacieux, jamais l'occasion de commettre un crime n'eût été plus facile. Heureusement ces moines étaient en grande partie des bénédictins, bons, instruits et honorant leur caractère. Cette témérité de Napoléon ne laissa pas de nous inquiéter, et nous ne fûmes rassurés que lorsque cette singulière audience fut terminée.

CHAPITRE XVIII.

Retour à Paris. — M. de Montesquiou grand-chambellan. — Préparatifs de guerre en France et en Allemagne. — Rapidité des triomphes de l'armée. — Combat d'Ébersberg. — Armistice après la bataille de Wagram. — Retour de Napoléon à Fontainebleau. — Arrivée des commissaires de l'Autriche à Schœnbrunn. — Congrès d'Altembourg. — Conjectures sur le sujet des négociations entre l'empereur et les commissaires de l'empereur d'Autriche. — Tentative d'assassinat sur la personne de Napoléon. — Détails à ce sujet. — Jugement et exécution de l'assassin. — M. *** officier de la garde. — Noble indignation de l'empereur. — Paroles remarquables. — Continuation des négociations de Schœnbrunn. — Signature des préliminaires. — L'empereur envoie un courrier à M. le duc de Cadore pour lui apprendre la signature de la paix. — Le ministre dîne avec l'empereur à Schœnbrunn. — Question ironique de Napoléon et réponse du duc de Cadore.

J'arrivai à Paris le samedi 28 janvier; Napoléon y était rendu depuis le 23. Le lendemain, dimanche, j'allai au palais, et je trouvai l'empereur dans la grande cour des Tuileries, passant en revue plusieurs régimens qui avaient ordre de se rendre en Espagne. J'étais arrêté au bas du péristyle du grand escalier, et vis venir à moi le comte de Montesquiou, auquel je m'empressai d'aller donner des nouvelles de son fils Eugène, qui était resté en Espagne, et que j'aimais d'une véritable amitié. Le comte de

Montesquiou m'apprit qu'il venait de recevoir à l'instant un décret de l'empereur qui le nommait son grand-chambellan, et qu'il arrivait en toute hâte pour prêter son serment. J'étais d'autant moins préparé à cette nouvelle, que je venais de voir entrer M. de Talleyrand, sur le visage duquel je n'avais remarqué aucune altération qui pût me faire soupçonner qu'il fût lui-même l'objet d'un si grand changement.

Aux motifs que j'ai déjà fait connaître de l'attitude guerrière de l'Autriche, il faut ajouter l'espoir qu'elle avait conçu de réparer les pertes qu'elle avait éprouvées par le traité de *Presbourg*. En voyant une grande partie de l'armée française occupée en Espagne, elle multiplia les outrages, fit arrêter sur ses frontières un officier français porteur de dépêches pour notre chargé d'affaires à *Vienne*, s'empara de ses papiers, et en prit lecture sans qu'aucune déclaration de guerre pût autoriser une telle violation du droit des gens. Le cabinet des *Tuileries* usa de représailles, et fit arrêter à Nancy un courrier *autrichien*. Cette dernière puissance inonda l'Allemagne de proclamations virulentes, fit un appel à tous les sujets de la confédération du Rhin, créa une espèce de conscription, sous le nom de *landwert*, fit des préparatifs immenses, nomma dès le 4 février les généraux en chef qui devaient commander ses nombreuses armées, et révéla le nom de l'archiduc Charles, comme généralissime. Ce prince, d'un caractère doux, aimable, et reconnu comme le meilleur capitaine de l'Autriche, se crut obligé de faire de nombreuses proclamations pour engager les Autrichiens à se ranger sous ses drapeaux, pour combattre un *ennemi* que l'on ne désignait pas encore, dans le cas où cet ennemi inconnu menacerait les états héréditaires de l'Autriche. De son côté, la régence de ces états prescrivit des mesures vigoureuses pour le transport des vivres aux armées, et, dissimulant la pensée d'une agression nouvelle, assurait également que l'empereur d'Autriche ne faisait rassembler tant de troupes que pour la sûreté de ses états. Mais l'Autriche n'avait pas mis en ligne de compte l'activité, le génie et la puissance de Napoléon : en peu de temps des armées formidables furent rassemblées sur le Rhin, sans affaiblir celles qui étaient déjà en Espagne; et tous les souverains de la confédération, fidèles à leurs engagemens, se mirent sur le pied de guerre.

Dans les premiers jours du mois d'avril, l'archiduc Charles, imaginant qu'il y avait une armée française en Bavière, fit connaître qu'il avait reçu de l'empereur son frère l'ordre *de se porter en avant et de traiter en ennemi tout ce qui opposerait de la résistance.* Pareille déclaration fut adressée à la Russie, alliée de la France, etc., etc. En conséquence de cette communication, l'armée autrichienne entra le 10 et le 11 avril sur le territoire de la Bavière. Cependant le prince de Metternich, son ambassadeur, restait à Paris sans demander des passe-ports.

Une dépêche télégraphique fit connaître à Paris cette nouvelle invasion de la Bavière. Napoléon partit pour Strasbourg le 13, et y arriva le 16 à quatre heures du matin, avec l'impératrice Joséphine qu'il y laissa. Il passa le Rhin à la tête de ses belles phalanges, et marcha en toute hâte au secours de la Bavière. Il culbuta l'armée autrichienne, et victorieux à chaque pas, il était aux portes de Vienne le 12 mai. Maître de la capitale autrichienne, il porta ses armées sur les bords du Danube, afin de poursuivre un ennemi qui lui échappait sans cesse. Les fastes militaires ont fait connaitre tous les détails de cette mémorable campagne. Parmi tant de glorieux combats, les bulletins officiels signalèrent celui d'Ébersberg, qui fit tant d'honneur au général Claparède, mon compatriote et mon ami [1].

Lorsque l'Autriche vit ses armées détruites, ses provinces et même ses royaumes envahis, elle proposa un armistice : Napoléon eut la générosité d'y consentir. S'il avait été aussi ambitieux que l'ont dit ses détracteurs, il avait une belle occasion de se satisfaire. L'Autriche, depuis la bataille de Wagram, était dans une position désespérée. La Russie, qui faisait cause commune avec la France, avait ses armées, commandées par le prince Galitzin, sur les frontières de la Gallicie autrichienne. L'armée polonaise, conduite par l'illustre Poniatowsky, avait repoussé tous les corps qui lui avaient été opposés,

---

[1] « Cette action d'Ébersberg est un des plus beaux faits » d'armes dont l'histoire puisse conserver le souvenir. »

(Cinquième bulletin de la campagne de 1809.)

et marchait sur la Bohême. L'armée d'Italie, victorieuse sur tous les points, s'avançait au centre de la Hongrie, sous les ordres de son vaillant général. Tous les corps de l'armée française pressaient l'Autriche de toutes parts; il y eut donc de la générosité, c'est le mot, de la part de Napoléon, d'accorder un armistice à un ennemi qu'il venait de vaincre pour la troisième fois, et qui l'avait provoqué de la façon la plus injurieuse.

L'armée française conserva ses positions, et prit ses cantonnemens. Napoléon revint à *Schœnbrunn*, et des commissaires autrichiens commencèrent bientôt à y venir : c'était le prince Jean de *Lichtenstein* et le comte de *Bubna*. M. de *Champagni* pour la France, et M. de *Metternich*, revenu de France, de la part de l'Autriche, se rendirent à *Altembourg*, petite ville sur les frontières de la Hongrie. Ce congrès fut un congrès d'une espèce toute nouvelle, car il n'y fut traité d'aucune affaire. Napoléon traita seul, directement et à *Schœnbrunn*, des conditions de la paix. Le prince *Jean* et le comte de *Bubna* venaient plusieurs fois dans la semaine, y déjeunaient avec Napoléon, conféraient avec lui pendant une heure ou deux, et retournaient directement à *Comorn*, où était le quartier-général de l'empereur d'Autriche. Il n'y avait aucune communication avec les diplomates d'*Altembourg*, au moins du côté de la France. Ces messieurs, en attendant les documens, s'amusaient à donner des fêtes aux dames de cette petite ville.

J'ai toujours pensé que le véritable article secret de cette paix, qui était en discussion, était le mariage de Napoléon avec l'archiduchesse Marie-Louise. Pendant qu'ils déjeunaient avec l'empereur, j'observais avec attention le maintien des deux mandataires de l'Autriche, j'interrogeais leur physionomie, et je croyais voir augmenter tous les jours l'harmonie et la bonne intelligence... Il était évident à mes yeux qu'il n'y avait aucune difficulté sérieuse sur des intérêts matériels et ordinaires de puissance à puissance, et que tout dépendait d'un point hors de ligne des discussions de ce genre. La politesse et la grâce de Napoléon à l'égard de ces messieurs ne se démentit pas un seul moment. Il paraissait jaloux de leur donner une bonne idée de ses manières et de sa personne. Un jour seulement, en l'absence de ces messieurs, je l'entendis s'exprimer d'une façon qui me fit penser que les choses n'allaient pas à son gré. Il sortait de son cabinet avec le prince de Neufchâtel, et en continuant la conversation jusques à la table où il devait s'asseoir pour déjeuner, j'entendis ces mots que je n'ai jamais oubliés : *Pour en finir, j'appellerai le grand-duc de Wurtzbourg, et je placerai sur sa tête la couronne impériale d'Autriche.*

Pendant toutes ces négociations, Napoléon, selon son usage, passait en revue les différens corps de l'armée. Cette parade avait lieu tous les jours à neuf heures du matin, dans la grande et belle cour du palais de *Schœnbrunn*. On y descendait du palais par un bel escalier double en forme de fer à cheval. Assez ordinairement les officiers de l'armée et de la garde, qui n'étaient point de service, se tenaient sur les dernières marches et sur les bas côtés, surtout lorsqu'ils avaient quelques demandes à faire à Napoléon, qui s'arrêtait toujours pour les écouter et recevoir leurs pétitions. Un jour, pressé d'aller passer en revue deux ou trois lignes de prisonniers français, qui par suite des cartels d'échange avaient été dirigés sur le quartier général, désirant de connaître par leur récit le moment, le jour, le lieu et la manière dont ils avaient été faits prisonniers, il ne s'arrêta point en descendant de l'escalier, et fut directement à ces troupes. Un individu, vêtu d'une simple redingote bleue, portant un chapeau militaire, auquel était attaché un bouton de métal à l'aigle, mais sans cocarde, et tenant un papier à la main, voyant que Napoléon ne s'arrêtait pas, insista pour le suivre et lui présenter lui-même sa pétition. Le prince de Neufchâtel, qui suivait l'empereur, dit à cet individu qu'il pourrait remettre sa pétition lorsque la parade serait finie : Napoléon, occupé de ses prisonniers, ne s'aperçut pas de ce qui se passait derrière lui. Malgré l'observation du prince de *Neufchâtel*, cet homme continuait à suivre, prétendant que le motif de sa demande ne demandait aucun retard, et qu'il voulait parler à Napoléon. Le général Rapp, aide-de-camp de service, voyant qu'il insistait toujours et se mêlait avec les officiers-généraux qui suivaient l'empereur, l'arrêta par le collet de sa redingote, en lui disant vivement de se retirer : dans ce mouvement le général Rapp sentit sous sa main le manche d'un instrument que cet homme portait dans sa poche de côté, il serra plus fort, et fit signe à deux gendarmes d'élite qui étaient toujours de service pour maintenir l'ordre. Cet homme fut arrêté et conduit sur-le-champ dans un corps-de-garde placé sous mon appartement. J'étais moi-même à l'une de mes fenêtres, qui étant des plus favorables pour bien voir la parade, étaient souvent occupées par des dames de Vienne. Ce jour-là j'avais eu l'honneur de recevoir madame la comtesse de Bellegarde, femme du feld-maréchal, et madame la princesse de Furstemberg; j'étais auprès d'elles et je leur nommais les différens personnages qui passaient sous leurs yeux. Elles s'aperçurent comme moi de l'arrestation qui venait d'être faite; curieuses d'en connaître la cause, ces dames me prièrent d'aller aux informations. Je m'adressai au général Rapp, qui me conta tout ce qui venait de se passer, et qui m'informa que l'individu ayant été fouillé dans le corps-de-garde, on venait de découvrir un couteau à grande lame, aiguisé des deux côtés, qui ne pouvait avoir été ainsi disposé que dans l'intention d'assassiner l'empereur; que d'ailleurs le porteur de cette arme dangereuse ne dissimulait pas que telle avait été son intention. Je vins rendre compte à ces dames de tout ce que je venais d'apprendre, et elles témoignèrent une horreur extrême contre l'auteur d'un projet aussi coupable. Un fait certain, positif et incontestable, c'est que Napoléon ne s'aperçut de rien pendant la parade, et que le rapport ne lui en fut fait que lorsqu'il rentrait dans ses appartemens. Il fit conduire ce fanatique devant lui ; il se dit être le fils d'un ministre luthérien d'Erfurt, et qu'il mettait au nombre des actions les plus glorieuses de sa vie la tentative qu'il venait de faire pour délivrer l'Allemagne de son plus grand ennemi ; qu'il n'était venu de son pays que pour l'exécuter... *Mais si je vous faisais grâce*, lui dit Napoléon, *ne seriez-vous pas engagé par la reconnaissance à renoncer à l'idée de m'assassiner. — Je ne vous le conseille pas*, répondit ce malheureux, *car j'ai juré votre mort. — Sûrement cet homme est fou*, dit Napoléon à Corvisart qu'il avait fait appeler : *tâtez-lui le pouls*. Corvisart obéit et dit qu'il ne remarquait aucune espèce d'agitation, que le pouls et le cœur étaient tranquilles. Cet homme, dont j'ai oublié le nom, fut conduit dans les prisons de Vienne, où on le garda au secret pendant quelques jours, lui faisant éprouver les privations du sommeil, lui donnant des fruits pour nourriture, afin d'affaiblir sa constitution, et de le forcer à révéler le nom de ses complices. Il persista à ne rien avouer et à se vanter de son projet. Il fut jugé par une commission militaire et fut fusillé. Voilà le fait tel qu'il s'est passé.

———

Un des officiers de santé de la garde avait été

logé dans la banlieue de *Vienne* du côté de *Schœnbrunn*, chez une chanoinesse âgée, et proche parente du prince Jean de *Lichstenstein*, dont elle portait le nom. Les exigences de cet officier de santé furent excessives et outrepassèrent les demandes d'usage. Dans un moment où le vin de Hongrie avait un peu dérangé sa raison, il eut la malheureuse idée d'écrire à madame de *Lichstenstein* son hôtesse une lettre conçue en des termes si extravagans et en même temps si impertinens, que cette dame se crut obligée de recourir à la protection du général *Andréossy*, gouverneur de Vienne, afin d'être débarrassée d'un hôte aussi fâcheux. Pour appuyer sa demande, elle envoya la lettre qui lui avait été écrite par l'officier de santé, dont j'ai oublié le nom. Cette lettre, autant que je puis me rappeler, commençait ainsi :

Si le maréchal duc de Dantzic de glorieuse mémoire était logé chez vous, madame, il vous dirait : Princillon, etc., etc.

Le reste de la lettre était digne de cet exorde, de façon qu'en injuriant une princesse respectable, il injuriait en même temps le maréchal Lefèvre, en se servant de son nom comme d'un exemple, ou comme une autorité pour multiplier ses outrages. Le général *Andréossy* fit parvenir cette lettre au prince de *Neufchâtel* avec celle que lui écrivait madame de *Lichtenstein*. Toutes deux furent mises sous les yeux de Napoléon, qui fit donner l'ordre à M. *** de se rendre le lendemain matin à

la parade. Le hasard fit que le comte de *Bubna*, qui était venu à *Schœnbrunn*, assista à cette parade. Napoléon descendit rapidement le grand escalier, le visage enflammé, ne parlant à personne, et tenant dans ses mains la lettre de cet officier de santé. « *Faites venir M.****, » dit-il en élevant la voix. « *Est-ce vous qui avez écrit et signé cette lettre in-
» fâme.* » — « Grâce, sire, j'étais dans un moment
» d'ivresse, et je ne savais ce que j'écrivais. »
— « Malheureux ! outrager un de mes plus braves
» lieutenans, et en même temps une chanoinesse
» digne de respect, et déjà assez à plaindre d'avoir
» à supporter une partie des malheurs de la guerre.
» Je ne crois point, et n'admets point votre excuse.
» Je vous dégrade de la Légion-d'honneur, vous
» êtes indigne d'en porter le signe révéré. Général
» Dorsenne, faites exécuter cet ordre... Insulter
» une vieille femme ! moi ! *je respecte toute vieille
» femme comme si elle était ma mère...* » Voilà les mots que j'entendis, et que M. de *Bubna* put entendre comme moi, car nous étions tous les deux sur le perron de l'escalier, et dominions sur cette scène. L'officier de santé qui fait le sujet de cette note était, à ce que j'appris, un homme doux, honnête, estimé dans la garde autant par ses talens que par sa bonne conduite. Ces considérations influèrent probablement sur le pardon qui lui fut accordé peu de jours après, à la sollicitation de tous les généraux de la garde. Le premier moment passé, Napoléon revenait toujours et faisait grâce,

surtout aux personnes qui le servaient avec zèle et fidélité.

Les conférences entre Napoléon et les deux commissaires autrichiens continuaient toujours, et j'étais de plus en plus convaincu qu'il se traitait une affaire d'une nature particulière, et que cette seule affaire retardait la signature de la paix. Napoléon n'aurait pas eu tant de patience, n'aurait pas comblé de tant de prévenances M. le prince Jean et M. de Bubna, s'il se fût agi d'une discussion ou d'une cession de quelques avantages politiques. Il avait trop à se plaindre de l'Autriche pour ne pas déclarer de suite et franchement ce qu'il exigeait, et les conditions qu'il imposait. Cet armistice dura plus de trois mois, et il n'était pas homme à perdre ses avantages en d'inutiles pourparlers. Sans pouvoir justifier mon opinion autrement que par de vagues observations, je suis porté à croire que l'alliance dont j'ai déjà parlé, était le seul objet des conférences, et qu'une fois ce point admis, la manière et la forme dont le divorce aurait lieu firent l'objet des dernières négociations. La paix fut enfin signée le 14 octobre, et le jour même Napoléon envoya un courrier à M. de Champagni à *Altembourg*, pour lui apprendre cette nouvelle, et le rappeler auprès de lui. Je me souviens que ce ministre fut invité à dîner avec Napoléon le jour même de son retour à *Schœnbrunn*, et qu'il lui demanda en riant s'il *n'avait pas été bien surpris du repos dans lequel il l'avait laissé à Altembourg*, et de la signature de la paix. — J'avoue, sire, répondit M. de Champagni, *qu'en ma qualité de ministre des relations extérieures de V. M., j'étais loin de me douter de ce qui se passait ici.....* Napoléon en parlant avait un petit air triomphant qui contrastait fort avec l'embarras de son ministre.

CHAPITRE XIX.

Départ de Schœnbrunn. — Arrivée de l'empereur à Fontainebleau plusieurs heures avant Joséphine. — Conversation avec l'impératrice Joséphine, qui me fait connaître les craintes qu'elle éprouve. — Le roi de Saxe à Paris. — Il loge au palais de l'Élysée. — La cour quitte Fontainebleau. — L'empereur se rend à cheval à Paris, et l'impératrice voyage en voiture. — Annonce du divorce à l'impératrice Joséphine. — Circonstances qui suivent cette communication.

Nous partîmes pour Munich avant la ratification du traité de paix par l'Autriche. Pour l'apprendre avec plus de promptitude, il fut disposé sur la route, d'intervalle en intervalle, et sur les points élevés, des postes militaires, chargés de correspondre entre eux pendant le jour par des drapeaux blancs, et la nuit par de grands feux. La nouvelle de ces ratifications arriva le troisième jour de notre séjour à Munich. Nous partîmes le lendemain pour Fontainebleau, et Napoléon arrangea si bien les choses qu'il y arriva plusieurs heures avant l'impératrice Joséphine, qui avait quitté Strasbourg, et était revenue à Paris depuis plus d'un mois. Ce retard de l'impératrice occasiona une petite scène de reproche de la part de Napoléon.

Trois jours après notre arrivée à Fontainebleau, je remarquai quelques nuages de tristesse sur le front de Joséphine, et beaucoup moins de liberté dans les manières de Napoléon à son égard. Un matin après son déjeuner, l'impératrice me fit l'honneur de causer avec moi dans l'embrasure d'une fenêtre de son salon; après quelques questions insignifiantes sur notre séjour à *Schœnbrunn*, et sur la façon dont nous y passions le temps, cette princesse me dit: *Monsieur de Baüsset, j'ai confiance dans votre attachement pour moi; j'espère que vous répondrez avec franchise à la question que je vais vous faire.* Je l'assurai de mon empressement à lui dire tout ce que je pourrais savoir, et que j'étais d'autant plus à mon aise, qu'il ne m'avait été fait aucune espèce de communication qui pût m'engager au ●ence. *Eh bien ! dites-moi, si vous le savez, pourquoi la communication particulière de mon appartement avec celui de l'empereur est-elle interrompue ?* — « Je l'ignorais, madame, et vous me l'apprenez; il est seulement à ma connaissance que des réparations étaient commencées, et qu'elles ont été suspendues parce que le retour de l'empereur a eu lieu plus tôt qu'on ne l'aurait imaginé. Peut-être aussi qu'on ne prévoyait point que, dans une saison aussi avancée, il vînt résider à Fontainebleau. V. M. peut voir, par une partie de l'ameublement de ses appartemens, que les choses ne sont pas encore terminées. » Telle fut ma réponse, et dans le fait, j'aurais été fort embarrassé d'en faire une autre. Ce n'était pas le cas de parler de mes observations particulières. Je n'oublierai jamais les derniers mots que cette excellente princesse me fit l'honneur de me dire : *M. de Bausset, croyez qu'il y a là-dessous quelque mystère !* Cette conversation ne fit que fortifier mes idées, qui avaient pris naissance pendant les négociations de *Schœnbrunn*, quoiqu'il me fût impossible de pouvoir deviner quel serait le moment du dénoûment, et la manière dont il serait amené. Je ne tardai pas à être mieux instruit.

Le roi de Saxe arriva à Paris le 13 novembre, et LL. MM. quittèrent Fontainebleau le 14. Napoléon fit la route à cheval, et se rendit en arrivant chez le roi de Saxe, qui occupait le palais de l'Élysée. La présence de ce vertueux monarque à Paris rompit quelquefois le tête-à-tête ; mais, à mes yeux, l'embarras du maintien de Napoléon augmentait en proportion de l'inquiète et vague préoccupation de l'impératrice Joséphine. Elle semblait pressentir un malheur, et rassembler ses forces pour en supporter avec courage toute l'amertume.

J'étais de service aux Tuileries depuis le lundi 27 novembre : ce jour-là, le mardi et le mercredi qui suivit, il me fut facile de remarquer une grande altération dans les traits de l'impératrice, et une silencieuse contrainte dans Napoléon. Si pendant le dîner il rompait le silence, c'était pour me faire quelques brèves questions, dont il n'écoutait pas la réponse. Ces jours-là le dîner ne dura pas plus de dix minutes. L'orage éclata le jeudi 30.

TOME I. 24

LL. MM. se mirent à table. Joséphine portait un grand chapeau blanc, noué sous le menton, et qui cachait une partie de son visage. Je crus cependant m'apercevoir qu'elle avait versé des larmes, et qu'elle les retenait encore avec peine. Elle me présenta l'image de la douleur et du désespoir. Le silence le plus profond régna pendant ce dîner: ils ne touchèrent que pour la forme aux mets qui leur furent présentés. Les seuls mots qui furent prononcés furent ceux que m'adressa Napoléon : *Quel temps fait-il ?* En les prononçant, il se leva de table. Joséphine suivit lentement. Le café fut présenté, et Napoléon prit lui-même sa tasse, que tenait le page de service, en faisant signe qu'il voulait être seul. Je sortis bien vite, mais inquiet, tourmenté et livré à mes tristes pensées. Je m'assis dans le salon de service, qui d'ordinaire servait de salle à manger pour LL. MM., sur un fauteuil, à côté de la porte du salon de l'empereur; j'observais machinalement les employés qui enlevaient les objets qui avaient servi au dîner de LL. MM....., lorsque tout à coup j'entends partir du salon de l'empereur des cris violens poussés par l'impératrice Joséphine..... L'huissier de la chambre pensant qu'elle se trouvait mal fut au moment d'ouvrir la porte; je l'en empêchai, en lui observant que l'empereur appellerait du secours, s'il le jugeait convenable. J'étais debout près de la porte, lorsque Napoléon l'ouvrit lui-même, et m'apercevant, me dit vivement : *Entrez, Bausset, et fermez la porte.* J'entre dans le salon, et j'aperçois l'impératrice étendue sur le tapis, poussant des cris et des plaintes déchirantes. *Non, je n'y survivrai point*, disait l'infortunée. Napoléon me dit : *Êtes-vous assez fort pour enlever Joséphine et la porter chez elle par l'escalier intérieur qui communique à son appartement, afin de lui faire donner les soins et les secours que son état exige ?* J'obéis et je soulevai cette princesse, que je croyais atteinte d'une attaque de nerfs. Avec l'aide de Napoléon, je l'enlevai dans mes bras, et lui-même prenant un flambeau sur la table, m'éclaira et ouvrit la porte du salon, qui par un couloir obscur conduisait au petit escalier dont il m'avait parlé. Parvenus à la première marche de cet escalier, j'observai à Napoléon qu'il était trop étroit pour qu'il me fût possible de descendre sans danger de tomber.... Il appela de suite le gardien du portefeuille, qui jour et nuit était placé à l'une des portes de son cabinet, qui avait son entrée sur le palier de ce petit escalier. Napoléon lui remit le flambeau, dont nous avions peu de besoin, puisque ces passages étaient déjà éclairés. Il ordonna à ce gardien de passer devant, prit lui-même les deux jambes de Joséphine pour m'aider à descendre avec plus de ménagement. Mais je vis le moment où, embarrassé par mon épée, nous allions tous tomber ; heureusement nous descendîmes sans accident, et déposâmes ce précieux fardeau sur une ottomane, dans la chambre à coucher. L'empereur se porta de suite au cordon des sonnettes et fit venir les femmes de l'impératrice. Lorsque dans le salon d'en haut j'enlevai l'impératrice, elle cessa de se plaindre; je crus qu'elle se trouvait mal, mais dans le moment où je m'embarrassai dans mon épée au milieu du petit escalier dont j'ai déjà parlé, je fus obligé de la serrer davantage, pour éviter une chute qui aurait été funeste aux acteurs de cette douloureuse scène, parce que nos positions n'étaient pas la suite d'un arrangement calculé à loisir. Je tenais l'impératrice dans mes bras, qui entouraient sa taille; son dos était appuyé sur ma poitrine, et sa tête était penchée sur mon épaule droite. Lorsqu'elle sentit les efforts que je faisais pour m'empêcher de tomber, elle me dit tout bas : *Vous me serrez trop fort.* Je vis alors que je n'avais rien à craindre pour sa santé, et qu'elle n'avait pas perdu connaissance un seul instant. Pendant toute cette scène, je n'avais été occupé que de Joséphine, dont l'état m'affligeait; je n'avais pu observer Napoléon; mais lorsque les femmes de l'impératrice furent arrivées auprès d'elle, Napoléon passa dans un petit salon qui précédait la chambre à coucher; je le suivis. Son agitation, son inquiétude étaient extrêmes. Dans le trouble qu'il éprouvait, il m'apprit la cause de tout ce qui venait de se passer, et me dit ces mots : *L'intérêt de la France et de ma dynastie a fait violence à mon cœur.... le divorce est devenu un devoir rigoureux pour moi.... je suis d'autant plus affligé de la scène que vient de faire Joséphine..... que depuis trois jours elle a dû savoir par Hortense...... la malheureuse obligation qui me condamne à me séparer d'elle..... Je la plains de toute mon âme, je lui croyais plus de caractère..... et je n'étais pas préparé aux éclats de sa douleur......* En effet, l'émotion qu'il éprouvait le forçait à mettre un long intervalle à chaque phrase qu'il prononçait, pour respirer. Les mots s'échappaient avec peine et sans suite ; sa voix était émue, oppressée, et des larmes mouillaient ses yeux..... Il fallait réellement qu'il fût hors de lui pour me donner tant de détails, à moi, placé si loin de ses conseils et de sa confiance..... Toute cette scène ne dura pas plus de sept à huit minutes... Napoléon envoya de suite chercher Corvisart, la reine Hortense, Cambacérès, Fouché ; et avant de remonter dans son appartement, il alla s'assurer par lui-même de l'état de Joséphine qu'il trouva plus calme et plus résignée. Je le suivis quand il monta chez lui, et je rentrai dans le salon de service, après avoir repris mon chapeau que j'avais jeté sur le tapis pour avoir les mouvemens plus libres. Pour éviter toute espèce de commentaire, je dis devant les pages et les huissiers que l'impératrice avait eu une attaque de nerfs des plus violentes. C'est ainsi que par hasard, et par une suite naturelle des fonctions de ma place, je me trouvai initié dès le premier instant à une communication si grave et si importante. Quoique l'empereur, dans le moment d'épanchement qu'il avait eu avec moi, ne m'eût rien découvert sur le rang et la personne qu'il devait épouser, l'avenir me fut dévoilé, et je ne doutai point, d'après les observations particulières que j'avais faites pendant les négociations de Schœnbrunn, que ce ne fût une archiduchesse d'Autriche.

Je restai dans le salon de service, enfoncé dans les réflexions que faisaient naître en moi le spectacle et la confidence qui venaient de m'occuper. Je vis arriver la reine *Hortense*, *Cambacérès*, Fouché et Corvisart. Il y avait, dans ces allées et venues, une agitation et un mouvement qui ne m'auraient point étonné si j'avais eu la moindre inquiétude sur la santé de Joséphine; mais je m'associais aux souffrances de son cœur, je songeais combien l'élévation, la fortune et les grandeurs contribuent peu au véritable bonheur. Je passai en revue tous les dons heureux et toutes les qualités aimables qui auraient dû préserver Joséphine d'une telle répudiation. Cette répudiation, toutefois, fut faite de part et d'autre avec une grande loyauté et un grand courage; aucun tort, aucun motif humiliant ne vint colorer et excuser ce divorce, et, ce qu'il y eut de particulier à cette circonstance, c'est qu'il eut lieu avec une affection réciproque et une dignité rare; ce fut un généreux sacrifice fait aux grands intérêts de la politique, auquel concoururent les nobles enfans de Joséphine, tous deux remplis d'amour pour leur adorable mère, et de reconnaissance pour les bienfaits qu'ils avaient reçus de Napoléon. Ce divorce n'amena aucune division dans la famille; l'empereur resta toujours l'ami le plus tendre de Joséphine, et conserva toute sa vie une affection véritablement paternelle pour le vice-roi et pour la reine Hortense. Joséphine, à cette époque, avait quarante-six ans: il était impossible d'avoir plus de grâces dans les manières et dans le maintien. Ses yeux et son regard étaient enchanteurs, son sourire plein de charmes, l'ensemble de ses traits et sa voix étaient d'une douceur extrême; sa taille était noble, souple et parfaite; le goût le plus pur et l'élégance la mieux entendue présidaient à sa toilette, et la faisaient paraître beaucoup plus jeune qu'elle ne l'était en effet. Mais tous ces brillans avantages n'étaient rien auprès de la bonté de son cœur. Son esprit était aimable et gai; jamais elle ne blessa l'amour-propre de personne, et jamais elle n'eut que des choses agréables à dire; son caractère fut toujours égal et sans humeur. Dévouée à Napoléon, elle lui communiquait sans qu'il s'en aperçût sa douceur et sa bienveillance, et lui donnait, en riant, des conseils qui lui ont été plus d'une fois utiles... Au risque de me répéter, je dirai que, toujours prête à obliger, elle fit sentir à Napoléon le prix de l'indulgence et de la bonté, et que je ne connais personne qui puisse dire qu'elle ait refusé un bienfait et les secours dans tout ce qui pouvait dépendre d'elle. Aussi les bénédictions et les vœux la suivirent dans son naufrage, et plus tard les hautes puissances de l'Europe s'empressèrent, par leurs hommages, de s'unir aux sentimens de toute la nation. Plus qu'aucune femme que j'aie connue, elle avait ce goût de la société qui, en général, a tant de charmes pour les femmes aussi heureusement partagées. La nature lui avait donné des sentimens toujours vrais, toujours bons. Peu de femmes ont eu au même degré ce sentiment délicat qui les porte à s'oublier elles-mêmes pour ne s'occuper que de l'objet qui leur est cher; cette patience, ce courage vrai, cette tranquillité dans l'excès du malheur; cette noblesse de la bienfaisance, qui répugne à toute ostentation ; ces recherches fines et ingénieuses dans la manière de présenter le bienfait; cette suite, cette constance, j'oserai dire, dans la volonté d'obliger ; enfin cette sensibilité qui ne lui faisait ambitionner d'autre prix que le retour des sentimens qu'elle méritait d'obtenir.

Le moment de faiblesse qui la saisit en entendant son arrêt de la bouche de Napoléon fut le seul qu'elle fit paraître. Elle mit sa gloire à se vaincre elle-même, se renferma sans efforts apparens dans les nouveaux devoirs qui lui étaient tracés. Je n'entends pas dire par là qu'elle rentra dans la vie privée, puisqu'elle conserva, dans son palais de la Malmaison, le rang, la magnificence et la grandeur d'une impératrice douairière... Je crois même qu'elle y fut plus heureuse, moins dépendante et plus à elle qu'aux Tuileries, où sa vie fut souvent mêlée de contrainte dans une infinité de petits riens et de détails d'intérieur, dont elle fut affranchie par cette espèce nouvelle d'émancipation. N'ayant d'autres soins que de se conformer aux goûts et aux habitudes de Napoléon, elle fut souvent obligée de recevoir et de faire des prévenances à des personnes qui n'étaient pas de son choix ; presque toujours aussi elle était forcée, pour se mettre à table, d'attendre l'empereur qui, profondément occupé dans son cabinet, oubliait les heures. Le diner était régulièrement servi à six heures ; il arriva un jour, ou plutôt un soir, que Napoléon oublia l'avertissement qui lui avait été donné jusqu'à onze heures ; en sortant de son cabinet, il dit à Joséphine : « *Mais je crois qu'il est un peu tard ?* » — « *Onze heures passées !* » répondit-elle en riant. — « *Je croyais avoir dîné,* » dit Napoléon en se mettant à table. Cette abnégation d'elle-même fut une vertu que Joséphine eut plus d'une fois l'occasion d'exercer. Napoléon avait parfaitement raison quand il disait : « *Je ne gagne que des batailles, et Joséphine, par sa bonté, gagne tous les cœurs.* »

En donnant ces détails d'une vie privée, j'ai eu besoin de me rappeler ce passage de Saint-Simon, où il dit, en parlant du *journalier* du roi Philippe V d'Espagne et de la reine sa femme, *que rien n'influe tant sur le grand et le petit que cette mécanique des souverains..... que cette connaissance est une des meilleures clefs de toutes les autres et qu'elle manque toujours aux histoires, souvent aux mémoires, dont les plus intéressans et les plus instruits le seraient davantage, si leurs auteurs avaient moins négligé cette partie, etc., etc*[1].

---

[1] Quelques pages plus loin M. de Saint-Simon porte l'exac-

L'on ne me blâmera donc pas de dire que le soir où Napoléon se mit à table pour dîner après onze heures, le dîner resta sur la table pendant ces cinq heures d'attente, et que la seule précaution que l'on prit de renouveler les boules d'eau bouillante de quart d'heure en quart d'heure, fut suffisante pour lui conserver sa chaleur. Cette précaution était de rigueur, parce que Napoléon, pouvant sortir de son cabinet à l'improviste, n'aurait pas donné le temps nécessaire au service : grâce à l'importance du *journalier* des souverains, je puis finir cette note en disant qu'il y eut vingt-trois poulets qui, successivement, furent renouvelés et mis à la broche. Ce fut le seul changement qui fut fait au dîner.

---

titude du *journalier* jusques au point de dire que *Philippe V et la reine sa femme n'avaient qu'une seule et même garde-robe.*

CHAPITRE XX.

Sur l'impératrice Joséphine. — *Te Deum* à Notre-Dame pour la paix.— L'empereur s'y rend en grand cortége.—L'impératrice Joséphine s'y rend de son côté et y assiste dans une tribune avec les princesses de la famille. — Bal donné par la ville de Paris. — L'impératrice y paraît en public pour la dernière fois. — Les rois de Bavière, de Wurtemberg, de Naples, de Westphalie, le vice-roi, etc., arrivent à Paris. — Ma présidence du collége électoral du département de l'Hérault. — Grand conseil pour fixer le choix d'une épouse pour l'empereur. — L'alliance avec l'Autriche est décidée. — Dissolution du lien spirituel entre Napoléon et Joséphine. — Présentation des drapeaux conquis en Espagne, au Corps législatif, par Philippe de Ségur. — Le comte Otto à l'ambassade de Vienne. — Sa réception. — Sénatus-consulte sur l'état de la famille impériale. — Nomination de la dame d'honneur de l'impératrice. — Le général Ordenner gouverneur du palais de Compiègne. — Nomination des dames du palais, du chevalier d'honneur et du premier écuyer de l'impératrice.

Depuis l'instant où sa nouvelle destinée lui fut révélée, l'impératrice Joséphine affectée, mais peu souffrante, garda son appartement et ne parut à aucun cercle de la cour. Madame mère en fit les honneurs. Elle eut la bonté de me remercier des soins que je lui avais rendus; mais elle resta convaincue pendant toute sa vie que j'avais été mis d'avance dans le secret de Napoléon : elle se trompait, ce fut le hasard qui fit tout. Au reste Napoléon se félicita de ce hasard, car Fouché m'assura que le soir même Napoléon lui avait dit, que si l'un de mes deux autres collègues eût été de service, il n'aurait pas eu la force d'enlever Joséphine comme je l'avais fait, ce qui l'aurait obligé d'appeler d'autres personnes, aurait donné lieu à une trop grande publicité, et multiplié les embarras d'une scène aussi douloureuse.

Un *Te Deum* fut chanté pour cette paix de *Vienne*, dont les conséquences furent si tristes pour le cœur de Joséphine, et elle fut obligée d'y paraître, dans une tribune, avec toutes les princesses de la famille. Napoléon s'y rendit seul, de son côté, en grande cérémonie. Elle fut encore obligée d'assister à la fête que donna la ville de Paris. Ce fut la dernière fois qu'elle parut en public.

Les rois de Wurtemberg, de Bavière, de Naples, de Westphalie et le vice-roi arrivèrent à Paris. Pour moi, j'en partis le 8 décembre pour aller remplir l'honorable et flatteuse mission de présider le collège électoral du département de l'Hérault, si distingué par la vivacité de l'esprit, la noblesse du caractère et la politesse des manières. Je partis pour Montpellier avant les communications officielles qui furent faites au sénat le 16 décembre. Toutes les circonstances de ce divorce sont connues ; je n'ai rien appris de particulier sur ces événemens importans. Napoléon alla habiter le palais de Trianon, et Joséphine se retira à la Malmaison. Il revint à Paris le 26, et quelques jours après il tint un conseil privé, où il fut mis en délibération quelle serait l'alliance la plus avantageuse à la France. Il eut l'air de mettre en discussion une chose, selon moi, décidée à *Schœnbrunn*. La majorité des avis fut pour une alliance avec l'Autriche. Ceux qui étaient dans le secret du choix de Napoléon opinèrent, comme de raison, pour cette alliance ; mais ceux qui discutèrent de bonne foi présentèrent des objections qui auraient peut-être pu prévaloir, si ce choix n'avait pas été déjà fait [1].

La dissolution civile du mariage ayant eu lieu, comme je l'ai déjà dit, Napoléon et Joséphine présentèrent une requête à l'officialité de Paris pour celle du lien spirituel. Cette sentence fut prononcée, et confirmée ensuite par l'officialité métropolitaine. Ainsi, le 12 janvier 1810, tout fut terminé.

S'il fut un beau jour dans la vie pour mon jeune

---

[1] M. le comte de Cessac, alors ministre directeur de l'administration de la guerre, fut un de ceux qui furent d'un avis contraire. Il combattit la proposition avec autant de franchise que de courage.

ami le comte Philippe *de Ségur*, ce fut, à coup sûr, le 24 janvier. Son père, le comte *de Ségur*, le meilleur des pères, et l'homme le plus spirituel et le plus aimable, vint, comme commissaire de l'empereur, préparer le Corps législatif à la réception des drapeaux conquis en Espagne, et qui allaient lui être présentés par le vaillant guerrier qui les avait arrosés de son sang. Dans cette solennelle circonstance tout fut grand, éloquent et convenable. Le discours de M. de Fontanes, qui présidait pour la dernière fois cette assemblée des représentans de la nation, renfermait l'éloge le plus brillant de Napoléon ; et l'allocution qu'il adressa au comte Philippe fut aussi remarquable par les mouvemens oratoires que par la noblesse des sentimens qu'elle exprimait. Ces derniers accens d'un grand talent, qui allait cesser d'être l'organe de l'admiration publique, laissa dans mon âme une impression de mélancolie que je ne fus pas le maître d'écarter, et que je ne savais à quoi attribuer.

Le comte Otto, ministre de France à Munich, fut nommé ambassadeur à Vienne. Il y fut reçu avec une distinction d'autant plus remarquable, que l'alliance avec l'Autriche n'était plus un mystère.

―

Le 2 février, Napoléon fit présenter au sénat, et adopter comme loi de l'état, tout ce qui avait du rapport au domaine de la couronne, au douaire des impératrices et aux apanages des princes de la famille. Il imitait en cela les simples particuliers qui mettent de l'ordre dans leurs affaires avant de se marier. Trois jours après il forma la maison de l'impératrice, et nomma pour dame d'honneur la belle veuve de son compagnon d'armes, le maréchal Lannes, duc de Montebello, et prouva, par ce choix qui eut l'assentiment général, qu'il n'oubliait pas les éclatans services qui lui étaient rendus. Il donna pour retraite au général *Ordenner* le gouvernement du palais de Compiègne; nomma à sa place de premier écuyer de l'impératrice le prince *Aldobrandini Borghèse*; et le sénateur comte de *Beauharnais*, chevalier d'honneur : c'était concilier tous les intérêts et tous les souvenirs.

Mesdames les duchesses de Bassano, de Rovigo, et mesdames les comtesses de Montmorency, de Mortemart, de Talhouet, de Lauriston, Duchâtel, de Bouillé, de Montalivet, de Péron, de Lascaris, de Noailles, de Vintimille, de Brignolé, de Gentili et de Canisy, furent nommées dames du palais; et plus tard madame la comtesse de Beauveau, madame la duchesse de Dalberg et madame la comtesse Edmond de Périgord, née princesse de Courlande, furent ajoutées à cette représentation déjà si remarquable.

Ces premiers arrangemens d'intérieur et de convenance étaient à peine terminés, lorsque Napoléon fit partir son aide de camp, le comte de Lauriston, pour Vienne, et quelques jours après le prince de Neufchâtel, pour demander officiellement la main de l'archiduchesse Marie-Louise. Le sénat reçut, par un message, la communication du projet de mariage.

FIN DU PREMIER VOLUME.

TABLE DES MATIÈRES

CONTENUES

DANS LE PREMIER VOLUME.

CHAPITRE PREMIER.

Page 1. — Étiquette de l'intérieur du palais; lever, déjeuner de l'empereur; son dîner à six heures; audience du coucher; dépenses de la maison impériale; menu d'un dîner de LL. MM. — M. l'abbé de Pradt sacré par le pape lui-même. — Anecdotes relatives au concordat, au consulat et au couronnement. — Napoléon, en arrivant au consulat, favorise l'élection de Pie VII. — Conversation de madame de Brignolé avec le cardinal Gonsalvi. — Madame de Caraman. — Mot de Napoléon sur M. de Châteaubriand. — M. de Fontanes. — La Harpe.

CHAPITRE II.

Page 22.—Anecdotes sur le couronnement et sur le séjour du pape à Paris. — Pie VII faisait maigre toute l'année; il dînait tous les jours seul et ne buvait que de l'eau. — Ses employés demandent du vin de Chambertin pour sa table. — M. de B*** surprend un officier du pape dévorant les débris d'une poularde aux truffes qu'il avait eu l'adresse d'emporter après son dîner. — Napoléon et Joséphine, se rendant à Notre-Dame pour le couronnement, montent en voiture et se placent par mégarde sur le devant. — Les Chinois ou les présidens de Kanton. — L'un de ces messieurs, M. Serviès Camprédon, essuya sa figure avec une de ses guêtres en recevant la bénédiction du pape. — L'évêque d'Alais. — Mort de Paul Ier. — Institut d'Égypte. — La perruque du cardinal Caprara : négociation diplomatique à ce sujet. — Étiquette pendant les voyages de l'empereur. — Voyage d'Italie à l'occasion du sacre. — Jérôme Napoléon débarque à Gênes. — Première discussion avec la cour de Naples; paroles de Napoléon. — Le cardinal Maury à Gênes.

CHAPITRE III.

Page 44. — Première représentation des *Templiers* à Saint-Cloud; mot de Napoléon à ce sujet; il en fait la critique à M. de Fontanes. — Napoléon part pour Boulogne; paris ouverts pour ou contre la descente en Angleterre. — Fulton, inventeur des bateaux à vapeur, propose à Napoléon l'essai de ses nouvelles découvertes. — Mesdames Hainguerlot, Davilliers, jouent la comédie à Plombières devant Joséphine. — Le général Savary part pour Francfort-sur-le-Mein. — Madame de Staël. — Préparatifs pour la campagne de 1805. — Correspondance de l'empereur d'Autriche et de l'électeur palatin (roi de Bavière). — Mort du colonel Gérard Lacuée.

CHAPITRE IV.

Page 66. — Retour de Napoléon en France. — M. Denon lui présente des médailles sur la campagne d'Austerlitz. — Conversation à ce sujet. — L'empereur donne ordre de mettre une batterie de vingt pièces de canon à la disposition de son *général en chef des finances;* le duc de Gaëte les fait fondre pour la construction des nouveaux balanciers à battre les monnaies; on gravera sur chacune de ces machines le nom d'*Austerlitz.* — Conséquences du traité de Presbourg. — Reconnaissance de l'empire et des nouvelles dynasties par toutes les puissances de l'Europe. — Conquête du royaume de Naples. — Présages de la campagne de 1806; commencement de cette guerre. — Proclamation du prince de la Paix; circulaire qui l'accompagne; réflexions à ce sujet. — Conquête de la Prusse.

CHAPITRE V.

Page 81. — Décret de Berlin sur le blocus continental. — Caricatures trouvées à Berlin. — Suspension des hostilités. — Proposition d'assembler un congrès à Copenhague; refus de la part de la Russie. — Reprise des hostilités; Friedland, Eylau. — Paix de Tilsitt. — Modération de l'empereur. — Envoi d'un corps auxiliaire espagnol sous les ordres du marquis de la Romana. — Manière de vivre de Napoléon à l'armée. — Le prince de Neufchâtel. — Bulletins de la grande armée.

CHAPITRE VI.

Page 92. — Mort prématurée du fils aîné de la reine Hortense; premières idées du divorce de Napoléon. — Alliance de la Suède avec le cabinet de Saint-James. — Réduction des théâtres de Paris. — Mort du dernier Stuart. — Mariage du roi de Westphalie. — Agression de l'Angleterre contre Copenhague. — Le comte de Lima ambassadeur du Portugal.—Madame de Bonchamps, veuve du célèbre général, est reçue en audience particulière de l'empereur; Napoléon l'accueille avec intérêt et s'informe des plus petites particularités qui la concernent; il lui assigne une pension de 6000 francs et lui en fait payer deux années d'arrérages; il promet de doter un jour sa fille. — Madame la comtesse de Genlis, qui a rédigé les Mémoires de madame de Bonchamps, ne parle point de cette audience. — L'abbé Fournier, évêque de Montpellier, cause avec Napoléon sur des matières théologiques. — Invasion du Portugal.

CHAPITRE VII.

Page 109. — Plusieurs événemens d'Espagne (affaire de l'Escurial). — Traité de Fontainebleau, du 27 octobre 1807. — Publications royales au sujet de cette conspiration. — Le prince Ferdinand et Gedoï, prince de la Paix. — Pièces officielles sur la conspiration de l'Escurial. — Éclaircissemens à ce sujet publiés par ordre du prince Ferdinand après l'abdication de son père Charles IV. — Réfutation par les lettres du roi Charles et de la reine d'Espagne. — Rapprochement du prince des Asturies et de l'ambassadeur de France. — Lettre du prince des Asturies à Napoléon. — Intervention de Godoï pour l'alliance du prince des Asturies avec une nièce de l'empereur. — Silence de Napoléon. — Entrée des armées françaises en Espagne. — Occupation des places fortes du nord de l'Espagne.

CHAPITRE VIII.

Page 130. — Départ de l'empereur pour l'Italie. — Joséphine

à Fontainebleau. — Bruits de divorce. — Décret de Milan pour l'adoption du prince Eugène. — Projet de départ de la famille royale d'Espagne pour l'Amérique. — Politique du prince de la Paix. — Le grand-duc de Berg est complimenté. — Préludes de la conspiration d'Aranjuez. — Départ de la garnison de Madrid pour Aranjuez. — Conduite du conseil suprême de Madrid. — La garnison de Madrid est suivie par une grande partie de la classe populaire. — L'insurrection et sa marche. — Proclamation de Charles IV ; il ne veut pas quitter l'Espagne. — Démission de Godoï. — Abdication de Charles IV en faveur de son fils. — Arrestation de Godoï ; son emprisonnement au palais Villa-Viciosa. — Sur l'abdication de Charles IV. — Confiscation des biens de Godoï par ordre de Ferdinand. — Proclamation et correspondance du roi et de la reine avec le grand-duc de Berg sur l'événement d'Aranjuez.

CHAPITRE IX.

Page 150. — Entrée de l'armée française à Madrid. — Instruction de l'empereur au grand-duc de Berg. — Dispositions pour un voyage en Espagne. — Départ de Napoléon pour Bordeaux. — Le comte Fernand Nunez à Châtelleraut. — Rapidité du voyage de Napoléon à Bordeaux. — Arrivée à Bordeaux et réception de Montholon expédié de Madrid. — L'empereur me donne à traduire deux lettres autographes du roi Charles et du roi Ferdinand. — Joséphine arrive à Bordeaux. — L'empereur part pour Bayonne. — L'infant don Carlos à Bayonne. — Napoléon s'établit au château de Marrac. — Députation du Portugal. — Lettre de Napoléon au prince des Asturies. — Suite des événemens de Madrid. — Tribunal qui doit juger Godoï. — L'adjudant-général Monthion est envoyé à Aranjuez. — Le roi Charles proteste contre son abdication. — Opinion de M. de Pradt. — Opinion contraire. — Napoléon attendu à Madrid. — Lettres pressantes du roi et de la reine d'Espagne pour la délivrance de Godoï. — Conseils donnés à Ferdinand; il se décide à entreprendre le voyage de Bayonne. — Décrets et ordres royaux à ce sujet.

CHAPITRE X.

Page 180. — Départ du prince Ferdinand. — Suspension de la procédure contre Godoï. — Séjour de Ferdinand à Vittoria. — Démonstrations d'attachement des habitans de Vittoria. — Ordre royal pour la délivrance de Godoï. — Documens sur sa délivrance. — Départ de Ferdinand. — Publication royale. — Ferdinand à Irun. — Lettre de ce prince à Napoléon. — Son arrivée à Bayonne. — Napoléon lui rend visite. — Dîner au château de Marrac. — Réflexions sur la présence à Bayonne de Ferdinand et de Godoï. — Ouverture des négociations. — L'impératrice Joséphine arrive à Marrac. — Interception des correspondances. — Lettres à l'infant don Antonio, traduites sous les yeux de l'empereur. — Lettre du roi Charles à l'infant don Antonio.

CHAPITRE XI.

Page 215. — Arrivée du roi Charles et de la reine d'Espagne à Bayonne. — Première entrevue de ce souverain avec son fils. — Visite de Napoléon. — Suite et cortége de LL. MM. catholiques. — Première visite qu'ils font à Joséphine. — Dîner chez l'empereur. — Godoï. — Réponse de la reine d'Espagne à Napoléon. — Lettre interceptée de la régence d'Espagne à Ferdinand. — Lettre du grand-duc de Berg à l'infant don Antonio. — Lettre du grand-duc de Berg. — Réponse de don Antonio. — Lettre du grand-duc. — Lettres interceptées. — Fermentation des esprits. — Détails inexacts.

DES MATIÈRES.

— Conseil secret tenu au palais de Ferdinand à Bayonne. — Opinion du duc de l'Infantado.

CHAPITRE XII.

Page 234. — Combat dans les rues de Madrid. — Lettre de Murat à Dupont. — Ordre du jour. — Départ de la reine d'Étrurie, de son fils et de don Antonio pour Bayonne. — Proclamation de la junte de Madrid. — Le grand-duc de Berg est nommé président du conseil suprême. — Proclamation du grand-duc de Berg sur les événemens du 2 mai, non insérée au Moniteur. — Ordre du jour proclamé. — Arrivée des nouvelles du 2 mai à Bayonne. — Napoléon communique ces nouvelles au roi Charles. — Le roi Charles nomme le grand-duc de Berg son lieutenant-général. — Ferdinand est appelé chez son père. — Détails de cette entrevue. — Réponses de Ferdinand. — Renonciation de Ferdinand insérée au Moniteur. — Renonciation non insérée. — Réflexions sur ces deux notes.

CHAPITRE XIII.

Page 257. — Arrivée de l'infant don Antonio à Bayonne. — Traité conclu entre l'empereur et le roi Charles. — Sur le roi Charles IV. — Sur la reine d'Espagne. — Anecdote sur la duchesse d'***. — Le roi Charles et sa cour partent pour Fontainebleau. — Départ de Bayonne de Ferdinand et des infans pour Valençay. — Ploclamation des infans au peuple espagnol. — Arrivée de Joseph à Bayonne. — Hommages et représentations des grands d'Espagne. — Discours préparé du duc de l'Infantado au nom des grands d'Espagne; il n'est pas prononcé. — Scène au sujet de ce discours. — Constitution espagnole adoptée par les Cortès. — Effet qu'elle produit. — Entrée du roi Joseph en Espagne.

CHAPITRE XIV.

Page 278. — Histoire d'Ali-Bey (Badia-Castillo). — Correspondance secrète et officielle du prince de la Paix pour opérer une révolution dans l'empire de Maroc. — Réflexions.

CHAPITRE XV.

Page 303. — Entrevue d'Erfurt. — Le duc de Frioul, M. de Canouville et M. de Bausset sont chargés de préparer les logemens de LL. MM. — Le garde-meuble de la couronne envoie de Paris des lits, tentures des Gobelins, etc. — Les comédiens ordinaires de S. M. sont envoyés à Erfurt. — Dazincourt est nommé directeur. — Le duc de Montebello est envoyé pour recevoir l'empereur de Russie. — Oudinot est nommé gouverneur d'Erfurt. — Alexandre est reçu à Bromberg par le duc de Montebello; ils voyagent dans la même calèche. — Bontés familières d'Alexandre pour le duc. — Napoléon arrive à Erfurt le 27 septembre 1808. — Il rencontre Alexandre à une lieue et demie de la ville. — Le 28, représentation de *Cinna.* — Le 29, *Andromaque;* Talma. — Attention aimable de Napoléon pour Alexandre. — Le 30, *Britannicus.* — Le 1er octobre, *Zaïre.* — Le 2, le célèbre Goëthe est présenté à Napoléon ; représentation de *Mithridate.* — Le 3, *OEdipe;* application de ce vers : *L'amitié d'un grand homme est un bienfait des dieux.* — Le 4, *Iphigénie eu Aulide.* — Le 5, *Phèdre.* — Le 6, partie de chasse. — Alexandre tire à huit pas sur un cerf; représentation de *la Mort de César.* — Le 7, Napoléon reçoit l'université d'Iéna; la bulle d'or. — Le 8, Napoléon donne son épée à Alexandre; *Rodogune.* — Le 9, *Mahomet.* — Le 10, *Rhadamiste.* — Le 11, Napoléon envoie à Alexandre deux beaux nécessaires en vermeil qui étaient à son usage ; le *Cid.* — Le 12, Goëthe et Wiéland décorés de la croix de la légion ; *Manlius.* — Le 13, *Bajazet ;* Alexandre fait de magnifiques présens aux comédiens français. — Le 14, le grand-duc Constantin reçoit une épée de Napoléon. — Départ des empereurs. — Liste des personnages qui se rendirent à Erfurt.

CHAPITRE XVI.

Page 332. — Le marquis de la Romana s'échappe du Danemarck avec quatre mille Espagnols. — Départ de Napoléon pour l'Espagne. — Son arrivée à Vittoria. — Combat devant Burgos. — Prise de cette ville. — Décret rendu à Burgos contre le duc de l'Infantado. — Séjour à Aranda de Duero. — Affaire glorieuse de Somo-Sierra ; le comte Philippe de Ségur est grièvement blessé. — Le 2 décembre l'empereur arrive devant Madrid. — Le 3, attaque du Retiro. — Porte Fuen-Carral. Traductions. — Le 4, capitulation de Madrid. — Défense obstinée dans la caserne des gardes du corps. — Le 6, ordre d'aller visiter le palais royal de Madrid. — Respect religieux des Espagnols pour les propriétés royales. — Le marquis de Saint-Simon, grand d'Espagne, condamné à mort. — L'empereur, touché des prières de mademoiselle de Saint-Simon, accorde la grâce de son père. — Napoléon visite Madrid et le palais royal, incognito. — Le fandango. — Capitulation de Rosas.

CHAPITRE XVII.

Page 346. — Philippe de Ségur vient à Madrid. — L'empereur le charge de présenter les drapeaux conquis au Corps-Législatif. — Débarquement de troupes anglaises en Portugal et à la Corogne. — Départ de Madrid. — Le Guadarrama. — Quartier-général à Valderas. — Lefèvre-Desnouettes

TOME I. 26

à Benavente. — Le général Durosnel. — Passage de l'Esla. — Benavente et Astorga. — L'empereur quitte l'armée et vient à Valladolid. — Premiers indices de la guerre contre l'Autriche. — Audience accordée aux religieux des divers ordres qui sont à Valladolid.

CHAPITRE XVIII.

Page 354. — Retour à Paris. — M. de Montesquiou grand-chambellan. — Préparatifs de guerre en France et en Allemagne. — Rapidité des triomphes de l'armée. — Combat d'Abensberg. — Armistice après la bataille de Wagram. — Retour de Napoléon à Schœnbrunn. — Arrivée des commissaires de l'Autriche à Schœnbrunn. — Congrès d'Altembourg. — Conjectures sur le sujet des négociations entre l'empereur et les commissaires de l'empereur d'Autriche. — Tentative d'assassinat sur la personne de Napoléon. — Détails à ce sujet. — Jugement et exécution de l'assassin. — M.*** officier de la garde. — Noble indignation de l'empereur. — Paroles remarquables. — Continuation des négociations de Schœnbrunn. — Signature des préliminaires. — L'empereur envoie un courrier à M. le duc de Cadore pour lui apprendre la signature de la paix. — Le ministre dîne avec l'empereur à Schœnbrunn. — Question ironique de Napoléon et réponse du duc de Cadore.

CHAPITRE XIX.

Page 367. — Départ de Schœnbrunn. — Arrivée de l'empereur à Fontainebleau plusieurs heures avant Joséphine. — Conversation avec l'impératrice Joséphine, qui me fait connaître les craintes qu'elle éprouve. — Le roi de Saxe à Paris. — Il loge au palais de l'Élysée. — La cour quitte Fontainebleau. — L'empereur se rend à cheval à Paris, et l'impératrice voyage en voiture. — Annonce du divorce à l'impératrice Joséphine. — Circonstances qui suivent cette communication.

CHAPITRE XX.

Page 379.— Sur l'impératrice Joséphine. — *Te Deum* à Notre-Dame pour la paix. — L'empereur s'y rend en grand cortége. — L'impératrice Joséphine s'y rend de son côté et y assiste dans une tribune avec les princesses de la famille. — Bal donné par la ville de Paris. — L'impératrice y paraît en public pour la dernière fois. — Les rois de Bavière, de Wurtemberg, de Naples, de Westphalie, le vice-roi, etc., arrivent à Paris. — Ma présidence du collége électoral du département de l'Hérault. — Grand conseil pour fixer le choix d'une épouse pour l'empereur. — L'alliance avec l'Autriche est décidée. — Dissolution du lien spirituel entre Napoléon et Joséphine. — Présentation des drapeaux conquis en Espagne au Corps-Législatif par Philippe de Ségur. — Le comte Otto à l'ambassade de Vienne. — Sa réception. — Sénatus-consulte sur l'état de la famille impériale. — Nomination de la dame d'honneur de l'impératrice. — Le général Ordenner gouverneur du palais de Compiègne. — Nomination des dames du palais, du chevalier d'honneur et du premier écuyer de l'impératrice.

www.ingramcontent.com/pod-product-compliance
Lightning Source LLC
Chambersburg PA
CBHW071904230426
43671CB00010B/1467